Collection

知られざるPC建築

Perfect Collection
知られざるPC建築

建　築　技　術

執筆者一覧

監修

渡辺邦夫（構造設計集団〈SDG〉代表）

協力

中野清司（東京電機大学名誉教授）

編集執筆

徐光（ジェーエスディー代表）

長谷川一美（ジェーエスディー）

小瀧弘幸（OWL代表取締役）

執筆（50音順）

石田俊二（Senior Partner of Renzo Piano Building Workshop）

梅沢良三（梅沢建築構造研究所所長）

尾崎友彦（OZ. Architecture naked 尾崎設計室）

小野里憲一（工学院大学工学部建築都市デザイン学科助教授）

川口衞（法政大学名誉教授／川口衞構造設計事務所代表）

木内達夫（オブ・アラップ・アンド・パートナーズ・ジャパン・リミテッド）

白井祐介（オブ・アラップ・アンド・パートナーズ・ジャパン・リミテッド）

陶器浩一（滋賀県立大学環境科学部環境計画学科助教授）

濱口オサミ（濱口建築・デザイン工房主宰）

三上祐三（MIDI綜合設計研究所代表）

PCの楽しさ

PCの楽しさは，構造デザインの楽しみであろう。

建築構造の道に進んだものは,「構造設計家」をめざしていることが多い。古典力学の素養を活かして,自由な構造空間を描ききることこそ,構造設計家の生きがいであるはずである。ところが，現実には「構造設計者」は建築設計の単なる部分担当者であることが多い。建築空間を創造するのは，建築家であって，構造設計者は与えられた問題を解く専門家に過ぎない。ありふれた構造や規模の建築では構造設計家にデザインの主導権がまわってこない。

古典力学の素養と構造的感性が要求されるPC構造は，まさに構造設計家の絶好の活躍の場である。本書に示されている構造設計の実例と構造設計上のヒントが，今後，さらなる優れた構造デザイン出現の契機になることを期待している。

中 野 清 司

目次

第3章 基本構造システムの構築

「PC建築」には無限に広がる魅力と夢がある

誰もが手に入れることのできるコンクリートを使って石造のような高い耐久性をもった建築ができ，石造にはない軽やかに天空を覆う空間もできる。あるいは，プラモデルのように部品を用意することで，その組合せで自由自在に建築形態をつくり出すことができる。建築にとって根本的に必要な性能，つまり経済性・安全性・耐久性・耐火・耐震・耐風・遮音・断熱・防水性などをPCであれば，ほかの材料を付加せずに一挙に獲得できる。直線材だけでなく面材，曲線，曲面，それに3次元の空間を構成したユニットまで，ありとあらゆる形態をつくり出すことができる。しかも，驚くべきことはその形態に発生する応力や変形を自由に制御できるという構造技術に根ざしていることだ。

「PC建築」は，Precast-Concrete（プレキャストコンクリート）とPrestressed-Concrete（プレストレストコンクリート）の双方の技術を駆使し結合したものを，国際的にPCと呼んでいる。いずれもプレ，すなわち前もって，あらかじめ人為的にやっておく，という意味がある。前者のプレキャストコンクリートは，鉄筋コンクリートの製品を「PC工場」であらかじめつくっておくというコンクリートの生産方式を指しており，機械設備の整った工場で製造するから，密実で強度の高い，石のようなコンクリート製品ができるのである。工事が大規模になれば，建設敷地の近くに仮設工場を建設することもできる。

後者のプレストレストコンクリートは，かなり専門的な技術だが，18世紀の産業革命の頃，鉄筋コンクリートの開発と同時期にうまれた考え方である。コンクリートは圧縮には強いが，引張には極端に弱い。鉄骨や木材などに比べて，コンクリートの最大の欠点である。このことを根本的にカバーするのがプレストレスの考案である。すなわち，コンクリートにあらかじめストレス，圧縮力を加えておけば，その部材に力が加わり，引張になっても既にある圧縮とキャンセルするだけで，コンクリート部材は相変わらず圧縮場を維持できる。プレテンション，ポストテンションなど圧縮力を加えるさまざまなシステム，工具の開発，圧着工法の考案，緊張鋼材の開発など，多くの技術工学がこの単純明解な原理から出発し，展開されてきた。

「PC建築」は，優れた技術工学に立脚しているのだが，現在の世の中にはほとんど知られていない。このすばらしい技術に関心のあるごく少数の建築家，構造設計家，それに建築の生産に従事するエンジニアたちが，その設計・建設活動に取り入れているだけである。僕が大学生の頃，PC建築は欧米では十分普及しており，日本では未発達だ，と教えられてきたが，これは間違いである。欧米でこの技術が育ったことは事実であるが，実際の普及という点では世界中まったく同じで，どこの国でもこの技術は人々の暮らしの中に定着していない。

「PC建築」が普及してない最大の原因を，今まで多くの学者や設計者は，PCが高価で建築需要に応えていないことを挙げてきた。本書の編纂で知ったことだが，むしろ逆でその建築の建設費がきわめて厳しいときにPCにする場合もある。実態を無視した，PCは高価だという先入観こそ取り払うべきである。実際に普及を疎外している原因はもっと根本的なところにあるのだ。それを要約すると以下の3つとなる。

❶「PC構造」は土木，特に橋梁に必要な技術で，建築とは関係ないという先入観が蔓延している。確かに，橋梁では柱間隔を大きくしなければならないし，車や鉄道の大きな荷重や振動に耐えなければならないからPCの技術は必要不可欠であ

る。すばらしい「PC橋梁」が世界中に散在しているが，多くの橋梁ではPCを規格化して生産効率だけを追究した結果，PCの生気を失った。PCの魅力を積極的に取り上げないで，土木と建築の垣根をいつまでも固守しようとする勢力，特に両者の学会や各種の協会の活動がそれを象徴している。

❷「PC建築」を教育する機関が皆無に近い。全世界の建築教育を施している大学・大学院で，学生にPCを教育していない。若者は，その魅力あるPCの存在を知らないのだ。

❸「PC建築」の設計は，広範囲な技術工学のすべてを包含しないと成立しない。建築計画と構造計画，設備計画とは一体なものであり，さらに，生産計画，建設工法，運搬計画，揚重計画まで，すべてを見渡せないと設計できない。結果的にすばらしい建築がうまれるとしても，そこに至る道程が，通常の鉄筋コンクリートや鉄骨造，木造に比べると桁違いに面倒である。だから「PC建築」に取り組まない，という設計者の怠慢が常識化している。

この3つの疎外要因を取り除いたときに，「PC建築」の一般社会への普及が可能になるのだろう。

そこで，この本では「PCの魅力」を中心軸に据えた。魅力を発見すれば，土木と建築の垣根は乗り越えられるし，大学教育にも必然的に取り入れざるを得なくなる，しかも多くの設計者がPCに取り組むきっかけになるだろう。「PC建築」に内在する魅力の表出こそ，この本の出版目的である。

新たな建築の可能性を追求するうえで，「PC建築」を視界から外してはならない。

渡辺邦夫

【本書で使用している単位について】

本書で扱っている単位系は旧来のkgとcmにしています。

現在はSI単位が国際的に共通したもので，JISマークとして普及していますが，下表にあるようにSI単位では正確さが重視されるために単位記号が数種類に分かれてしまいます。一方，重力加速度を1Gと丸めると，構造設計で常用する重量や荷重，応力，応力度などすべての記号がkgとcmで整理できます。構造設計ではものごとの相互関連を理解することが重要なので，これらの概念を整理するうえでわかりやすいようにkgとcmに統一しました。

本書で使用する単位記号とSI単位（International System of Units）

量の名称		SI単位の単位記号	定義および従来単位との関係			本書の単位記号	本書の単位記号の注
質量		kg				kg	
応力	重量・荷重	N	1N	$=1kg\cdot m/s^2$	$=9.80665kgf$	kg	kgfをkgと省略表示
応力度	強さ・降伏耐力	N/mm^2	$1N/mm^2$	$=10^6Pa$	$=9.80665kgf/mm^2$	kg/cm^2	
圧力	水圧・空圧	MPa	1MPa	$=1N/mm^2$	$=0.0980665kgf/cm^2$	kg/cm^2	
エネルギー	吸収エネルギー	J	1J	$=1N\cdot m$	$=9.80665kgf\cdot m$	kg・m	
	シャルピー衝撃値	J/cm^2	$1J/cm^2$	$=1N\cdot m/cm^2$	$=9.80665kgf\cdot m/cm^2$	$kg\cdot m/cm^2$	

第1章 PC建築のめざすもの

いつの時代でも，世界中のどこの国でも建築に「安価・迅速・高品質」が求められてきた。さらに建築は社会資産の蓄積に重要な責任をもっているため，高度な耐久性は設計において欠かすことのできない目標のひとつである。これらは今も，将来も変わることのない建築の側面であり，まさにPC建築のめざすものもそこにある。

渡辺邦夫

いつの時代でも，どこの国々でも建築に「安価・迅速・高品質」が求められてきた。さらに建築は社会資産の蓄積に重要な責任をもっているため，高度な耐久性は設計において欠かすことのできない目標のひとつである。これらは今も，将来も変わることのない建築の側面である。

近代建築ではこれらの社会的要請に基づいて，実に多様な材料，構法，工法が開発されてきた。その技術的進歩には目を見張るものがある。鉄鋼，コンクリート，集成木材，合金，アルミ，膜，合成樹脂，炭素繊維など優れた特質をもつ材料を，今では誰でも自由自在に駆使できる時代にある。これらと並立する材料がPCである。建築にとっては，適材適所の原則に基づく限り，大いなる可能性をはらんでいるという点では，いずれの材料も等価である。

PCの特徴は，代表的な近代建築材料と比較してみれば，それを抽出することができる。
鉄鋼は，高度な工業化に根ざした高強度，安定した品質，加工の自由度など多くの長所があるが，耐蝕性，耐火性に劣るという欠点をもつ。錆びる，熱に弱い，この2つの問題に対応した技術開発も精力的に行われているが，まだ，よい解決法はうまれていない。防錆塗装と耐火被覆という別の材料を付加してこの欠点を補うことになる。PCは鉄鋼のもつ特徴をそのまま維持しながら耐蝕性，耐火性にも優れるという特性をもつ。しかし，重量は大きくなり，鉄鋼だからできる空間の軽快さ，繊細な構造をPCではつくれない。
鉄筋コンクリート（RC）は，今では世界中で最も多く使われている建築材料である。優れた可塑性を利用して柱，梁，床，壁を一体に鋳造することができ，建築の一品生産とうまく対応してきた。その意味では，RCに替わる等価な材料は他にない。RCの最大の欠点は「亀裂」にある。乾燥収縮やクリープなどの材料的要因によるものだけではなく，RCの原理的要因によるものもある。内部の鉄筋が抵抗を始めるのは，コンクリート表面に微細な亀裂が発生してからであるため，RCにとって亀裂は原理的に避けられないものである。亀裂から侵入した空気と水分は鉄筋を腐蝕させる。腐蝕した鉄筋は体積膨張を起こし，さらに亀裂幅を広げる。そこからまた空気と水分が侵入しやすくなる。

このような悪循環で耐久性は急速に低下する。PCは，高強度コンクリートにプレストレス力で圧縮場をつくり出しておくので，RCの欠点を根本的に取り除くことができる。しかし，PCは工場で製品化するまでは一体鋳造ができるが，建設現場内ではそれができないので，部材間にジョイントが発生する。そのため逆にいえば，可塑性を最大限に利用した現場で一品的につくられる複雑な形状の場合はRCが適している。

そういった意味で，PCは，鉄鋼とRCの利点を兼ね備えた材料であり，高強度コンクリートと高張力鋼の共働によるハイブリッドな性能をもつことになる。

このようなPCの材料的な利点を活かして，近代建築の中に育まれてきたルーツを考えると，1960年代の建築作品の中で，まったく意図の異なる4つのPC建築にそれを見出すことができる。

1964年，建築家：アンジェロ・マンジャロッティの設計したエル・マーグ工場が完成した。PC部材を1方向に架け渡した単純な構成であるが，繊細な空間の創出に成功した。それはPCのもつ可能性を示唆する建築として高く評価された。工場生産した細長い部材を1方向に連続して架設する構造方式は，これ以後，多くのPC建築で応用されることになる。

1968年に完成した千葉県立中央図書館もPC建築の源流のひとつに挙げることができる，建築家：大高正人と構造家：木村俊彦の共作，プレグリッドシステムである。自由奔放な床の配列を可能にするが，論理的に整然としたPCユニットの展開は，それまで誰も考えなかったPCの可能性を創出した。この千葉県立中央図書館に引き続き，静岡市農協会館，佐賀県立博物館，そして1970年の大阪万博メインゲートに至る一連のプレグリッドシステムは，世に知られることなく精力的に展開されていた。十字型ユニットの自由な配列と柱で支える構造の考え方，プレテンションとポストテンションを縦横無尽に利用するこのシステムはPC建築の典型である。

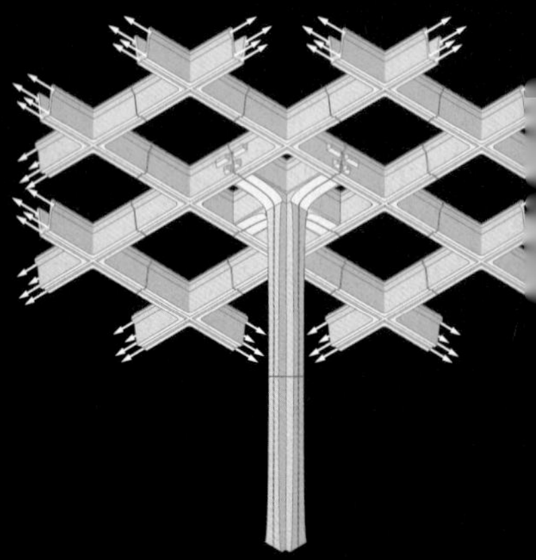

1967年，シドニーオペラハウス（建築家：ヨーン・ウツソンと構造家：オヴ・アラップの共作）の完成に至るまでのプロセスが，PC建築についてまわる困難さを暗示している。周知のように，コンペ実施から竣工に至るまで，実に17年の歳月を要した。建設途上の多難で悲劇的な展開にもかかわらず，いざ完成してみると市民の評価はきわめて高く，その造形の美しさに全世界が称賛を惜しまなかった。いまやこのオペラハウスはシドニーだけでなく，オーストラリアの国家的シンボルとなり，20世紀を代表する名建築となった。海

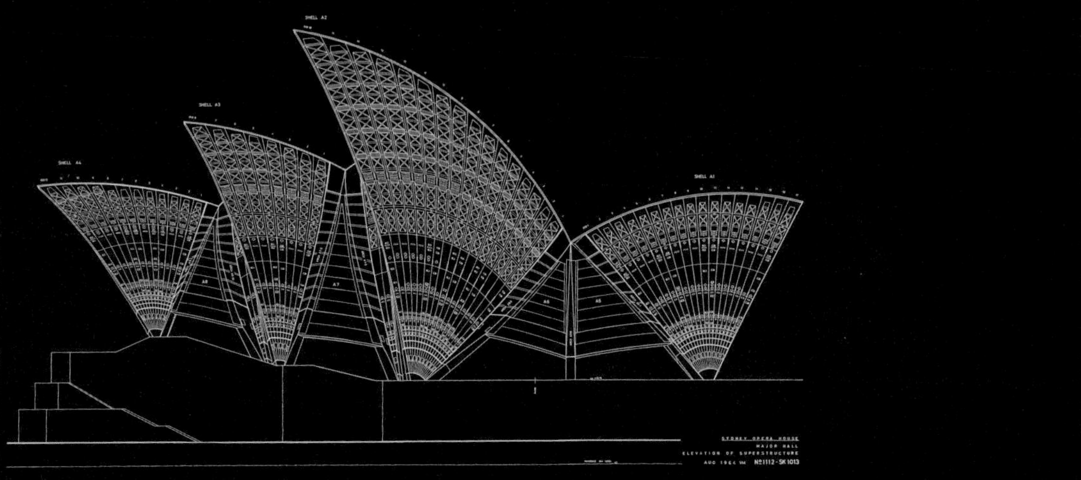

に面した自然環境との調和と，劇場としての構造的機能性，PCの性能を十分に引き出し，見事に実現できたからである。

1967年モントリオール万博の実験住宅アビタ’67は，近代建築発展の過程の中で，PC建築のひとつの基点として，その斬新な発想が高く評価できる。PCであることをこれほど十分に性能に発揮した建築は，これ以前には皆無であった。アビタ’67は，イスラエル生まれの当時若い建築家：モシェ・サフディが設計したものである。

このようにPCでなければできない建築というものが確かにある。
それには底流としてその建築の建設目的があり，マクロな機能性と耐久性，造形性，経済性，ミクロなデザイン性とも深く関係する。その意味で，エル・マー

グ工場，千葉県中央図書館のプレグリッドシステム，シドニーオペラハウス，アビタ゛67の4作品はPC建築の源流といえる。

これらの優れたPC建築の原型を見ていると，部材のユニット化とアッセンブルの手法に卓越した美学が必要なことがわかる。それは一般的な建築とはまったく別分野であった自動車や船舶，鉄道車両のデザインと同様な生産方式の工業化への道でもある。規格化・標準化，融通性・可変性，加工性・互換性，機械・運搬，組立・分解，耐久性・経済性などのキーワードで示唆される建築の工業化への道程である。

生産方式を工業化するということは，一定の品質の製品を大量に安価に市場に提供するということであるが，そればかりでなく，品質の向上についてもそれまで熟練工にしかつくれなかった製品を大量に製造する，あるいは新しい機械を発明することで，熟練工でもつくれないものを製造できる，ということである。現在の建築界にあって，PC建築のめざすものの本質がそこにある。

PCの最初のスペルPは「プレ」の頭文字をとったものである。
普通の構造物では外力が働くと，それに抵抗する内力が発生し，外力と内力が釣り合う安定を，最小の資材でいかに保持するかが構造設計の主眼となる。安定はしていても個々の部材は，それに発生している応力（引張力，圧縮力，せん断力，曲げ，ねじれ力）に常に耐えなければならない。構造物の自重に対しては，それが存続する何十年，何百年も耐えていかなければならないし，積載荷重や風とか地震，温度変化など，非定常的外力にも，その都度，内力と変形が発生する。そして，構造物に次第に疲労が生じ，やがて耐久力を低下させていく。

外力の性質と方向や大きさがあらかじめわかっていれば，それと正反対の力をその構造物に人為的に加えておくことで，その外力が発生したとき，内部応力はゼロになるはずである。すなわち，どこにも応力とか変形が起きていないきわめて自然な形で，その構造物を存続させることができる。その外力が一定不変であるとき，この考え方に立脚すれば，構造物を無応力の状態で永久に維持できるのだ。

このような概念をプレストレスという。あらかじめ応力を与えておくという意味で，目的と方法によって，さまざまな応用が可能な概念である。実際には無応力場をつくり出すということはできないが，応力と変形を人為的にコントロールすることに主眼が置かれ，外力の勝手にはさせないぞ，という気合いが入っている。

プレストレスの概念を最もうまく利用しているのが，コンクリート構造への応力である。周知のように，コンクリートは圧縮力には強いが引張力には弱い。通常の鉄筋コンクリートでは，引張力が発生する部分を予測し，そこに鉄筋を入れる。しかし，それでもその鉄筋周辺のコンクリートにも引張力が働いているので，コンクリートの亀裂が避けられない。

耐力的には，鉄筋でもつから問題がないように見えるが，実際には亀裂によってその部材は剛性低下を起こし，変形が大きくなる。もし，その亀裂に水と空気が侵入すると，鉄筋が錆びて膨張し，亀裂幅を増大させ耐久低下を起こしてしまう。そこで，引張力が発生するであろう位置に，あらかじめ人為的に圧縮力を入れておけば，コンクリートに外力がかかっても，その部分には引張応力が発生せずに，コンクリート構造のよさを永久に保持できる。これがプレストレストコンクリートの基本的な考え方で，PC建築の力学的原理である。

例えば1本のコンクリート製の棒に，圧縮力も引張力も起こり得るとする。そのコンクリートの圧縮強度が400kg/cm²のとき，引張強度は36kg/cm²程度であるから，1桁違う耐力しかコンクリートにはないのである。同レベルの圧縮と引張とが交互に生じると，この棒は引っ張られたときに，その耐力が一義的に決まってしまう。この棒をあらかじめ182kg/cm²で締め付けておけば，外力に対しては，圧縮にも引張にも218kg/cm²までは耐えられる範囲が新たに獲得できたことになる。先の36kg/cm²の引張耐力しかない棒はプレストレスを導入すると，約6倍耐力が増大する。

このようなPCの概念はRCの考案と同時に始まっていた。1880年代に米国のジャクソン，ドイツのデューリンクはPCの考案を発表している。しかし，それらの研究は，材料の開発が伴わなかったために実用化されなかった。1928年フランスのフレシネは強度の高い鋼線を用いて，プレストレスをかける開発に成功し，特許を得た。PCの理論と方法が全般にわたって記載され，フレシネの「原理特許」と称されるものである。その後の30年間，世界中で行なわれたPCの開発は，すべてフレシネの考案に抵触し，特許料の支払いなしにはPC利用が不可能であった。
1957年にこの原理特許の期限が切れて，欧米や日本でこのPC構造が急速に発展した。先述したエル・マーグ工場，千葉県中央図書館のプレグリッドシステム，シドニー，シドニーオペラハウス，アビタ'67の源流はこの技術的展開を背景にして，1960年代にうまれてきた事情が理解できる。

プレストレスに限らず，「プレ」という概念は建築界にさまざまに応用されている。プレファブリケーションはよく知られているし，コンクリート系ではプレキャスト，プレパクト，プレフリクションなど，杭の工法ではプレボーリングあるいはプレオーガー，地盤改良の手法としてプレロードなど，いずれの「プレ」も結果を予測して先に人為的に手を打っておくという意味で共通しており，構造計画を考えるうえで面白いヒントである。
構造力学上は外力の性質，大きさ，方向を確実に把握できるときにのみ，「プレ」の概念は生きてくる。コンクリートに限らず，例えばテンションドームのような張力場の構造，張弦梁のように主に変形をコントロールしたハイブリッド構造にも「プレ」の考え方は多用されている。それだけに外力の分析と定量化が最大の課題であり，それさえできれば，「プレ」の中からさまざまな建築を展開できる。

これらの「プレ」の概念の中で，わが国の建築界で，「プレファブ」という用語ほど誤解を受けた用語は他に例を見ない。「プレファブ」には簡便，安直，軽微，安物，仮設，本格的でない，パタパタと組み立てておしまい，などのイメージがいつの間にか定着してしまった。
「プレファブ」はいうまでもなく，構造を含めて，建築部品の工場生産化の問題である。プレファブ度という指標があるとすれば，工場での製品としての完成度，現場でのアッセンブルの作業量との比率を指し，プレファブ度が高いほど，品質と精度の高度化，コストの低減，工期短縮および建築労務の合理化に寄与したことになる。だから，コンクリート製品にしてもプレファブ度を高める努力を100年にわたり展開してきたのである。しかし，一方でプレファブに生産者側と消費者側の要求に根本的ずれが今まで宿命として存在していた。生産者（供給）側はプレファブが工場生産である以上，少品種大量生産のレールに載せたい。生産効率を考えれば当然のことである。逆に，消費者（需要）側は，工場生産による高品質を唯一の目的とし，しかも自分に都合のいい製品を要求するから，多品種少量生産をプレファブに求める。この相反する，矛盾した状況がある限り，プレファブの全体像は見えてこないだろう。
しかし，20世紀後半になってようやく生産者側が押し付けてきた少品種大量生産方式は「工業化されたあらゆる分野において，しかも時代性の中でも正解ではない」ということが認識され始めた。自動車産業，家電産業，コンピュータ産業など，特に建築の個別性を考えると，多品種少量生産を可能にする生産方式（プレファブとハンドクラフトとの結合）の開発が急務とされ，多様に発展しつつある。

PC建築の根幹をなすこの2つの技術，すなわち工業化をめざす「プレキャスト」と，総括的な意味での耐久性向上の「プレストレス」を駆使することで，PC建築がめざす「豊かで健全な建築」の実現が求められている。

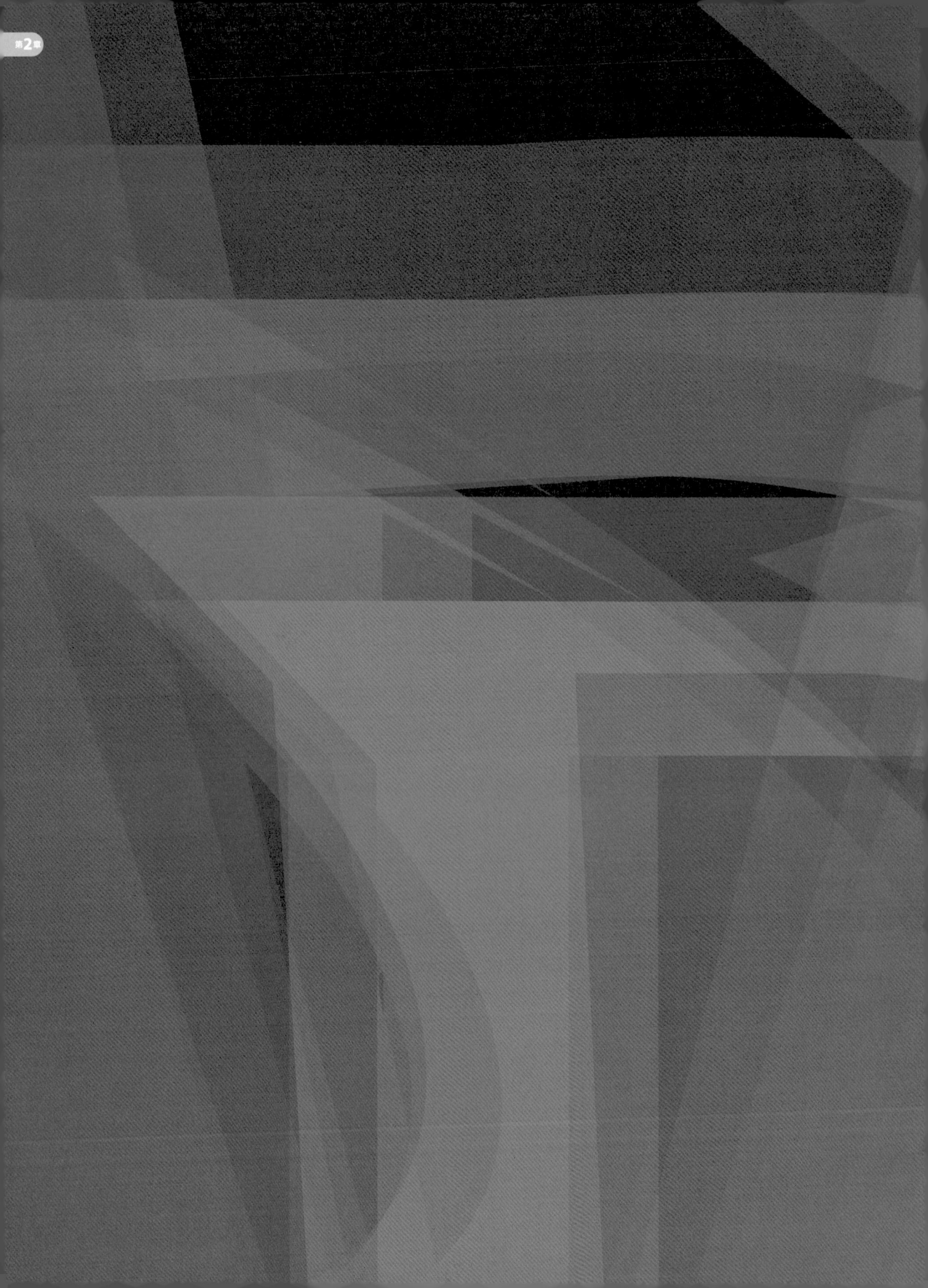

第2章 PC建築の魅力

PC建築の魅力は，今までの多くの建築作品の中から抽出することができる。この半世紀間に実現した魅力的なPC建築から，まず100事例を選び出し，さらに22事例に絞り込んだ。PC建築への建築家や構造家，施工者たちの限りない愛着や執念を読み取ることができる作品の計画から実現まで，PCのすべてを紹介する。 渡辺邦夫

●建築家　ピエールL.ネルヴィ＆A.ヴィテッロッツィ
●構造家　ピエールL.ネルヴィ
●建築施工／PC施工　ネルヴィA.ヴァルトーリ
●竣工　1959年
●所在地　イタリア・ローマ

コンクリートのドーム屋根

A-03

ローマ・オリンピック総合スタジアムの一環としてつくられた大・小体育館のうちの小体育館。

ネルヴィは，この体育館の構造設計と現場監理を行い，建築設計はヴィテッロッツィと共同で行っている。

円形プランの体育館は面積2,800m²，36本のY字型柱を斜めに立て，ドーム屋根を支えている。ドームの直径は，Y字型柱との接点部で59.2mであり，Y字型柱柱脚部で囲む接地部分の描く円の直径は78.5mになる。ドーム室内の高さは最高21m。基礎は，幅2.5m，外周直径が81.5mのプレストレストコンクリートでリング状に配置されている。ドームは，1,620個の菱形のフェロセメントピース（厚25mm）を並べ，その上から厚40mmのRCスラブを現場で打ち込み，ピース相互を緊結している。部材表面の見える部分には白色塗料を塗り，目地は化粧漆喰で仕上げられている。

収容人数5,000人の観客スタンドは，ドーム屋根完成後に建設している。また，設備関係のスペースは外周に沿って階段下に設けられている。

A-04

A-05

A-06

A-07

ネルヴィのフェロセメントプレキャスト

ネルヴィのフェロセメントとは，芯に鉄筋を入れ，その両面に目の細かいワイヤーメッシュを張り，両面から富調合のセメントモルタル（1：2程度）を塗り付けて目潰ししたものである。ワイヤーメッシュの層は2層から12層まで部位によって変わり，直径は0.5〜1.5mmの鉄線を10mmのピッチで重ねてつくられている。ネルヴィが実践したフェロセメントを使った空間づくりは，自給経済政策の下で計画した飛行機格納庫（1936年）にまでさかのぼることができる。時代背景として，材料の経済性（特に型枠用の木材と配筋用鋼材の節約）が求められていたことがあり，フェロセメントピースをプレキャストの型枠にして，経済性を追求している。菱形のフェロセメントピースを屋根面に設置し，全面にコンクリートを現場打ちして一体化を図っている。このため，正確な設置と部材間に連続性をもたせるための配筋は，電気溶接を行っている。鉄線が隅々まで配されているので引張強度が高く，また，モルタルが鉄線に付着して安定するので型枠なしで両者を一体にすることができ，経済性と強度の確保を実現している。

ネルヴィは，このフェロセメントの技術をまったく別の分野にも利用しており，初期の頃には船に応用した例がある。例えば，1945年に製作された165tのモーターボートは，外板が厚35mmのフェロセメントでつくられていた。船体の重量は同じ木製の船より少し軽く，費用は約40％安くなったという。ネルヴィのフェロセメントの技術は，プレキャスト技術発展の可能性を世の中に知らしめた先駆けである。

A-08 菱形のフェロセメントピース形状
A-09, A-10 菱形のフェロセメントピースの設置
A-11 配筋およびコンクリート打設

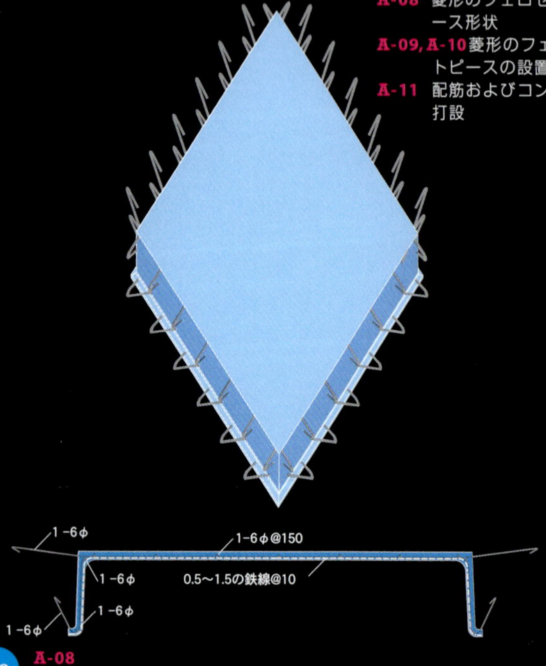

A-08

A-09

A-10

A-11

ネルヴィの大空間

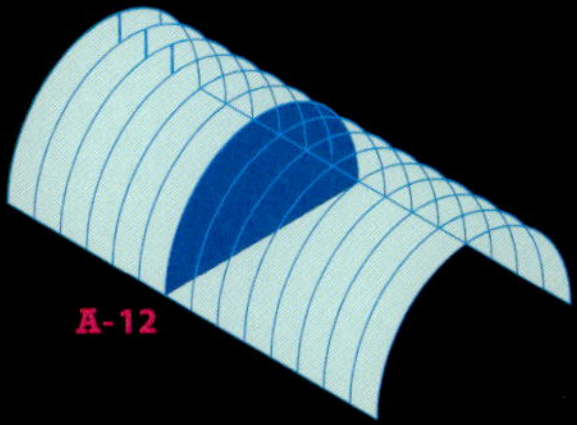

A-12

ネルヴィの建築空間は，鉄筋コンクリートによるものが多い。とりわけフェロセメントの使用や，キャスト化することでできる空間は，規則性のある架構ではあるがダイナミックさと美しさを兼ね備えている。また，フェロセメントを使うことによる経済性，キャスト化することによる施工時間短縮などの効果は，計り知れないものがある。これは，ネルヴィがエンジニアでありながら同時に偉大なビルダーであったことにもよる。

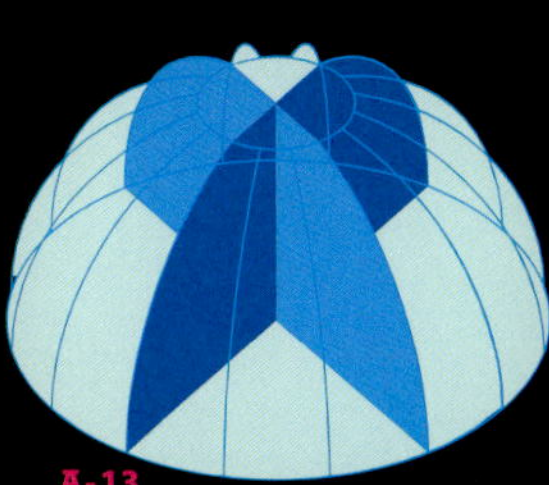

A-13

ネルヴィは，数々の設計コンペを勝ち取り，大空間の建築を手がけてきた。それは，当時の設計コンペが，単なるデザインコンペではなく，請負コンペでもあったからである。請負コンペとは，計画案の構造や外観，それに付随した機能，さらに見積り，工期，建設用関連諸経費など，建設についての明確な情報が要求されるコンペである。ネルヴィは，建築家が正常な設計活動をするには，施工に必要なさまざまな条件，特にコストの理解なしにはできないと考えていた。コストの問題は空間の問題を処理しようとする際に大きな負担となるが，その研究自体がネルヴィにとって刺激でもあったのだ。

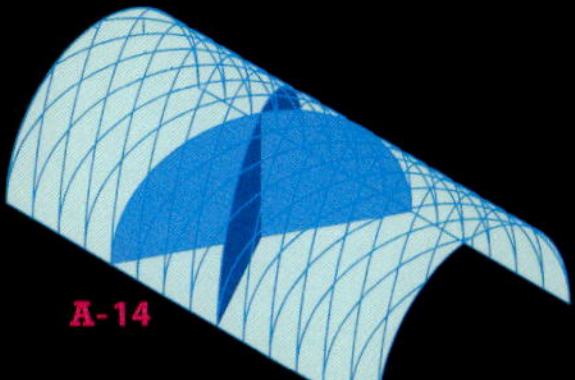

A-14

ネルヴィのつくる大空間には，梁の架構にA-12やA-13のような1方向型のものとA-14やA-15のような2方向型（格子型）がある。1方向型の梁断面はV字型になっており軽量化を図るため，スリットがついている。このスリットは，照明装置として，また空調ダクトの通路としての機能のほか，連続配置することによる吸音効果など複合機能を兼ね備えている。2方向型は，荷重を2方向に分散するという利点から梁断面を小さくでき，したがって屋根重量の軽量化も実現している。

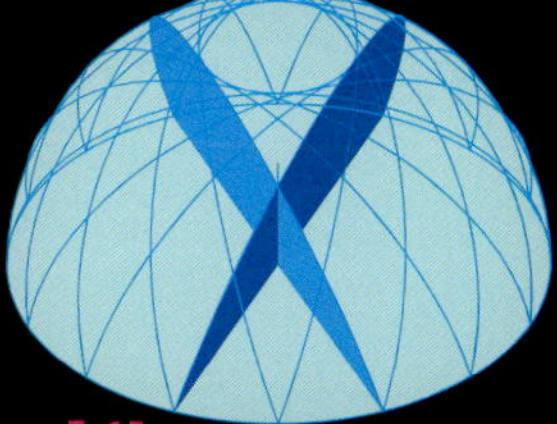

A-15

解説　長谷川一美
　　　尾崎友彦

A-16

A-16　トリノ博覧会・展示館（1949）イタリア・トリノ

A-17　ローマの大体育館（1960）イタリア・ローマ

A-18　飛行機格納庫（1938）イタリア・オルヴェエント

A-19　温泉場ホールの屋根（1952）イタリア・キャンチアーノ

A-17

A-18

A-19

- 建築家 坂倉準三
- 構造家 服部 正
- 建築施工 戸田建設
- PC施工 ピー・エス（当時）
- 竣工 1966年
- 所在地 日本各地

B-02

ＰＣトールゲート

RCの建物は，塩害・凍害，材料の乾燥収縮，中性化，季節や昼夜の温度差による伸縮など，材料固有の性状で常にひび割れが発生する。また，引張応力に対して弱いという素材的要因によるひび割れも起きる。施工面では，現場打ち工法における，コンクリートの品質・部材の精度のばらつき・形状の自由度の制限・多くの人員，作業量の増大など課題が多い。
この建物には，これらの対策としてPCが採用されている。PC構造は，高強度コンクリートを用いるため，塩害・凍害に対して抵抗性が増し，乾燥収縮も小さい。また，低スランプなため中性化が遅れ，耐久性が向上する。また，プレストレス導入により，温度差による伸縮を防ぐことができ，引張応力を誘発する外力が作用しても緊張力による圧縮応力をあらかじめ与えてあることで，ひび割れの発生を防ぐことができる。プレキャスト工法では，工場で事前につくることで安定した環境で高品質・高精度のコンクリート部材を生産できる。また，部品として生産するために形状の自由度が広がる。現場では，生産された部材を組み立てるだけでよいので，工期短縮・安全性の向上を図ることができる。また，工場生産で少品種大量生産が実現できる。

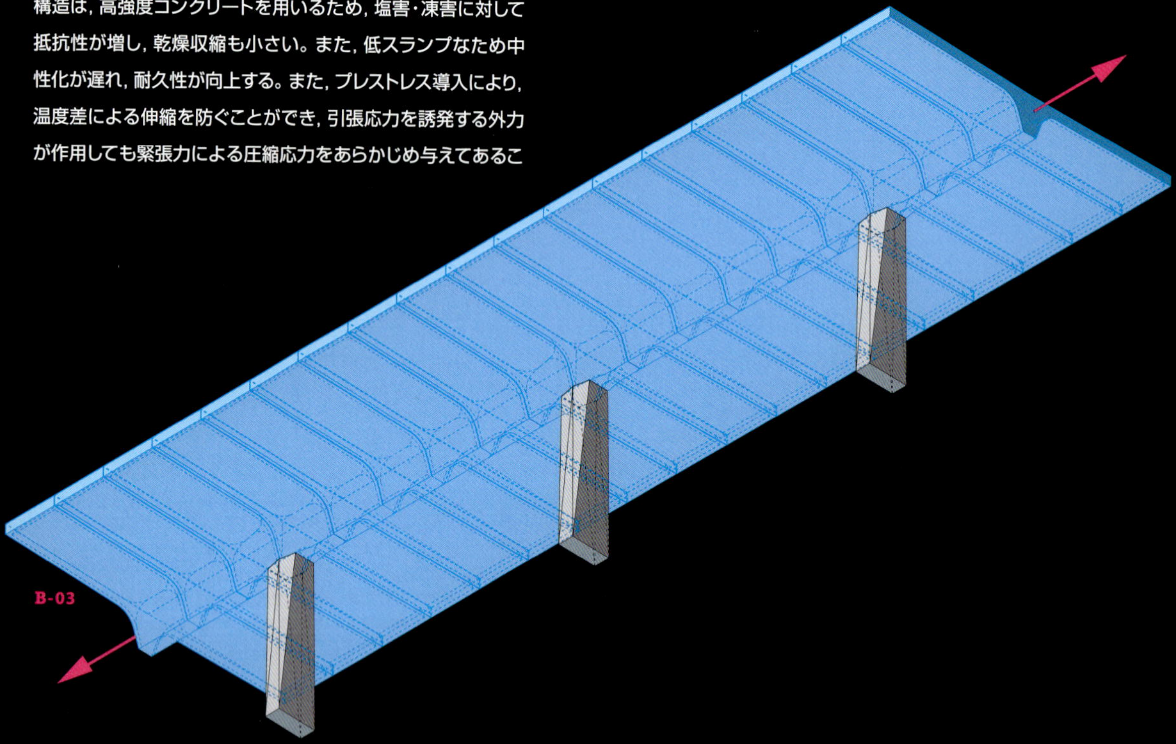

B-03

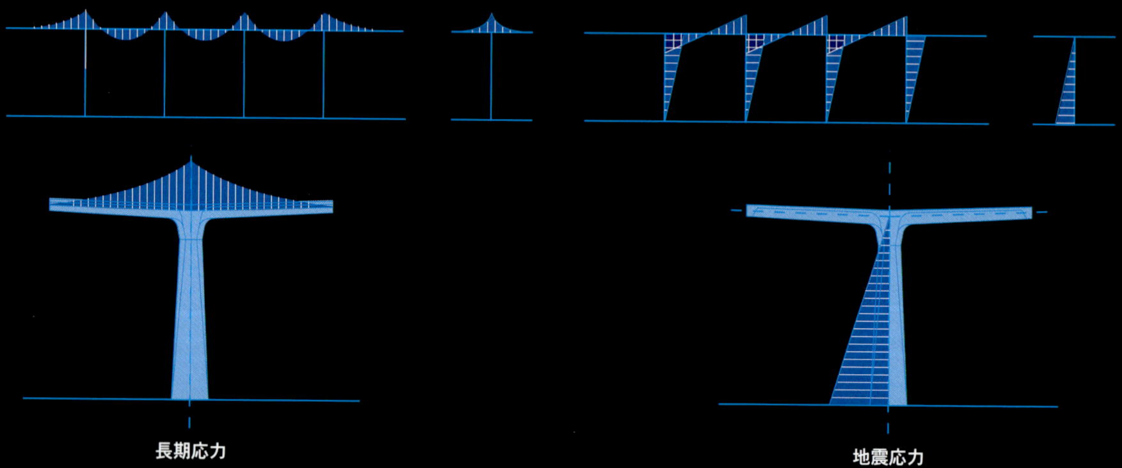

B-04

B-07

少品種大量生産の好例

このトールゲートの梁とスラブはプレキャスト工法で一体化され，各プレキャストブロックは，ポストテンション工法によって緊結されている。また，柱は高強度コンクリートを用いた現場打ち工法であり，プレキャストブロックとポストテンション工法で緊結されている。部材断面は，発生応力により決定された合理的な形状をしている。品質・精度，部材形状，建方，少品種大量生産など，プレストレスおよびプレキャストの利点が十二分に発揮されたトールゲート庇である。

ここで示した図は初期のもので，道路の積雪寒冷地への伸延により，名神，東名型より50ｃｍ幅広のアイランドのタイプを検討し，柱とアイランドのプロテクターを現場打ちのRC造からPC化した。屋根版のポストテンションの緊張方式もフレシネコーン式から，ネジ式のフランスのSEEEに変更した。これにより，長ナットのカップラーによる連結で任意のレーン数が桁方向に増築できるようになった。この標準化は寒冷地型に続き，名神，東名タイプの一般地型にも行なわれた。

解説　徐 光

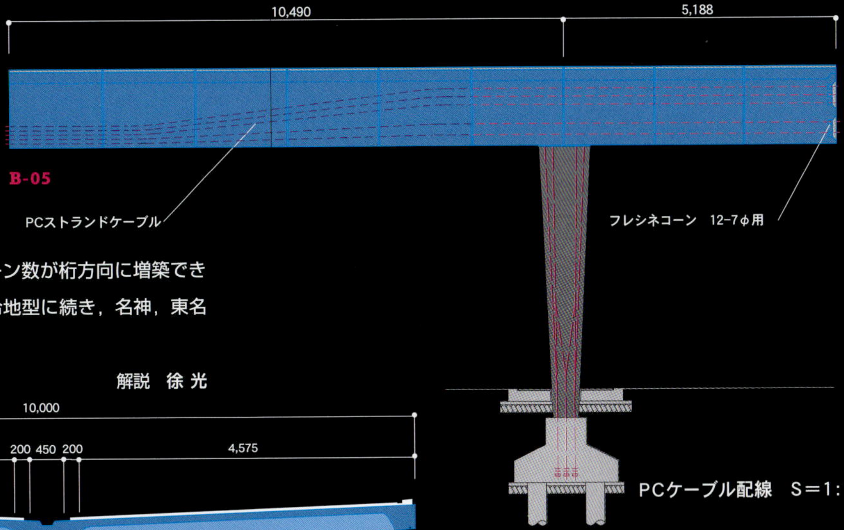

B-05 PCケーブル配線　S=1:140

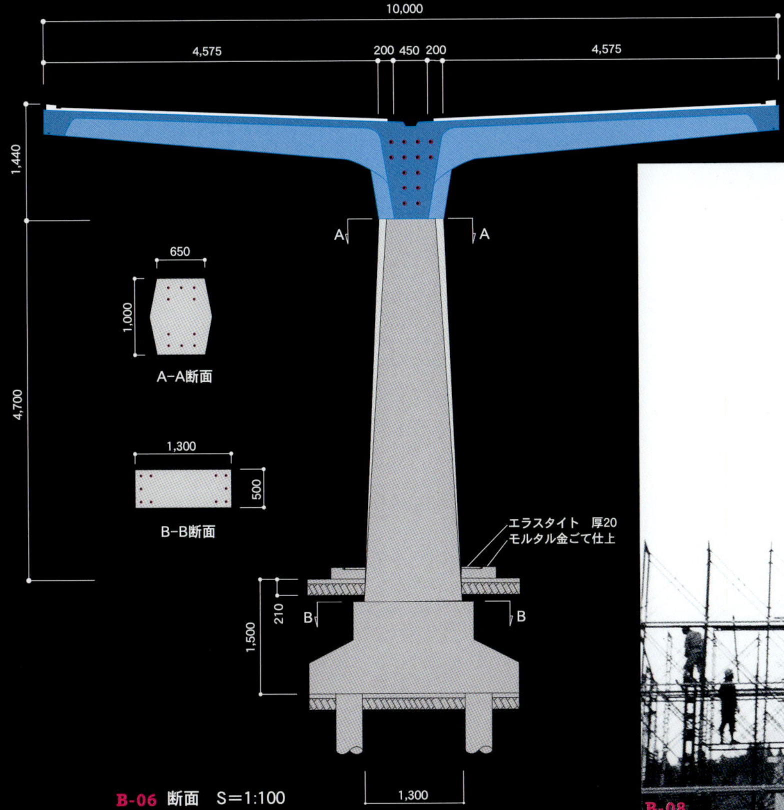

B-06 断面　S=1:100

B-08

C 出雲大社 庁の舎（ちょうのや）

●建築家	菊竹清訓
●構造家	松井源吾
●建築施工	大成建設
●PC施工	オリエンタルコンクリート（当時）
●竣工	1963年
●所在地	島根県大社町

C-02

C-03

C-04

華麗な演出

この庁の舎は，出雲大社の宝物殿と社務所に相当するものである。昭和28年の火事による消失があったため，火災に強いものというのが唯一の設計の条件だった。

伊勢神宮と出雲大社は日本の古代国家の形成にかかわる重要な社寺である。特に出雲は，その社の壮大さが語り伝えられている。社は当時からその時代の最高の技術水準をもって造営され続けたのである。建築史家の福山敏男の復元した初期の社は48mを越え，雲の中にあった。だから社務所のようなこの「庁の舎」造営の際も，現代における最高技術が使われるべきであり，その結論がPC技術であった。

メタボリズムという観点から現代建築を空間と生活装置とで構成されると考えると，空間は骨組で時代の変化に影響されない不変なもの（主体構造）で，生活装置とは骨組以外の時代の変化に対応できるもの（更新構造）となる。この建物の主体構造はRC造である。また，更新構造のひとつとして，PC造の横桟（ルーバー）が採用されている。この横桟は，設計初期には色付の強化ガラスで計画されていたが，当時の生産技術では不可能だった。現在では，ガラスの技術の進歩により外壁部分を全部色付の強化ガラスとすることが可能である。

いなかけのPCルーバー

文明評論家の川添登は「神々のすまい」の中で出雲の神殿を＜神の住居＞としている。これを米倉のシンボルと捉え，だからこそ大規模に強壮につくられることに意味があった。米倉に貯蔵し，1年間保存するためにはよく乾燥させる必要がある。乾燥には，季節風を利用して，いなかけが用いられており，それはこの地方独特の風景となって今日に及んでいる。いなかけは，この地方ではどこでも見られ，誰もが親しみをもち，かつその機能を熟知しており，単純で率直な構造の原理をもつものである。

雨水の秩序

この建築には，空間・構造・設備の3つのシステム的な秩序が見事に成り立っている。その中で雨水の秩序には興味深いものがある。雨水の秩序とは，建築に降った雨水をどのような径路を通して地上に流していくかであって，日本の水田農業に見られる灌漑の方法に似ている。川から引かれた水は，上の田から下の田へと次々に落とされていく。そこには，見事な秩序が長い年月を経てつくりあげられている。この建物では，屋根の雨水が小さな水抜き穴を通して落とされ，鎧通しの糸のように水が横桟を縫って落ちていくようにしている。

出雲は多雨地域なので，水跡の美しさを雨の降り始めや雨上がりの変化として建築に加えている。水はわずかの塵埃でも運搬し，建築の汚れとなって蓄積する。この汚れをシステムとして解釈することで，雨や雪が降り重なり，年月を経ると建築に自然の手による造形が加わるようになっている。また，コンクリートに使用した砂は砂鉄分の多いこの地方の砂で，時が経つにつれ全体の色が次第に赤味を帯びてくるようにデザインされている。

C-08

C-09

C-06

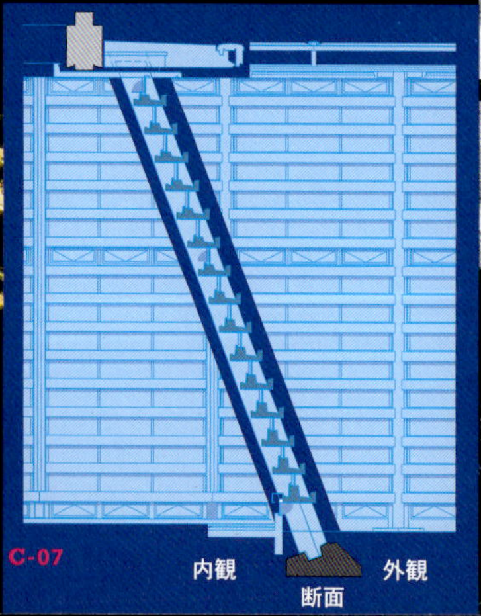

C-07

大棟梁とDT版

この建物の主体構造部分は，両端の棟持柱（階段を含む）2本と，これをつなぐ鳥居型の大棟梁である。この構造が空間の高さと広がりを基本的に決定づけており，耐久年数が最も長い部分として考えられている。このため，柱の断面で主筋の集中する四隅と，主筋を横につなぐ胴差は，被覆の打替えができるようにしている。

大棟梁はスパン50mでプレストレスを導入した。梁は，ステージングした架台の上でフレシネ方式によるポストテンション工法で連結させた。壁柱に二次応力を生じさせないように柱の上にステンレスでゴムをはさんだプレートを敷いて架けている。

屋根版はDT版を利用しており，数枚おきに2列の桁を結ぶ小梁が配置されている。

解説　長谷川一美　尾崎友彦

C-12

C-13

C-10

C-14

C-06, 07, 09,
段々畑に見る水の流れ
C-13, 14
出雲地方のいなかけ

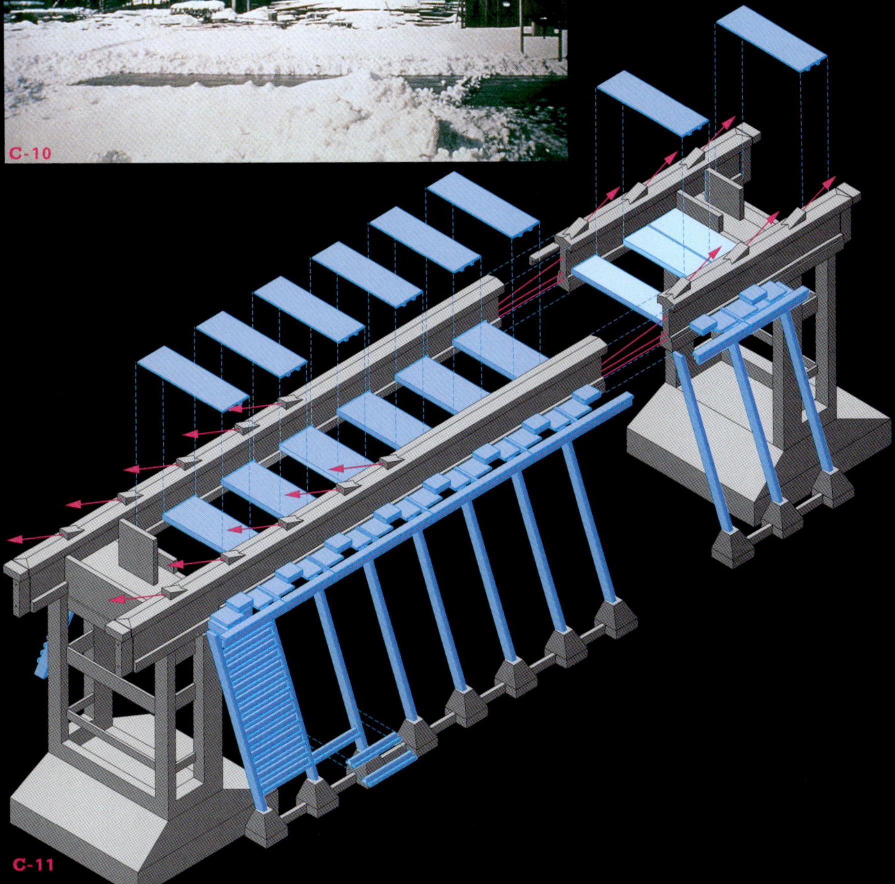
C-11

D 世田谷区立郷土資料館

- **建築家**　前川國男
- **構造家**　横山不学 & 木村俊彦
- **建築施工**　大成建設
- **PC施工**　オリエンタルコンクリート（当時）
- **竣工**　1964年
- **所在地**　東京都世田谷区

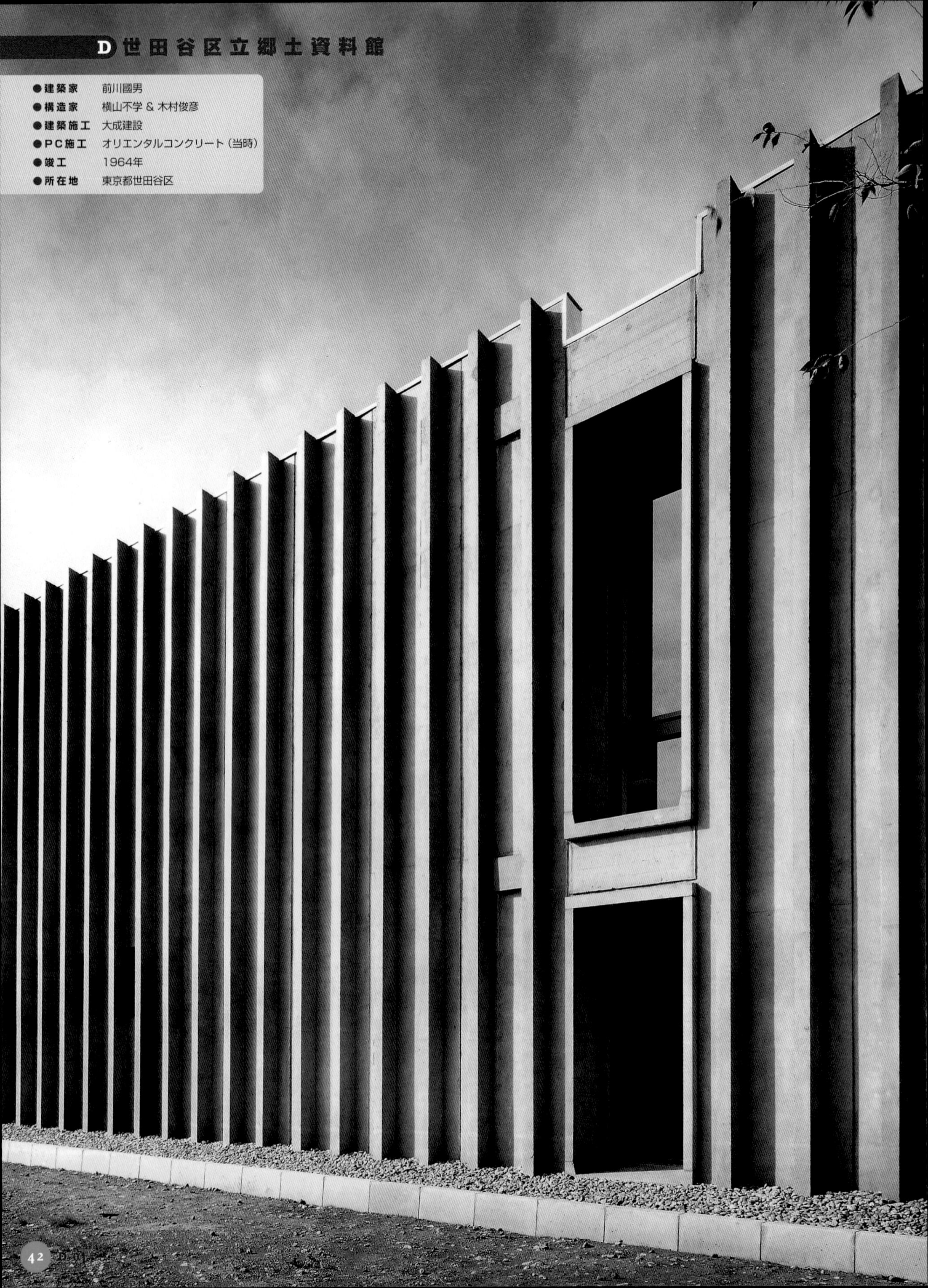

D-02

D-03

ＤＴ版建築

先土器(旧石器)時代以降の郷土の出土品や現在の世田谷区の歴史的資料を収め，これらを小・中学生および一般に紹介するための資料館として計画された建物である。
設計者である前川國男は，平面計画において「単純化と多様性」を両立させ，プレファブリケーションと構造計画を満足させる建物をめざした。ちょうど同時期に岡山でも同じコンセプトの美術館を設計・竣工させており，岡山では実現できなかった100%PCによる建築をこの建物で実現している(岡山の美術館は最終的には屋根版のみがPC部材となった)。
当時，PCというとDT版が全盛で，DT版のJIS規格もうまれた時代であった。DT版は工場や立体駐車場の床に多用され，一般認識としてPCはDT版を指すことになっており，床をつくるのに「安い，早い」というイメージが定着していた。そんな状況にあって，DT版のもつ本質的な意味を引き出すことに挑戦した建築である。

D-05

D-04
見下げ

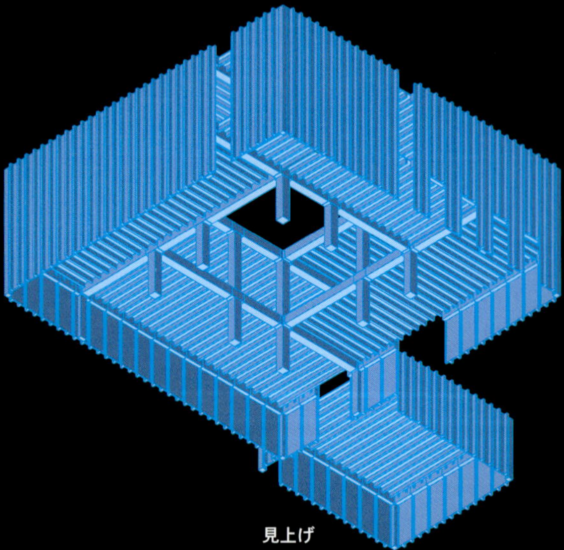
見上げ

D-06

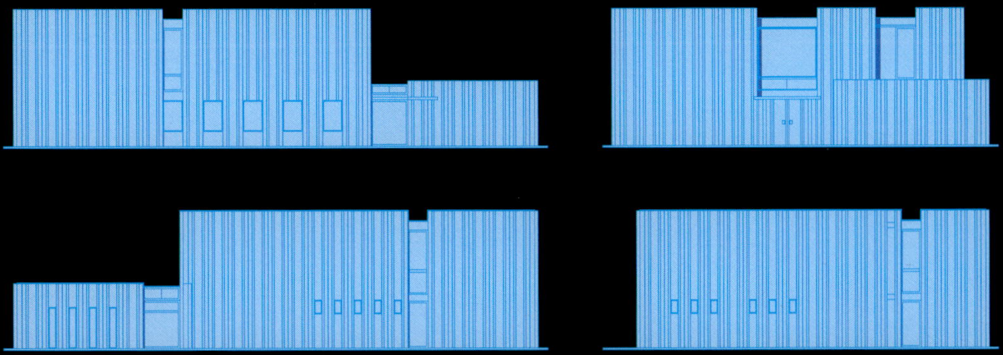

D-07

この建物の特徴は，限られた数種のPC部材で地上部の隅から隅まで100%の構造体を組み立てたことと，その構造部材である壁版の工場製作時における金属型枠面の肌とステム（版のリブ）をそのまま表わしていることにある。構造の単純さはプレファブリケーション方式に不可欠な条件である。しかし，この建物は「多少複雑になってもかまわないから，とにかく近代建築の仲間として大手を振って参加できるような組み立て方式には，一体結果として何種類くらいの部材を必要とするものだろうか」[1]という設計者が自分自身に課した課題への解答である。実際，柱1種類，梁3種類，壁版4種類，床版3種類（長さや，部分詳細で更に細かく分類できるが）の合計12種類の部材で実現している。

構造設計者である木村俊彦の当時の記述によると，

「『プレファブだから何々の悪い点は止むを得ない』という言い訳がときどき聞かれるけれども『プレファブだから』という言葉はけっしてプレファブ建築の欠点の言い訳にはならない。むしろその言葉が『プレファブ』に対する一般の信頼や評価を引き下げてしまう。逆にプレファブだからこんなに面白い効果がでたというようなものにしたいと念願した」[1]とある。

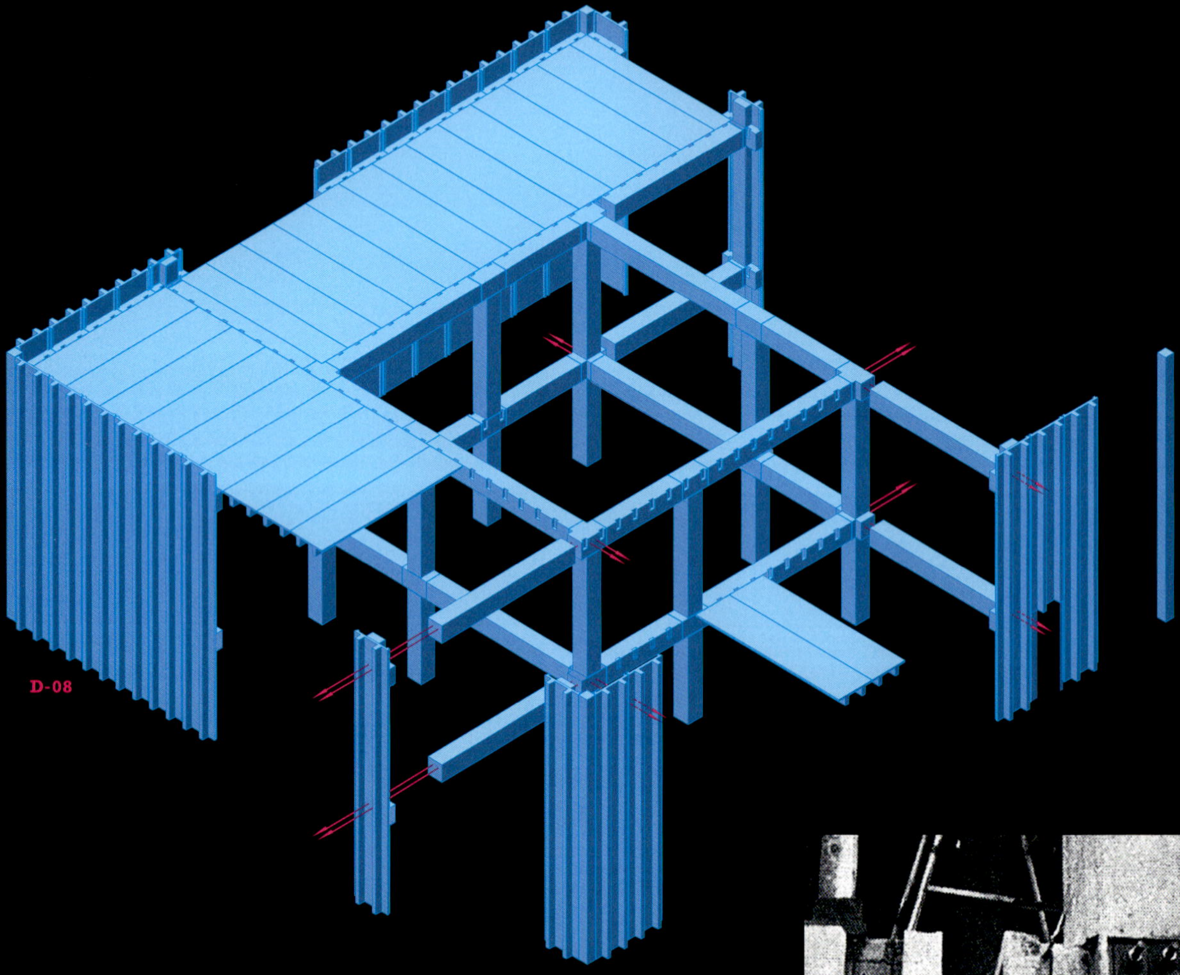

D-08

D-10

D-14

建築機能の充足

部材を単純化していくときには，設計および制作図の段階における整理が完成レベルを左右する。基礎部分にPC部材取付用の鋼棒を十分な精度で埋め込むこと，仕上材，設備用器具配管の取付ボルト，インサートの類を工場で確実に埋め込む必要があり，完全な図面を用意すること，さらには組みあがってから後のサッシ，防水などの納まりのための欠込みなど，設計図・制作図の完成度が決定的に重要であることもプレファブリケーションの特徴である。

解説　長谷川一美　尾崎友彦

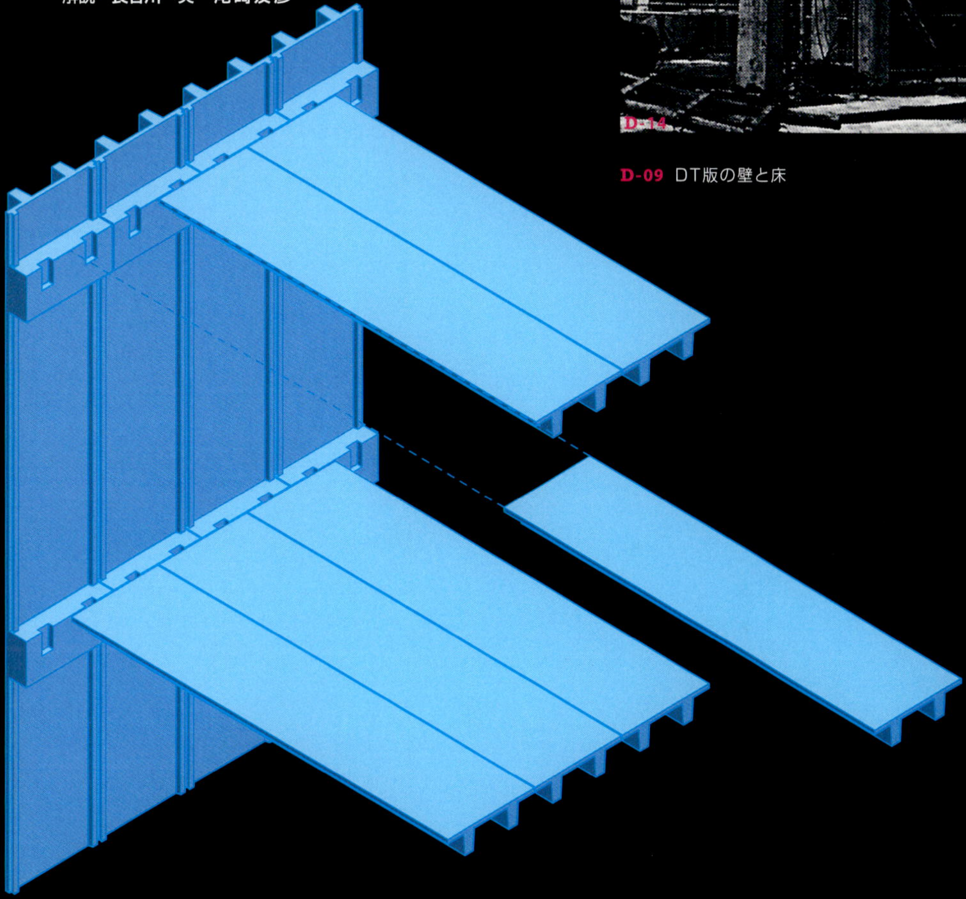

D-09

D-09 DT版の壁と床

D-11

D-12

D-13

引用文献

1) 木村俊彦『構造設計の初心－木村俊彦＝初期の軌跡』
木村俊彦構造設計事務所，1998，p.48

E-02

- 建築家　ルイス I. カーン
- 構造家　オーガスト E. コマンダント
- 竣工　1964年
- 所在地　アメリカ・フィラデルフィア

E-03

E-04

E-05

E-06

イス I. カーンの建築

ルイス I. カーンの建築は，空間をマスターとサーバントに分け，その組合せのうえに光の扱いや空間，構造，設備の各要素の統合が成立していることに特徴がある。この建物は，中央にあるサーバントスペースと，その周辺のマスタースペース（8層からなる3本のタワー）で構成され，形態，材料，建設過程の統合がなされている。

中央のサーバントスペースには，実験用動物の飼育場，主要空調機構，エレベーターなどが設けられており，マスタースペースには実験室が設けられている。プレファブ化に向いていないサーバントスペースには，現場打ちコンクリートが用いられ，その周辺のマスタースペースにはプレキャスト（ポストテンション工法）を用いている。

マスタースペースは，約13.5×13.5mの無柱のフロアであり，それが6層と7層に積み重なっている。そのフロアを支えている柱は，約91×91cmのI字型断面のプレキャストコンクリートである。プレキャストコンクリートの柱は，断面の中立軸より内側にある圧縮応力を受ける部分でコンクリートの断面を最大限に活用し，引張応力を受ける部分においては鋼棒を通す回転モーメントに対して効率のよい部分と圧縮側と引張側をつなぐ中間部を残して，91×91cmの矩形断面から不要な部分を取り除いた形（I字型断面）になっている。つまり，圧縮力はコンクリート，引張力は鋼棒というように非常に効率のよい断面となっている。

外側のフランジには4本，内側のフランジには5本の鋼棒を通すための孔が開いている。内側の5本の孔は部材を結ぶためのものであるが，外側の孔は外側のフランジ内の応力が±0前後になるように緊張をかけるためのものである。

また，フロアの中央に実験機器を集めることを想定して，それを主梁で受けるため,四周の梁は少しの荷重を引き受ければよい。つまり，コーナー部分は荷重をほとんど受けない。そのため，そこには柱を建てなくてもよく，梁せいは角に向かって小さく，中央に向かって大きくなっている。

スパンドレルの梁せいの変化によってフロアの隅角に光を取り込むための窓を大きくすることが可能となった。また，そのはめ殺しの窓は，ガラスとガラスを直接に突き付けており、そこに垂直荷重がかかっていないことを示している。

E-07

E-08

E-07　サーバントスペースのRC部
E-08　マスタースペースのPCフレーム

1週間で3層を組み立てる

この敷地は，極めて小さく，さらに狭い道路があるだけで，大きなクレーンおよび大型トレーラーを用いて工事を行うスペースの余裕がなかった。また資材を置く場所もなかったため，部材はトレーラーから直接組み立てなければならなかった。そこで，プレファブ化が向いていないサーバントスペースには，現場打ちコンクリートが用いられたが，マスタースペースには，工場で生産されたプレキャストコンクリート部材をトラックで建設現場まで運び，モービルクレーンによって迅速に組み立て，ポストテンションで一体化するというPC工法が採用された。

この工法によって工事はスムーズに行われ，1週間で3層を組み立てるというペースを可能にした。

解説　徐光

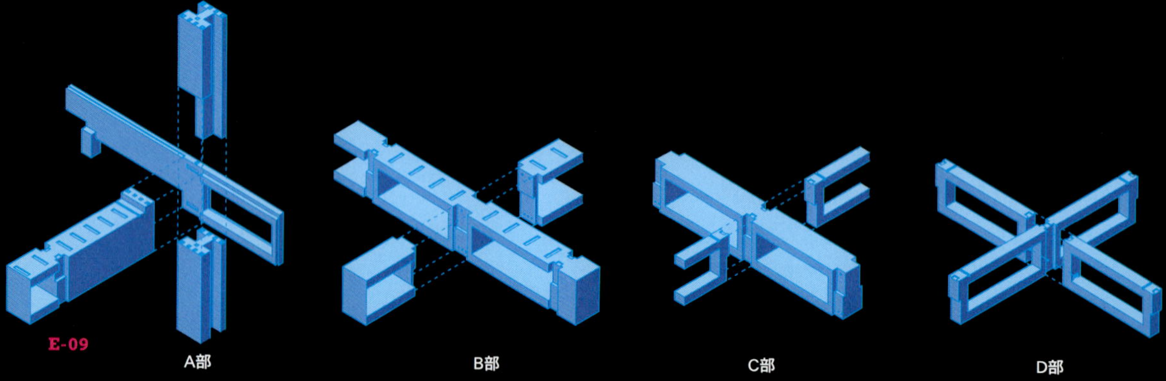

E-09

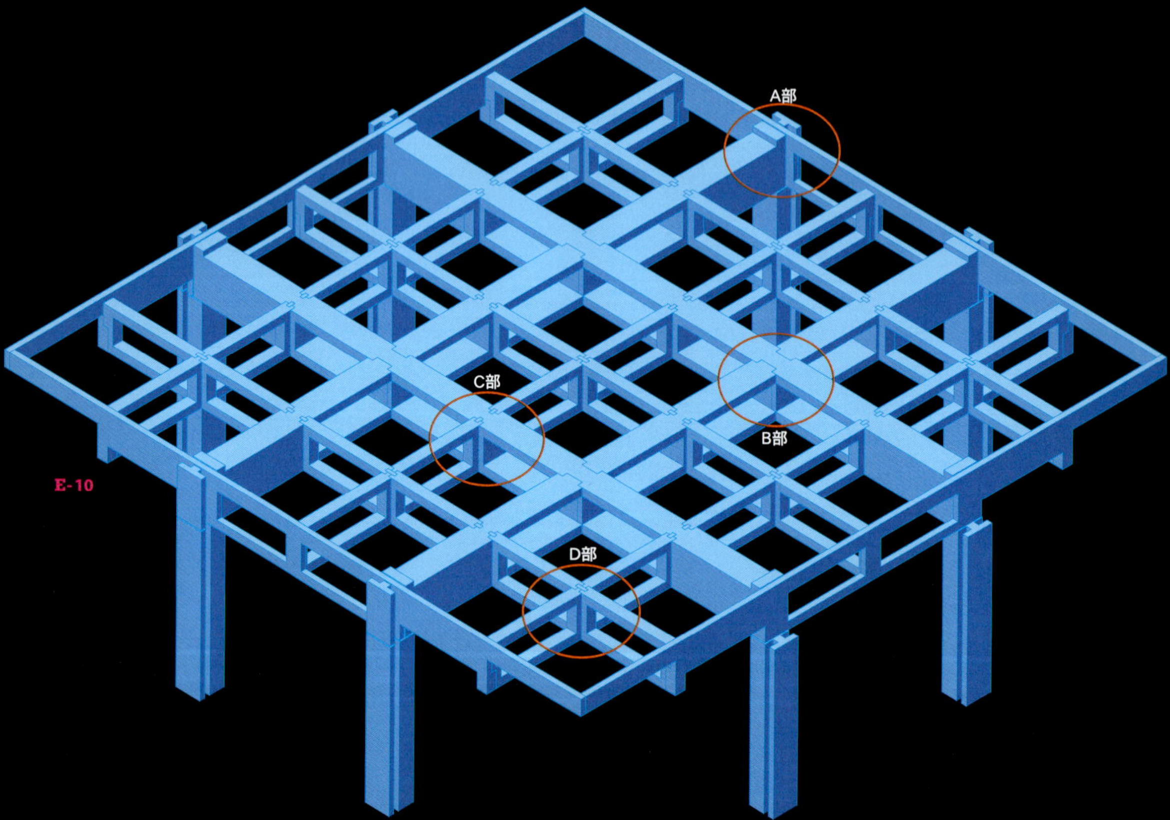

E-10

E-11

E-12

E-13

E-14

E-15

E-16

F エル・マーグ工場

- 建築家　アンジェロ・マンジャロッティ
- 構造家　アレッサンドロ・フィオレッティ
- 製造／施工　ファチェブ社
- 竣工　1964年
- 所在地　イタリア・ミラノ

F-02

COL

F

プレファブシステムの完成品

建築家，アンジェロ・マンジャロッティは，既に80歳を過ぎた高齢でありながら，未だ精力的に創作活動を続けている。彼は，その多岐にわたる創作活動の中でも，プレファブリケーションによる建築システムの探求に，最も大きな情熱と時間を割いてきた，世界的に見ても稀有な建築家である。そして，従来のような現場作業による品質・精度の不確実性を克服する手段として，このプレファブリケーションシステムの今日的有効性と可能性を誰よりも確信している建築家である。彼は，その長年の探求の過程で多くの賞賛すべきプレファブシステムを完成させている。このエル・マーグ工場のプレファブシステムは，それらの成果のひとつといえる。既にこのほかにも展示場・体育館・市場など100以上の施設で採用されている実績をもつ。

エル・マーグ工場のシステムは，3つのエレメント(柱・梁・屋根パネル)によって構成されている。各エレメントは，その機能的要求から必然的かつ美的なフォルムにより結合されている。

平面計画上のモデュールは，PC屋根パネルのサイズに対応した1.6×8mで，構造グリッドは8×8m～8×19.2mまで選択可能となっている。また，雨水が梁の上の横樋を流れ，各柱の中心に嵌め込まれた竪樋を経て地上の雨水桝に接続されているため，竪樋により外観を汚すことがない。

また，PCエレメントは，ポリエステル樹脂製型枠によって成型されているため，コンクリート面の仕上りが美しく，例外的に塗装をすることはあっても，ほぼそのままで特別な仕上げを施す必要がない。

F-03

F-04

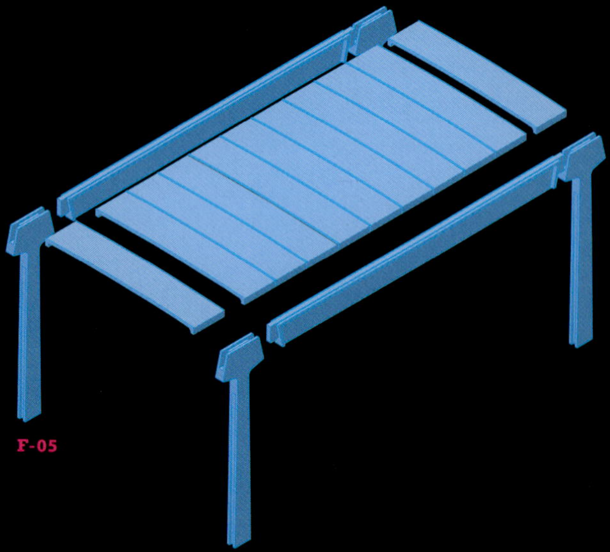
F-05

F-06

F-07

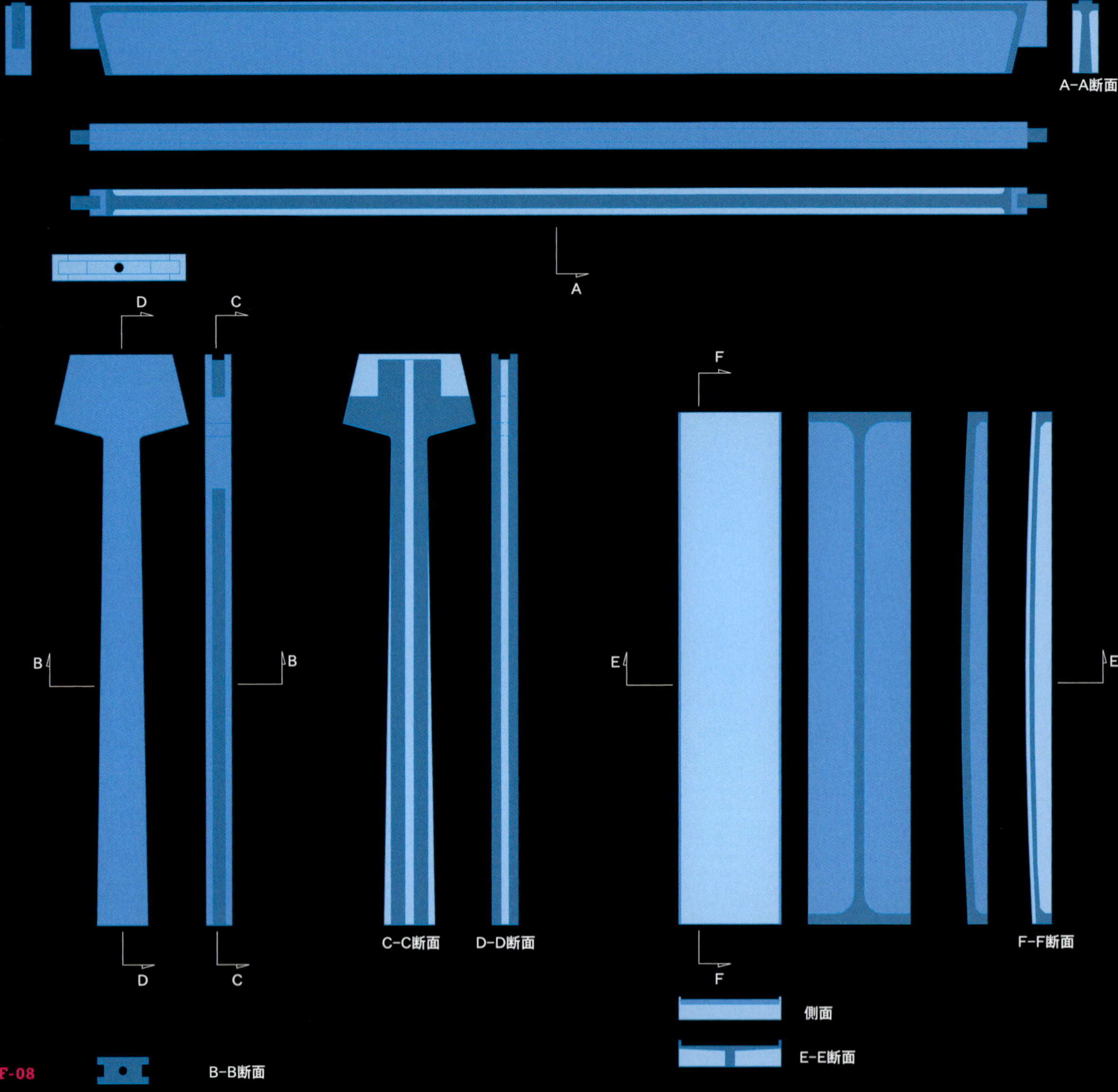
A-A断面
A
D
C
B
B
E
E
F
C-C断面
D-D断面
D
C
F-F断面
F
側面
E-E断面
B-B断面

F-08

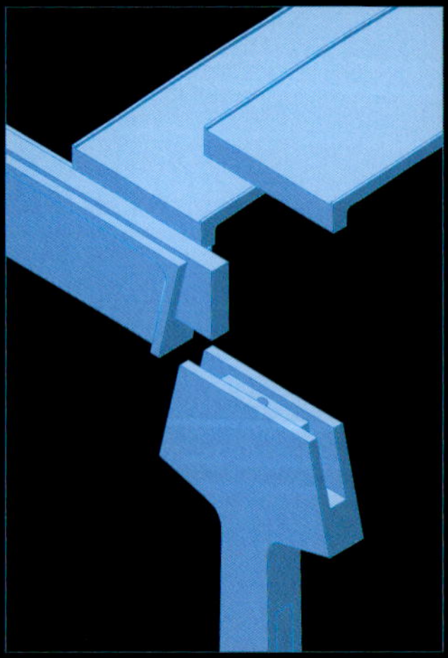

F-09

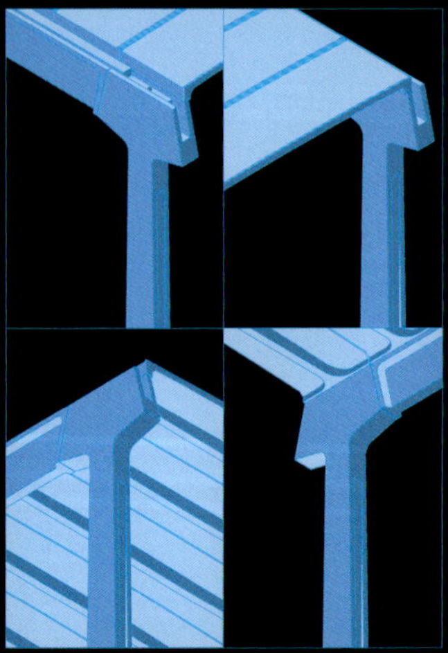

F-10

神技的なフォルム

構造モデルは，現場打ちコンクリートの独立基礎にPC柱を挿入して剛接合とし，柱頭にPC梁とPC屋根パネルを載せた，極めてプライマリーでシンプルな構成である。つまり，片持ちのPC柱に，ピン接合でPC梁とPC屋根パネルを載せているだけである。ただし，そのジョイント部の解決には，ほとんど神技に近いフォルムが与えられている。

T字型のPC柱の柱頭部は，台形状に細まっており，その上辺は，屋根パネルの幅に一致している。同時に，その末広がりのフォルムを長くすることで，柱間の長さに準じた梁せいに適合させることを可能にしている。また，梁との接合には特別な台座を必要とせずに一体化することができ，組立時の施工性の向上にも貢献している。

3つのエレメントの中で最も長いPC梁は，最大長が20mに抑えられているが，それは，構造的要請からではなく，輸送上の問題，つまり一般道を交通警察の護送車を伴わずに輸送できる最大長の範囲内にするためである。

解説　濱口オサミ

F-13

F-14

F-11

F-12

G シドニーオペラハウス

- 建築家　ヨーン・ウツソン
- 構造家　オヴ・アラップ・アンド・パートナーズ
- 施工　ホーニブルック社
- 竣工　1973年
- 所在地　オーストラリア・シドニー

球面ジオメトリーによる解決

白帆のように美しい曲線群のシルエットで全世界に知られているシドニーオペラハウスだが，その優美な屋根の構造体と光り輝くタイルの外装が，いずれも精密なプレキャストコンクリート技術を駆使して建設された，という事実を知る人は，意外に少ないのではないだろうか。

1957年，デンマークの若い建築家ヨーン・ウツソン（G-02左）が国際コンペティションでこの建物の設計者として入選したとき，彼はその曲面屋根構造を薄い現場打ちのシェル構造として実現できるものと，いささかナイーブに信じていた。G-03はコンペ案の模型写真である。その当時は薄膜構造の全盛期で，トロハ，ネルヴィ，キャンデラ，坪井善勝らによる曲面屋根の新しい建築群がジャーナリズムを賑わせていたからでもあるだろう。

しかし，オペラハウスの構造エンジニアに指名された英国のオヴ・アラップ（G-02右）は，ウツソンが望んだような形態を現場打ちコンクリートでつくることは構造技術的にも，また施工技術的にも非常に無理があること，そして合理的な解答は，プレキャストコンクリート部材によるリブアーチの集合体である，ということを確信し，長い時間をかけてウツソンに説明し，彼を最終的に納得させたのだった。

ウツソンは，そのアラップの意見に同意すると，1961年の夏に屋根デザインのジオメトリーをすべて球面に転換して，プレキャスト造に不可欠な「同一形態の繰り返し」を彼の設計の中に取り入れたのである。この極めてユニークな球面案の発想によって，難航していた屋根の設計は急速に解決へ向かい，合計で6年の実施設計および現場施工の期間を経て，現在も見られる美しい屋根群が1967年に完成した。シドニーオペラハウスの規模とその複雑な構成を考えると，コンペから開館までに要した16年の中で，その6年間は，決して長すぎる時間ではなかったというのが，設計に深くかかわっていた筆者の感想である。ここではその経過の詳細を説明することは不可能だが，興味のある方は「シドニーオペラハウスの光と影」（三上祐三著，彰国社，2001）を参照していただきたい。

G-03

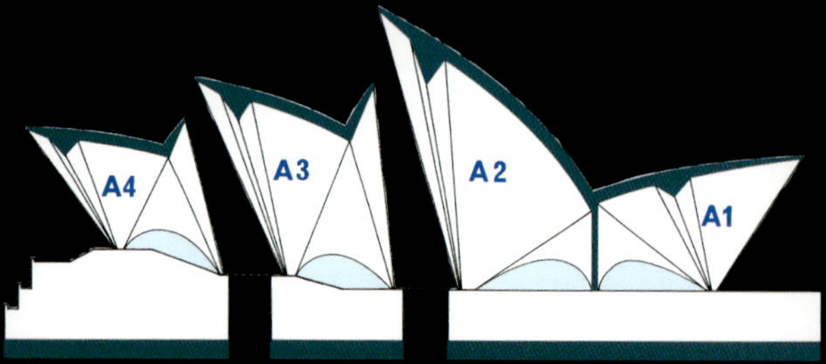

G-04

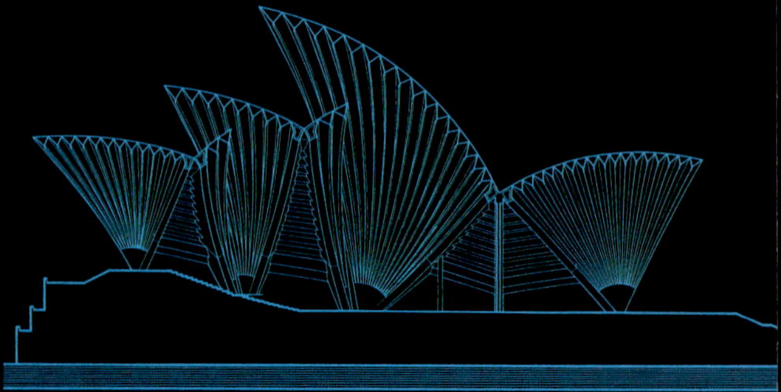
G-05

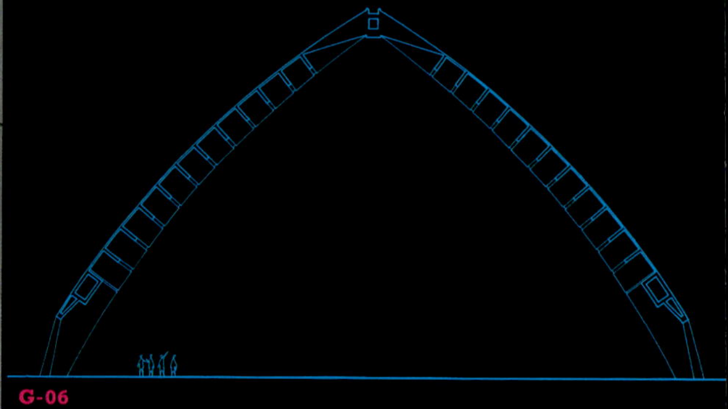
G-06

G-02

屋根構造の構成原理

プレキャスト部材のディテールに入る前に，この一見複雑な屋根構造体の原理を理解してほしい。G-04は，球面案に変化する以前の形だが，構造全体が3つの部分に明確に分かれていることを示している。その各部分は中央に4本脚または6本脚の自立する安定架構をもち，それによりかかるように左右から2個の倒立三角形の立面をもつ屋根の主要部分が接している。A1，A2などの符号がついたこの部分は，当初シェル構造が想定されたため，最後までメイン・シェルと呼ばれたが，構造的にはリブアーチの集合体と呼ぶのが正しい。

実施案の長手断面をG-05に示す。これを見ると，前記した4本脚の部分が太い中空の構造物に進化していることがわかるだろう。この中空部分は，その中を人が通って屋根の上まで出られるメンテナンス通路にもなっているほどの巨大なもので，プレキャストコンクリート部材で組み立てられた後，多数のプレストレス導入用ケーブルによって一体化されて，所定の強度と剛性を与えられた。その2本脚の立面をG-06に示す。図中の人物と比較してそのスケール感がわかるだろう。ここには図示していないが，両脚の間の床下にはタイ・ビームが設置されている。

4〜6本脚の巨大な安定架構が完成すると，続いてメイン・シェルの建方が開始される。まず最下部には，ペデスタルと呼ばれる現場打ちコンクリートの台座が打設され，その上面にリブアーチが1本ずつ建てられていく。G-08は，大ホール棟の屋根構造の全体を，タイルパネルの取付け以前の状態で示した立面だが，各々のメイン・シェルが8ないし17本のリブアーチによって構成されていることがわかるだろう。これらのリブはすべて球面上の大円に沿っているので，その長さは異なっていても，同一の外形を有している。このことが，少数の型枠を反復使用して部材を正確にかつ経済的に生産するという，プレキャストコンクリートの設計の最も基本的な原則を満足させている最も重要なポイントである。G-07にその幾何学的な原理を示す。

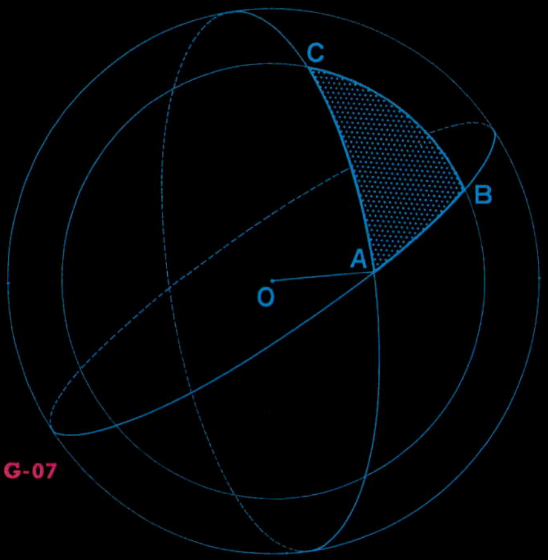

G-07

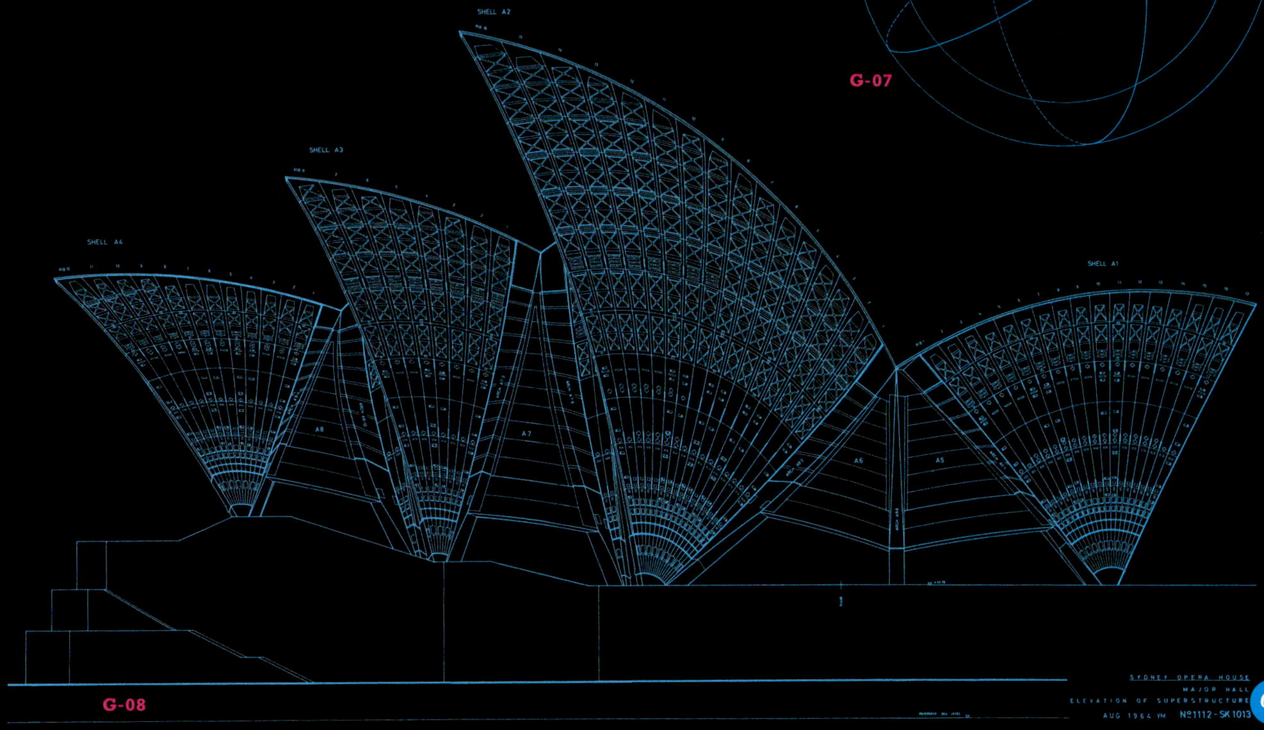

G-08

左右のペデスタルからのリブの建方が最上部にまで達すると，その頂点に当る部分にスパイン・ビームと呼ばれる特殊な箱型のプレキャスト部材が組み込まれる。これはゴシックの石造アーチにおけるキーストーンに相当する重要な部材で,これによって左右のリブは，初めて構造的に完結するのである。リブには全長にわたって,またスパインをはさんでプレストレスが導入され,リブアーチは一体となる。この作業の繰返しによってメイン・シェル全体が次第にその形を現してくることになる。

G-09は，完結したリブアーチのひとつをホールの中心線に沿って見た形を示している。左右の円弧形のリブが，各々11個のセグメントに分かれて積み上げられ，頂部のスパイン部材を結節点として巨大なリブアーチが形成されていることが理解できるだろう。こうしてみると，この建物にはヨーロッパの組積造建築の古い伝統が脈々として流れ,プレキャストやプレストレストといった現代技術によって新しい生命が吹き込まれている，ということを強く感じざるを得ない。

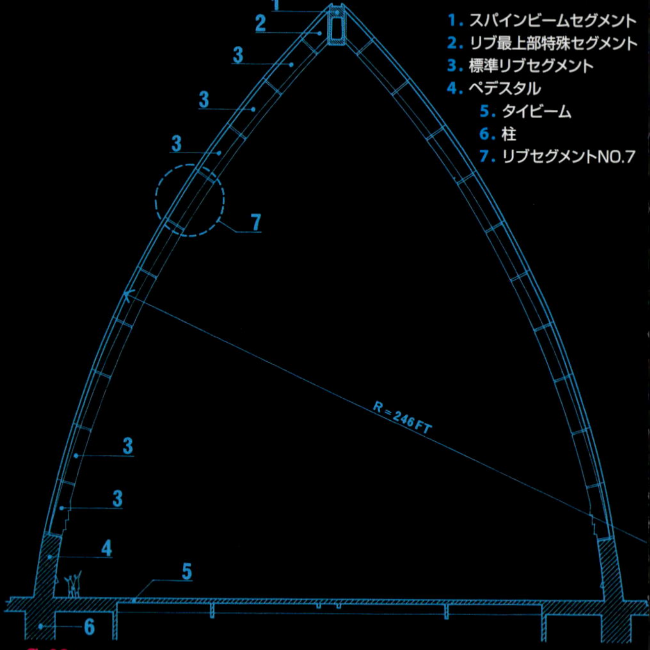

G-09

円弧リブのディテール

ここでこの屋根構造の中で最も代表的なプレキャスト部材である，メイン・シェルのリブの詳細について述べよう。球面の半径はリブの外面で246フィート，約75mである。リブの外形は，ごく薄く切ったメロンの皮を想像してもらうとよいだろう。その切断面の開き角度は3.65度である。したがってその幅は，最下部では1フィート4インチで約40cmに過ぎないが，長いリブの最上部では，11フィート5インチで約3.5mとおよそ9倍にも広がっている。その断面の変化を示したのがG-10で，下方からソリッドなI字型，円形の肉抜きをしたY字型，上部がオープンの広いY字型と連続的に変化している。これは下部では集中する圧縮力に抵抗し，上部ではできるだけ重量を軽減して広い面積を覆うための合理的な構成である。G-11は，三角リブ工法の発案者オヴ・アラップが模型の前で考えこんでいるところ。リブは長さ約15フィート，約4.5mごとに区切って設計・製作されたが，G-13は，下から7番目のセグメントのアイソメトリックである。これを見るとリブの立体的な構成がよくわかる。Y字型断面の各端部は，各々幅約30cmのフランジになっていて，厚さ約6.5cmの斜めウェブで連結されている。セグメントの上面には水平剛性を保持するためのX字型のブレーシンクが見えているが，この部分はセグメント本体のコンクリート打込み以前に，別の専用型枠を使って製作され，それを本体の中に打ち込んで一体とした。これをわれわれ関係者はプレ・プレキャストと呼んでいたが，複雑な立体形状の部材を合理的に製作する場合には有効な手法である。

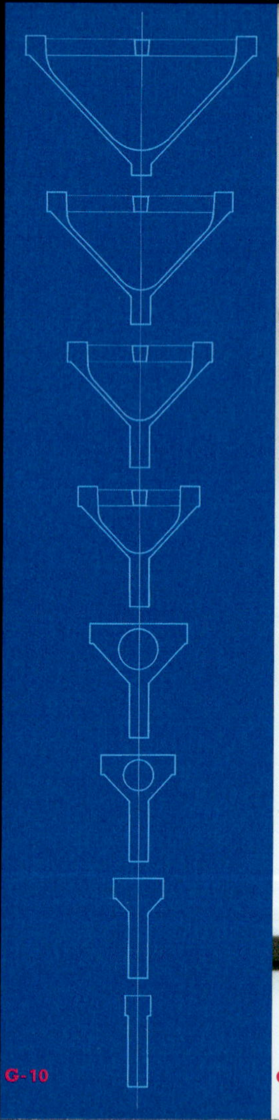
G-10

G-11

このアイソメトリックのフランジ部分に見えている大小の円形は，各フランジをリブの長さ方向に貫通しているプレストレス導入用のケーブルを通すためのダクトの断面である。そのうち小さな円形が3個並んでいるものは，建方時には仮設のための軽度のプレストレス導入にも使われる。リブの建方が完了すると，上記のすべてのケーブルダクトを使って本格的な永久プレストレスが導入される。そのケーブル配置などを示したのがG-15である。下部の現場打ちのペデスタル，リブの全長，上部のスパイン・ビームがプレストレスの圧縮力によって一体化される様子が理解できよう。G-12の写真は，こうして完成したシェルのひとつの下部を内側から見たもので，プレストレスケーブルの定着部のディテールが各リブから突出して整然と並んでいるのが建築的に見ても美しい。

リブの実施設計図からとった配筋詳細図をG-14に示す。英国式の設計では，このように鉄筋1本1本にすべて符号をつけ，さらにその長さと端部の曲げ方を別の表で指示して，施工者はそれらの設計図書に従って材料を手配し，加工すればよいようになっている。したがって構造エンジニアの仕事量は日本の場合よりもずっと多く，逆に施工者の描かねばならない施工図は非常に少ない。鉄筋の直径は，主筋が19mm，あばら筋が13mmで約150mmピッチ。リブ全体がプレストレスによって常に圧縮状態に保たれるため，配筋量はさほど多くはない。使用コンクリートの4週強度は約420kg/cm^{2}ないし520kg/cm^{2}が指定されたが，施工現場でのサンプルテストでは常にその指定を大幅に上まわる圧縮強度が得られた。

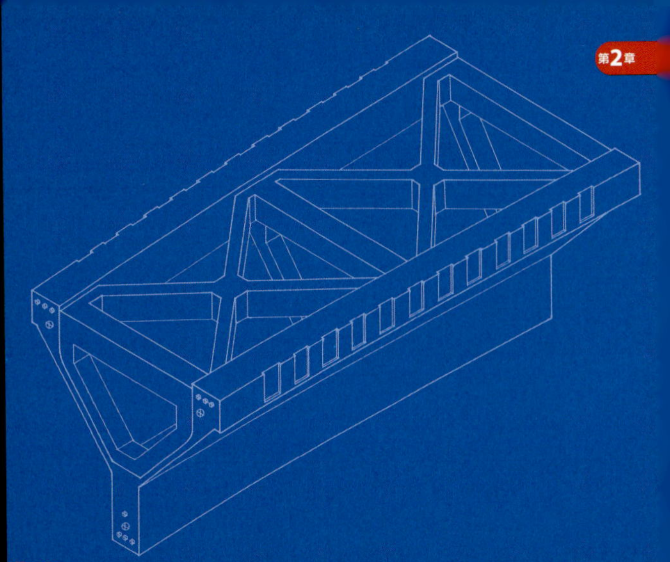

G-13

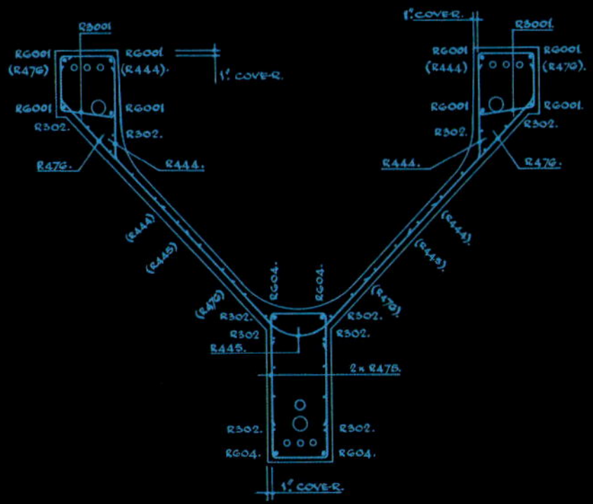

G-14

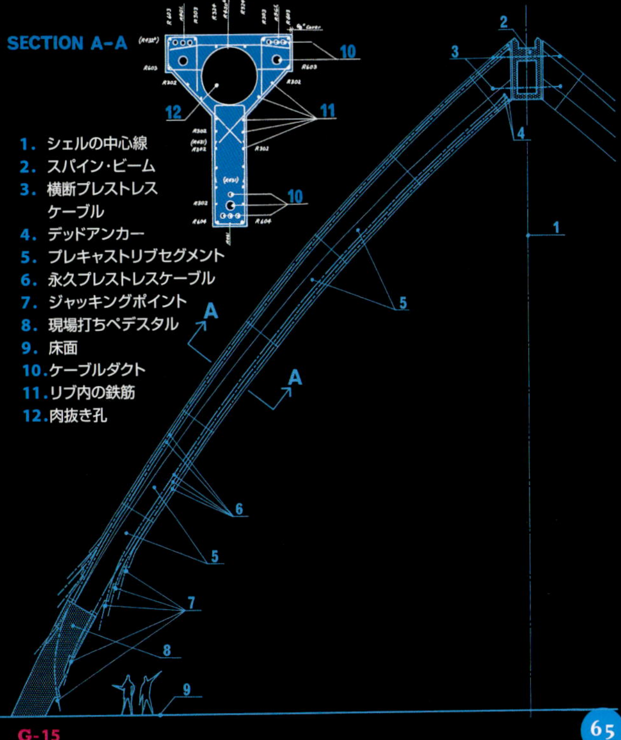

G-15

G-12

リブの生産システム

長さ約4.5mのリブセグメントは下方から順にNo.1,2,3…と番付けされ，最上部ではNo.13となる。これらをプレキャストするための型枠は現場に隣接する地上に設置された。その原理的な構成をG-17に示す。ここで注意したいのは，3本に分かれた型枠のセットの中でNo.5およびNo.9が重複していることである。リブの構造的な連続性を確保するためには，各セグメントが隙間なく接続していることが非常に重要である。まず，No.1から5までをジョイント部分に薄い合板をはさんで同時にコンクリート打ちする。次に脱型したNo.5を次列の型枠内にセットし，それに接してNo.6からNo.9までを打設する。

このような施工手順で，ジョイント面の完全なマッチングが保証されるのである。建方のときには，このジョイント面の双方にエポキシ樹脂をローラーで塗布して，上下のセグメントを接着する。ジョイントの仕上り厚さは約3mmで，コンクリート打設時にはさんだ合板の厚さに等しく，設計上指定された寸法精度が正確に保持される。

型枠は地上に置かれた頑丈な鉄骨のフレームに支持された厚い合板製で，その内面をグラスファイバーとポリエステル樹脂で補強して使用した。G-18の写真にそのうちの何個かが使用中のところが見えている。また，左ページのG-16は，工事現場の全体像がよくわかるすばらしい写真で，手前右側にリブセグメント打設用の型枠群，その左に打設の完了したセグメントがストックされている様子がわかる。G-19はその一部を示す。遠景では大小ホールのメイン・シェルのリブの建方が進行中である。建方には3基のフランス製水平ジブ・クレーンが使われ，その揚重能力は300t・mで当時世界最大といわれた。G-20は建方工事の近景で，無足場構法が採用されていることがわかるだろう。

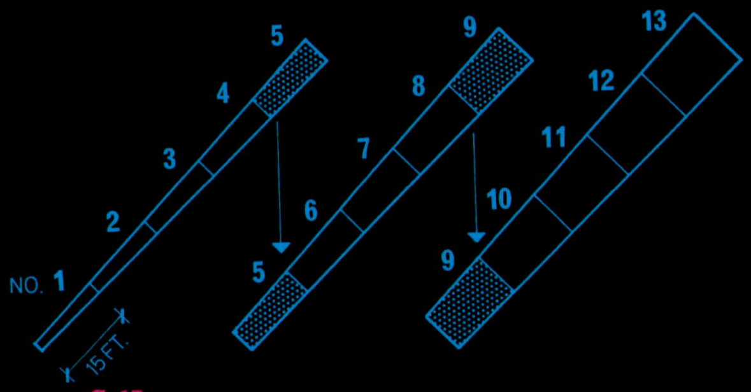

G-17

G-18

G-19

G-20

プレキャスト工法のメリット

既に記したように，プレキャスト工法の有効性を端的に示すのは型枠の反復使用の回数である。この建物の標準リブセグメントNo.1からNo.12の最終的な生産個数を表に示しておく。なお，そのほかにリブ最上部の特殊セグメント280個が同様にプレキャストされた。

標準セグメントNo.	生産個数（個）
1	280
2	280
3	260
4	196
5	174
6	110
7	82
8	60
9	32
10	14
11	8
12	2
合計	1,498

セグメントナンバーが若いものについては，4ないし2セットの型枠が用意されたので，表の数字がそのまま反復使用回数となるわけではないが，それでもNo.10より上位のセグメントを除けば約30〜70回の反復使用がなされたことがわかるだろう。このことによって，単にセグメント1個あたりの型枠工事費が減少しただけでなく，同一作業の繰り返しによる能率の向上，高強度コンクリートの品質管理のしやすさなど，施工上の多くのメリットが得られた。

さらに重要なことは，構造部材の寸法精度がプレキャスト工法の採用によって，現場打ちと比較すれば飛躍的に向上したことである。それによって，構造的には複雑な球面ジオメトリーの中で精密に計算された応力分布と力の流れが，計画通りに実現することが保証された。また建築的にはその上に取り付けられるタイルパネルが正確に球面を表現するために必要なベースが完成したことになる。G-21は，高い精度で組みあがったシェルの内面を示す。

G-21

G-22

ここでは詳しく述べる余裕がないのが残念だが，同様のプレキャスト工法が屋根全体を覆う合計4,252枚のタイルパネルについても採用され，ウツソンの意図したとおりの完全な球面の仕上りが，パネルに打ち込まれたスウェーデン製，厚15mmで2種類の色とテクスチュアをもつ特注のタイルの美しいパターンによって実現したのであった。その結果はここに掲げた一連の写真によって明らかだろう（G-01，22，23，24）。

シドニーオペラハウスの美しさは，球面ジオメトリーとプレキャスト工法を抜きにしては，とうてい語ることのできないものなのである。20世紀のPC工法における最も華麗な開花といっても言い過ぎではないだろう。

解説　三上祐三

G-23

G-24

- **建築家**　モシェ・サフディ ＆ デヴィッド・バロット
- **構造家**　オーガスト E. コマンダント
- **施工**　アングリン・ノークロス・ケベック社
- **竣工**　1967年
- **所在地**　カナダ・モントリオール

パッケージングした箱の積重ね

1967年，カナダのモントリオールで行われた万国博覧会の目玉として建設されたのがPC造12階建の集合住宅「アビタ'67」である。イスラエル生まれの若い建築家，モシェ・サフディはそれまでにない画期的な発想でこの実験的住宅を設計した。

H-02

自動車や機械製品などのほかの工業分野での生産体制と比較して，あまりに非効率的なそれまでの建設工法に限界を感じ，常々「すべての建設プロセスは，工場で処理されなければならない」と感じていたサフディは，住居として完全にパッケージングされた箱を現場で積み重ねていくことによって集合住宅を建設することを計画したのである。生産をより効率的にすることによって，完成度が高い住宅を安価で大量に供給できると考えたからである。

H-03

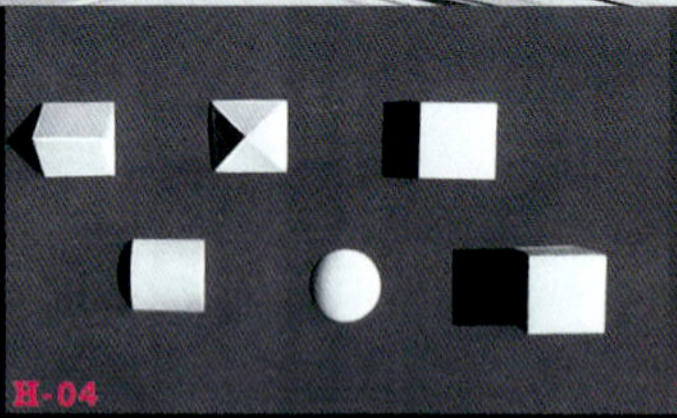
H-04

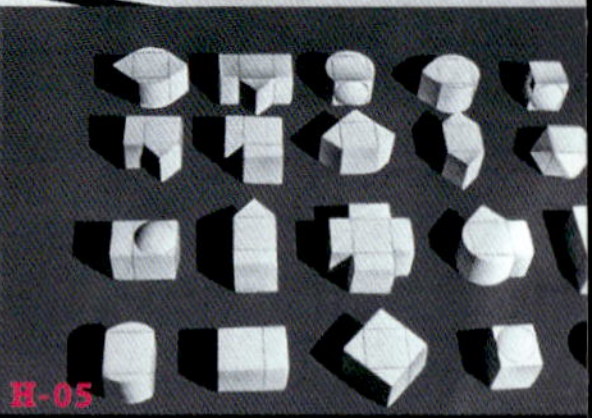
H-05

また，その挑戦はそれまで希薄な関係しか築けなかった設計者，施工者，建築資材メーカーが，最終的な製品（アビタ'67）を見据えながら互いに連携して開発を行う，いわば建設プロセスを根本的に再編成し，統合していこうとする作業でもあった。

サフディや構造エンジニアのオーガスト E. コマンダントらにより，箱の材料として，プラスチックやグラスファイバー，鋼材などさまざまな素材が工業化・コスト・重量・耐火性能などの観点から総合的に検討されたが，最終的にはPCを用いることになった。

PC部材も，それ以前までは柱，梁，壁，床といった個々のエレメントに分割したプレファブリケーションによるものが主であったが，アビタ'67は，壁と床が一体になった直方体のPC箱形住居ユニットとボックスガーダー状のPC廊下ユニットによって構成されたまったく新しい考え方によるものである。

サフディは，単に生産効率だけを追求しようとしていたのではなく，建築のもつ独特な性格（施主が自分の住宅に求める独自性や豊かな空間性）なども十分に意識していた。

PCの箱形住居ユニットがもつ，反復性のあるモデュールを組み合わせることで"徹底的なプレファブリケーション＝単一性のシステム"による繰返しの量産システムを用いながらも"さまざまなプランやサイズの住居タイプのバリエーションを可能にし，選択の自由と空間的豊かさを実現すること＝多様性の実現"が，このアビタ'67の基本コンセプトとなっている。

158戸の住居には354個，1住戸あたり1〜3個のユニットが使われており，その組合せにはさまざまなバリエーションがある。各ユニットは，ジグザグかつ西側に向かって階段状に積み重ねられ，その外観も独特の造形をうみ出している。

全体の計画としても，住戸ユニットの積重ね方によってプライバシーの保護が考慮されており，また住居ユニットの屋根が屋上庭園となっていたり，東側の空洞部分にエレベーター，階段，駐車場，空中歩廊，集会場と共有機能を配置するなど独特の形態を活かした計画となっている

PC箱形ユニットという，単一モデュールの組合せでありながら，その空間構成や外観の造形はそれまでの箱形集合住宅のもつ一様性とは完全に異なったものとなっている。その意味でもサフディの意図は完全に実現されているといえる。

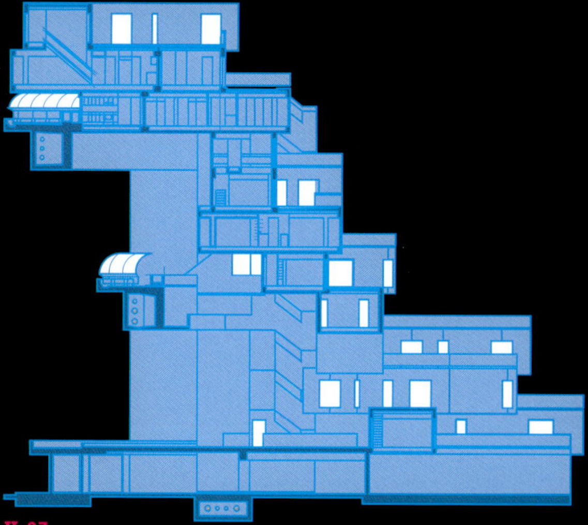

H-07

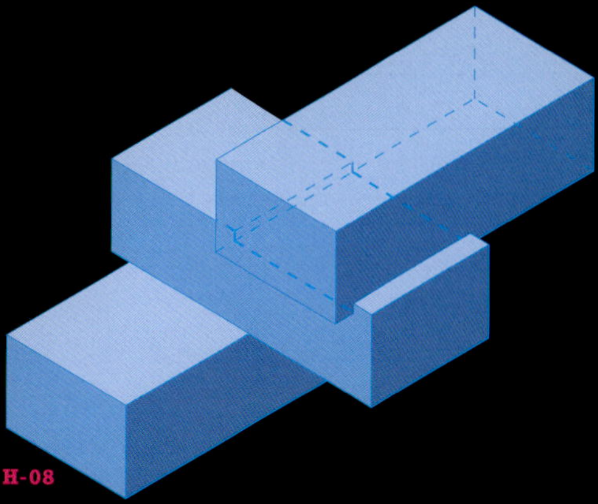

H-08

H-02 セント・ローレンス河から見たオリジナル案。A字型フレームによって構築された段状住居群の傾斜面の足下には，公共施設，店舗，アートギャラリー，学校，オフィススペースなどが配置されている
H-03 河に向かって見たオリジナル案。前面は庭付のホテル部分，傾斜したA型フレームの中には，階段とエレベーターが納められている
H-10 1968年のアスペン・デザイン会議で発表した6つのモデュールコンポーネントシステム

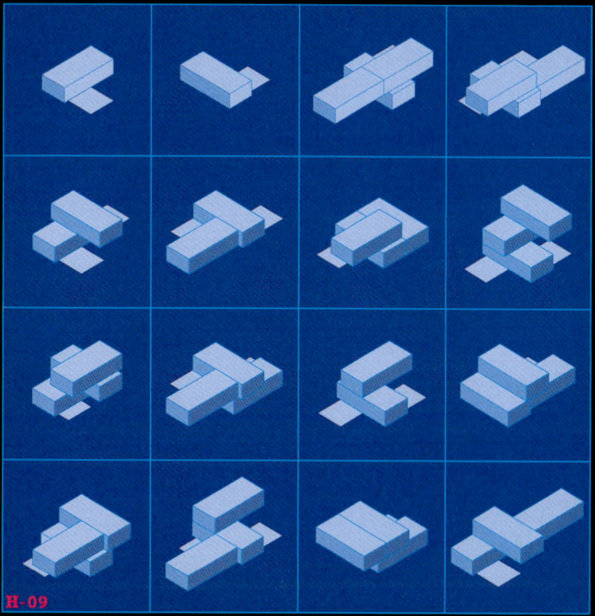

H-09

H-06

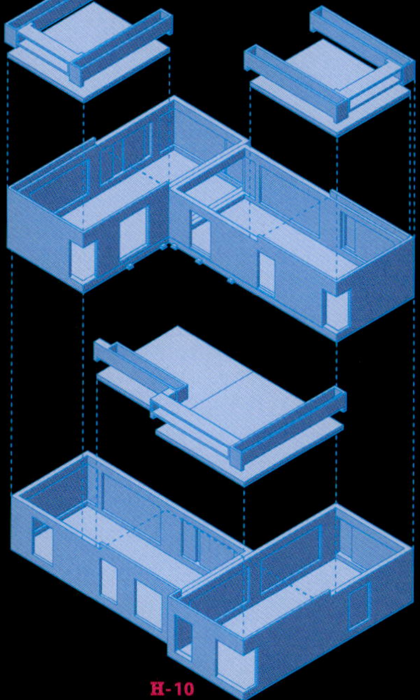

H-10

H-11

箱型ユニットの結合方式

アビタ'67は，基本的に直方体のPC箱形住居ユニットとボックスガーダー状のPC廊下ユニットによって構成されている。

PC箱形住戸ユニットはすべて5.3×11.7×3.5m（17フィート6インチ×38フィート5インチ×11フィート6インチ）の直方体であり，壁厚は150mm，床厚は125mm，300×300mmの壁柱，300×400mmの壁梁をもつ，壁付ラーメンユニットである。このモデュールは，約1mのグリッドを基本として，❶吊り上げることが可能な重量（各二次部材を装備した状態で70～90t程度），❷1寝室住戸の最小規模を満たし（最小規模が1ユニットと考えられている），❸変化に富んだ多種多様な積重ねが可能なことなどを考慮して決定されたものである。

接合部は，現場作業の効率化と簡素化を目的に標準化している。各ユニット間にはネオプレンパッドをはさみ，PC鋼棒（柱は25φ，梁は34.3φ）によって圧着するポストテンション工法が採用され，部材に変形が生じても，その緊張力によって引張応力が発生しないよう設計されている。

ボックスガーダー状の廊下ユニットは，多数の部材に分割されており，その部材同士のジョイント部分もネオプレンパッドをはさんでPC鋼棒によって圧着するものである。

各部材は軽量化が求められ，当時は十分に充填することは不可能だとされていたコンクリートで約127mmの壁厚を実現させている。

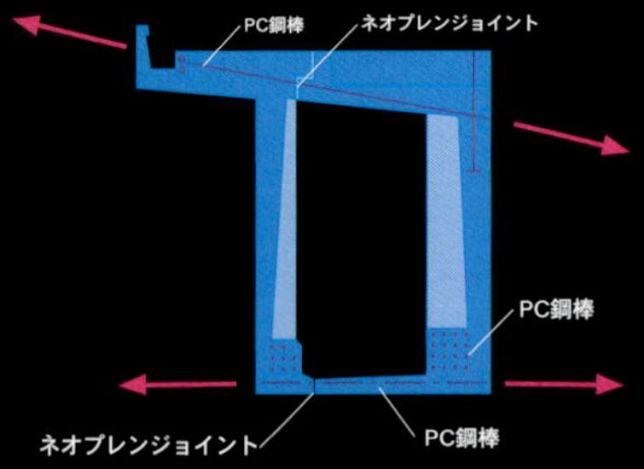

廊下ユニット横断面

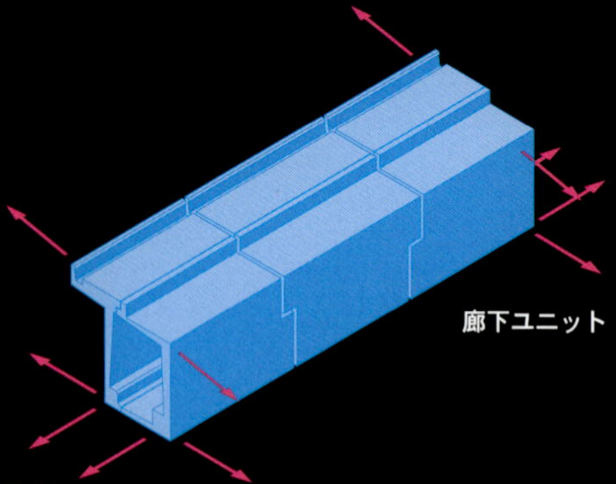

廊下ユニット

H-12

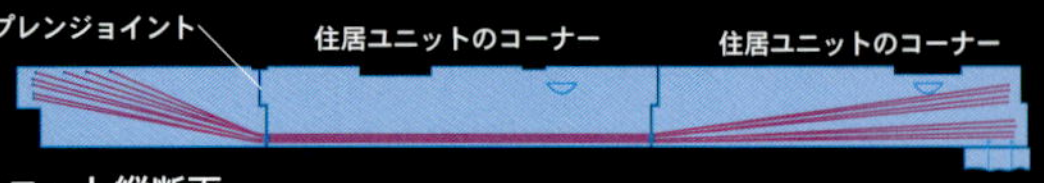

A部廊下ユニット縦断面

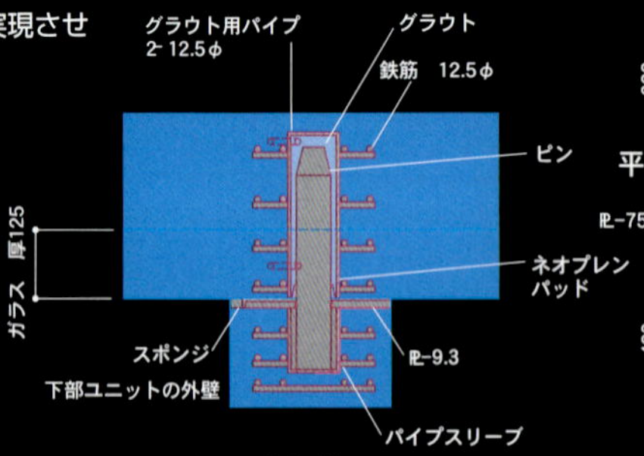

A部ピン接合詳細　S=1:40

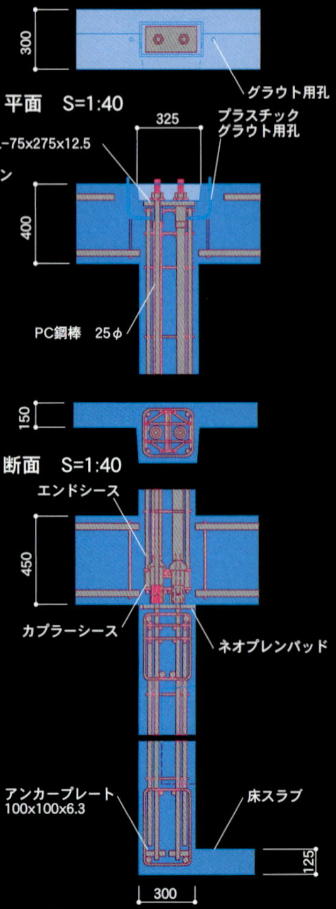

平面　S=1:40

断面　S=1:40

D-D断面 S=1:40

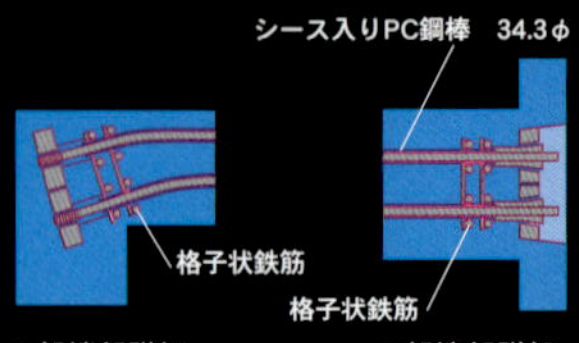

B部端部詳細　C部端部詳細

H-14

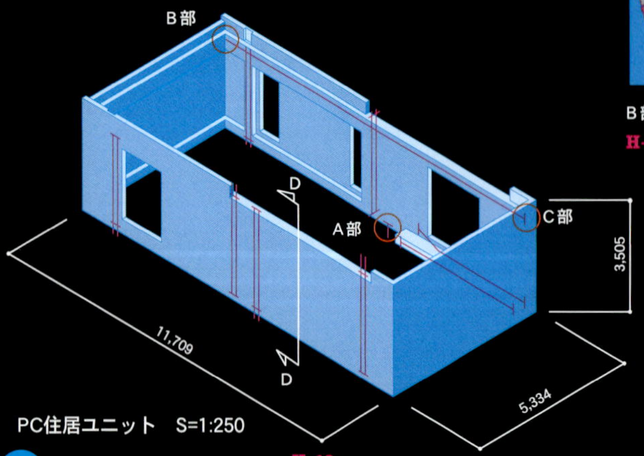

PC住居ユニット　S=1:250

H-13

プレファブ方式の開発

サファディは，最終的な理想像として，まるで自動車や家電製品の生産のような工場の組立生産ラインで，PCモデュールに次々と内装や二次部材のエレメントを取り付け，住戸ユニットを完成させることを考えていた。そのため，バスルーム・キッチン・間仕切壁その他の内装や各二次部材に対しても素材から形状まで徹底的な検討が行われ,プレファブリケーション化が図られている。また，それぞれの内装部材や二次部材がアビタ'67のために開発されることが，効率的な合理性と質の高さをうむものだと考えていた。
バスルームは，今ではあたり前の浴槽・流し・内壁が一体になったグラスファイバー製ユニットバスを開発している。
これらの各コンポーネントは，建設地近くの仮設工場で打設された箱形ユニットに積み重ねる前に装備され，現場での作業はユニット間のジョイントだけという高度なプレファブリケーションを実現している。ひとつの箱形住居ユニットは，特別に用意された100t用のクレーンによって吊り上げられ，施工が行われた。
ユニットバスなどサファディの挑戦してきたことの多くが，今日でも受け継がれている。

解説　徐 光

H-16

H-17

H-18

H-15

H-19

- 建築家　丹下健三
- 構造家　川口 衞
- 建築施工　大成建設
- PC施工　大成建設
- 竣工　1967年
- 所在地　東京都世田谷区

プレストレスト・コンクリート・シェルによる演出

I-04

シェル構造は，元来，大空間建築のための有力な構造システムとして開発され，発展してきたが，曲面のもつ力学的合理性と造形上の優美さが見事に融合したとき，見る人に視覚的感動を与えるという特徴は，スケールの大小にかかわらず存在しているようである。

ゆかり文化幼稚園では，主役である子供たちのサイズと違和感のないスケールの架構の造形を，プレストレスト・コンクリート・シェルで演出する，という試みがなされている。この建物のファサードの印象に最も大きな特徴を与えているシェル・ユニットの断面形状は，鳥の飛翔を思わせる“sea-gull”形になっている。当初，この建物の構造は，徹底したプレキャスト・プレストレッシング方式を考えたが，現場のアクセス道路の幅員不足のため，現場でのプレキャスト工法に変更した。プランが放射状に構成されているため，シェル・ユニットは扇形が基本になっている。したがって，原則的にはひとつの長い扇形型枠をつくることにより，長さの異なるすべてのユニットをつくることができる。全体の架構は，シェル・ユニットと柱ユニットを交互に緊張しながら積み上げることにより，長手方向にはラーメンを形成，横方向にはシェル頂部をボルトで緊結するとともに，柱間に耐震壁を形成して，安定した構造を得ている。

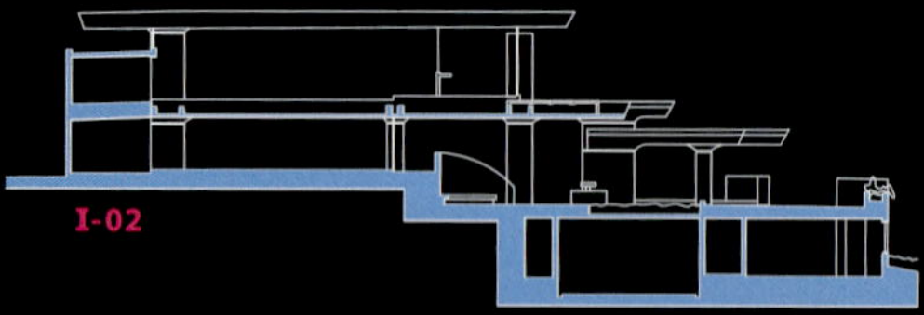

I-02

断面

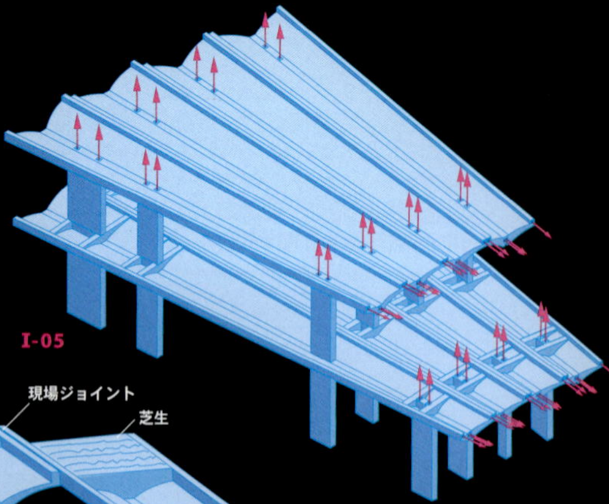

I-05

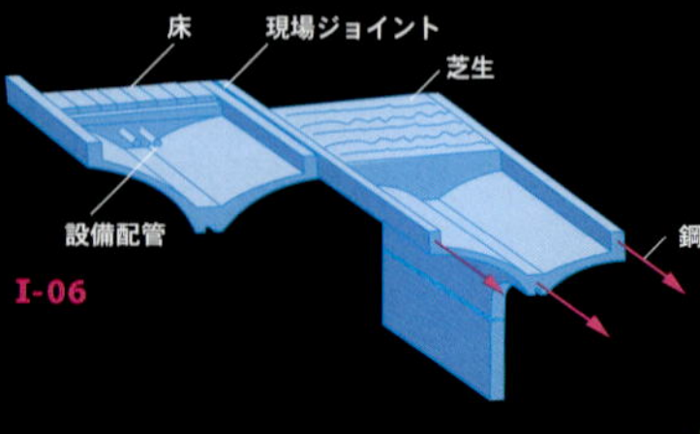

I-06

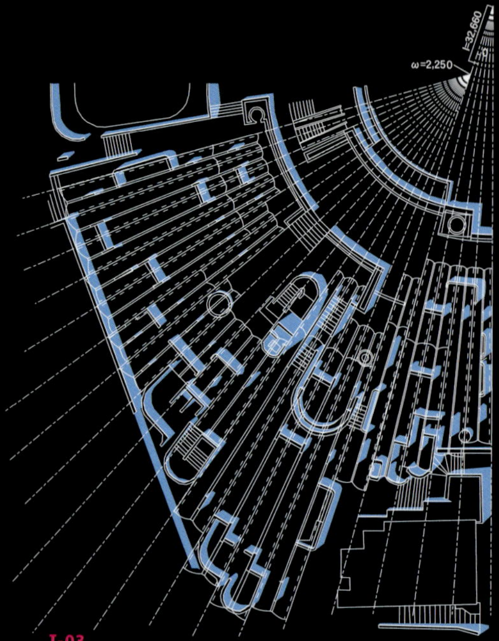

I-03

シェルユニット配置

I-07

PC鋼棒のポストテンション

シェル・ユニットの最大スパンは16m，ユニットのせいは630mm，シェルスラブの厚さは一般部65mm，根元部で130mmである。構造システムは，基本的にはシェル屋根ユニット，シェル床ユニットおよび柱ユニットで構成されている。sea-gull断面の両端および中央部に設けた縦リブがそれぞれ上下フランジの機能を，シェルスラブがウエブの機能を果たしている。両端のリブは，幅130mm，せい200mm，中央リブは幅200mm，せいは部材によって250～300mmである。端部のリブには各1本の，中央リブには2本のPC鋼棒が配置され，緊張される。PC鋼棒の直径は，部材および場所によって，18～30mmを選択使用している。スパン方向には，屋根ユニット，床ユニットと柱ユニットで2層のラーメンが形成される。水平荷重時に柱と梁の間で伝達すべき力は，当然，第1層の方が大きいため，床ユニットでは柱頭に横リブを設け，柱頭位置でシェルのフル断面が活用できるように設計されている。施工順序は，1階柱を建て込んだ後，床ユニットを載せ，スパン方向のPC材緊張を行う。その後，柱のPC材をカプラーで上方に延長し，2階柱を建て込み，屋根ユニットを載せてスパン方向を緊張する。最後に2階柱を緊張して，ラーメンを形成している。

解説　川口 衛

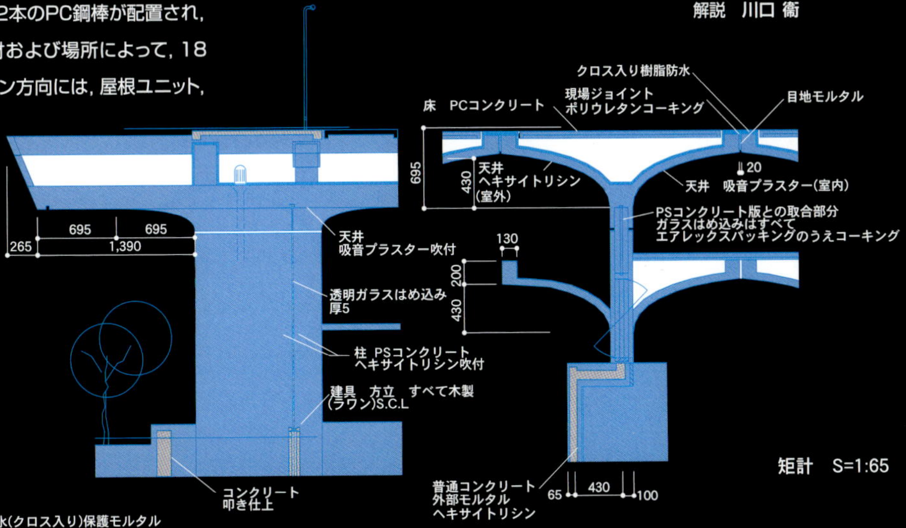

矩計　S=1:65

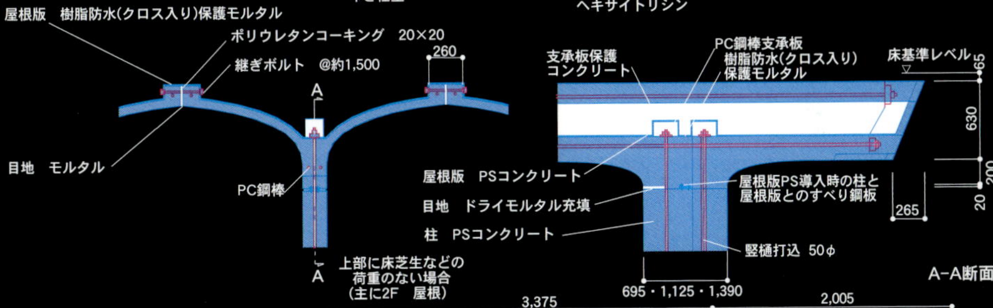

A-A断面　S=1:65

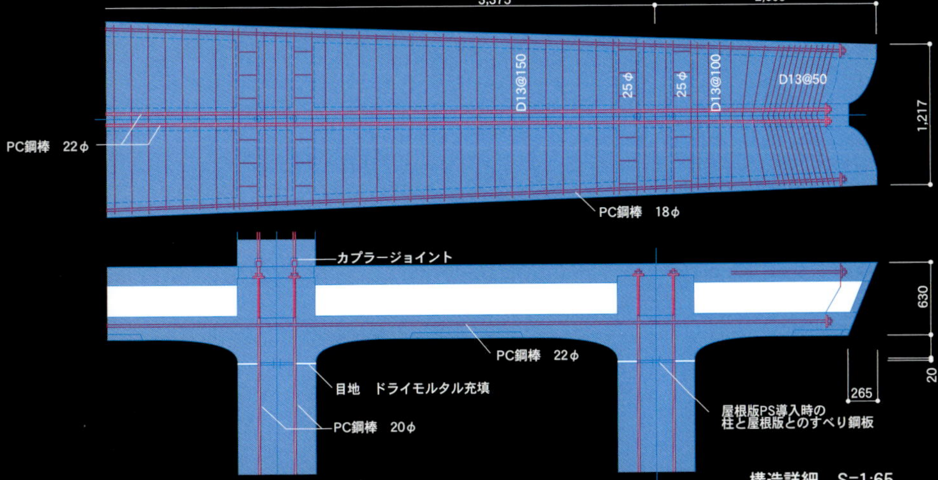

構造詳細　S=1:65

J 千葉県立中央図書館

- ●建築家　大高正人
- ●構造家　木村俊彦
- ●建築施工　戸田建設
- ●PC施工　オリエンタルコンクリート（当時）
- ●竣工　1968年
- ●所在地　千葉県千葉市

プレグリッドシステム

この建築は，グリッドモデュールにのって自由に平面計画されているPC建築のひとつの典型，「プレグリッドシステム」の最初の作品である。

プレキャストの格子天井と十字柱という似たフォルムの連続によってリズムをもつ空間をつくり出している。この作品のつくられた1960年代は，プレキャストコンクリートが積極的に建築に使われ始め，また建築以外の分野においても工業製品がどんどんうまれていたときでもあった。このような時代を反映するように，❶自由に広さが変えられる天衣無縫の床をつくる，❷原理的な設計でどんな建物にも適用できるシステムを考案する，❸資材の削減のためプレキャスト型枠を使うという目標を定めて設計された。

工業製品の「安く大量に」という特徴は一見単調でどれもみな同じ部品，建物となってしまうと危惧される面もある。しかし，それをデザインに取り入れ，単純な部品の集合の中で新たな秩序をつくりながら，多彩で多機能な空間を構築していくことを目的としたのである。

J-02

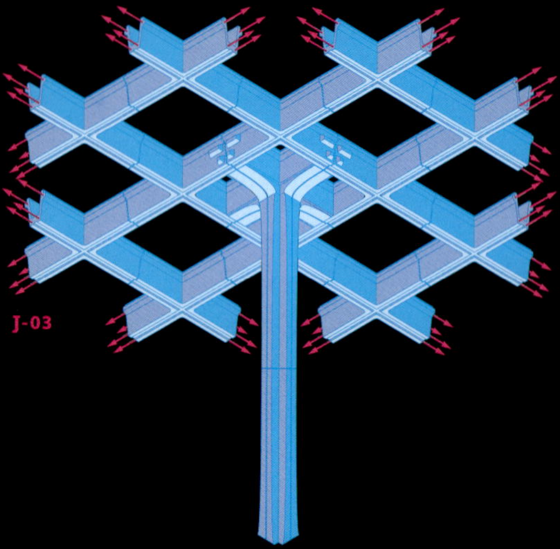

J-03

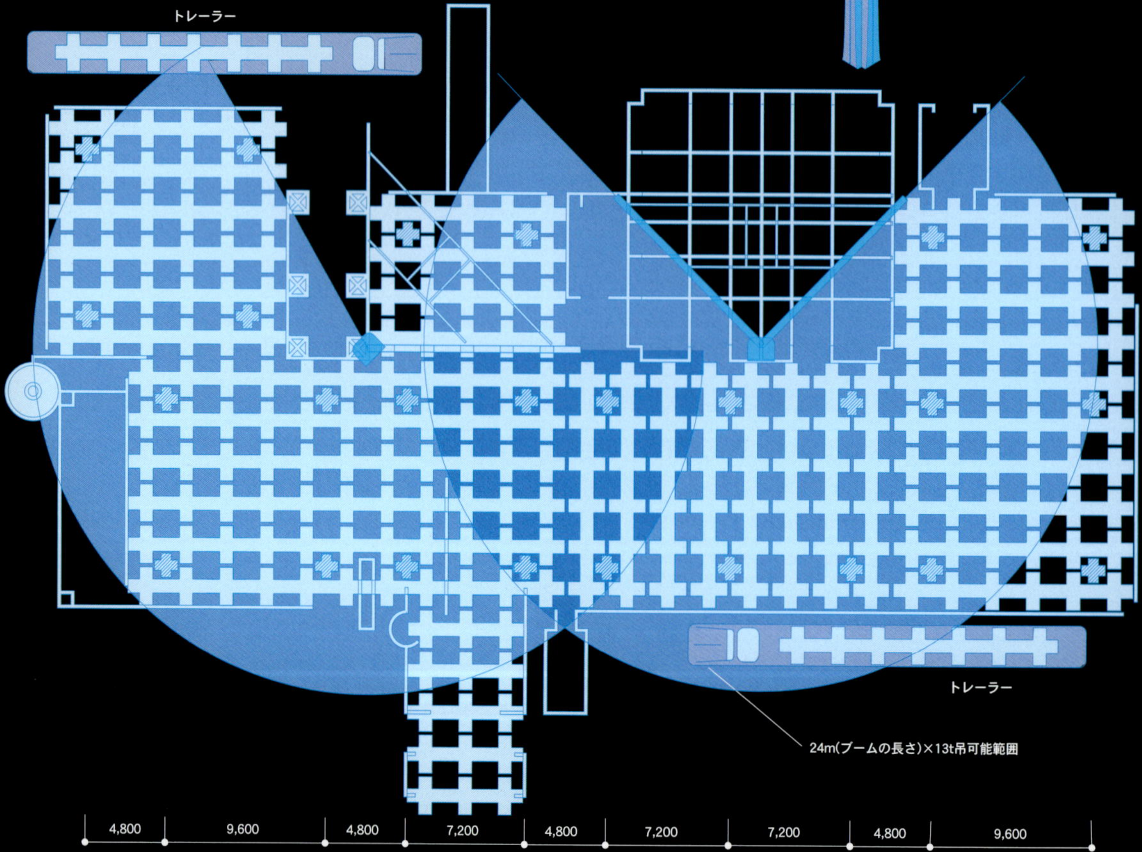

J-05

基本ユニットとその展開

このプレグリッドシステムの基本ユニットは，V字型断面2.4m，梁せい600mmの十字形梁，格子梁の天井を埋める床版，階高によって数タイプの長さに規格化された先細りの十字型変断面柱，十字梁を連続させることによってうまれる格子内にピタリとはまるように梁せいを十字梁と同じ600mmにそろえた柱頭ディスクの各PC部品からなる。

十字柱と柱頭ディスクは，鉄筋と後打ちのグラウトを介して接合される。十字柱と柱頭ディスクとは，PC鋼線によって水平方向に緊張されることによって剛接されている。グリッドスラブを支える柱は，十字梁の中央なら，間隔2.4mの整数倍で自由な配置が可能となる。

十字梁の交点に柱を置くと，その接合部の発生応力が大きくなるので，柱と接合している十字ユニットとそうでないユニットの応力負担の違いも大きくなり，天井面に大梁と小梁の違いができる。十字の中央に柱を置くことで，交差する4つのユニットに均等に応力を負担させるため，十字梁と柱のフレームは，ラーメン構造から床と柱によるフレーム，フラットスラブ構造に近い構造形式となる。フラットスラブ構造では，スラブに対して，柱を中心に平均分布させて応力を負担できるので，ユニットの梁せいが均等なこの建築にフィットした構造形式といえる。

J-06

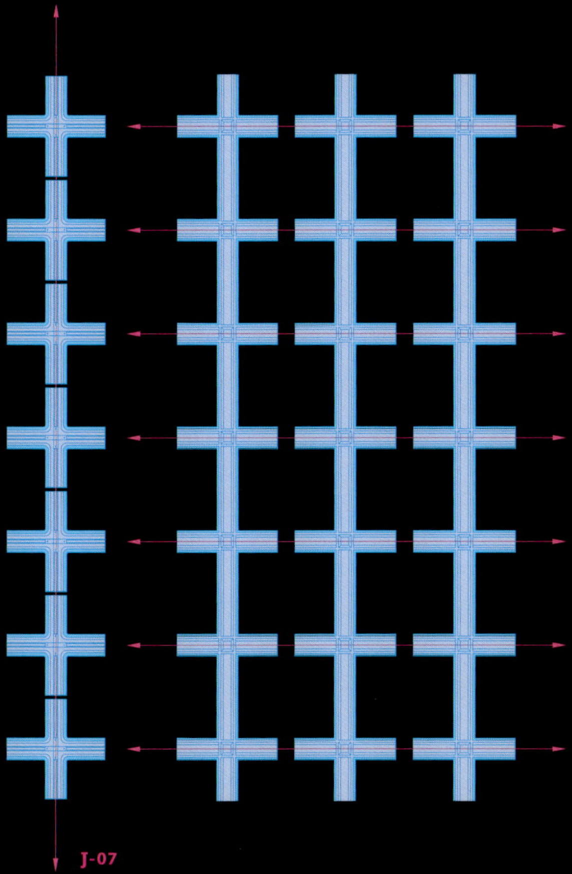

J-07

J-08

J-02 南西側全景
J-03 架構姿図
J-07 プレテンション型グリッド（左）とポストテンション型ユニット（右）
J-08 格子梁による自由な平面
J-11 床パネル取付け
J-16 柱頭ディスク建方

分割と集合

まず自由に展開された平面をストライプに分割する。このストライプを構成するのは，V字型断面の十字梁のユニットを1方向につなげて，工場での部材製作時に緊張力を導入する。現場へは，プレテンションされた状態で搬入される。現場には棒状の梁として搬入される。この棒状部材を並べて部材の軸方向と直角方向に現場緊張をかけると，600mm厚の面として構成されたグリッドスラブができあがる。

十字梁ユニットが，X方向とY方向に連続することで，グリッドスラブという面を構成する。X方向は工場でのプレテンション，Y方向は現場でのポストテンションと分けることで，緊張作業が整理された。また，ポストテンションにはPC鋼線保護のため，グラウト作業が必要になるが，これには大きな労力がかかる。緊張工事の半分をプレテンションとすることでグラウト工事を半減することに成功している。

天井面はスラブと梁を分割して製作することで，部材単位が軽量になる。さらに応力負担の小さい部分ではスラブが不要なため，格子梁による吹抜け空間をつくったり，ガラスを用い，トップライトとして使用するなど変化のある天井となっている。

部材は外形は同じだが，むく・半中空・中空の3断面があり，それぞれ配筋・緊張力を変化させ，断面性能・変形量・発生応力が異なる部材としている。したがって，スパンの変化にも適切に対応できる。PC工事では，型枠はオーダーメイドなので，その転用回数がコストに大きく影響する。外形を同じにすることで，一様な天井面をつくることができるという計画的側面に加え，鋼製型枠がひとつで済み，内型枠を取り替えるだけで断面性能の違うPC部材をつくることができるので，PC部材製作が非常に合理的になるという側面もある。

J-10

J-11

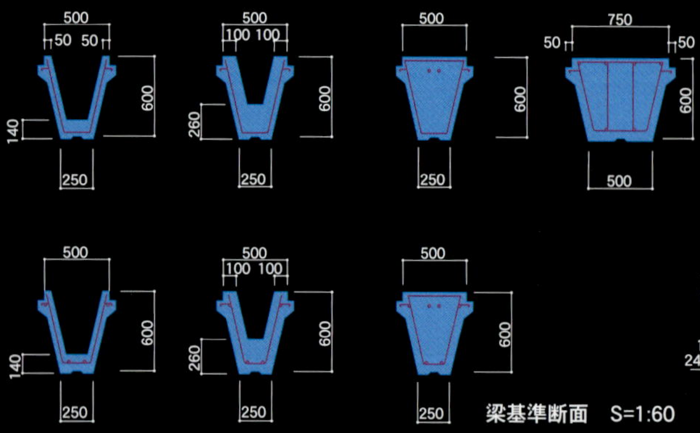

梁基準断面　S=1:60

J-09

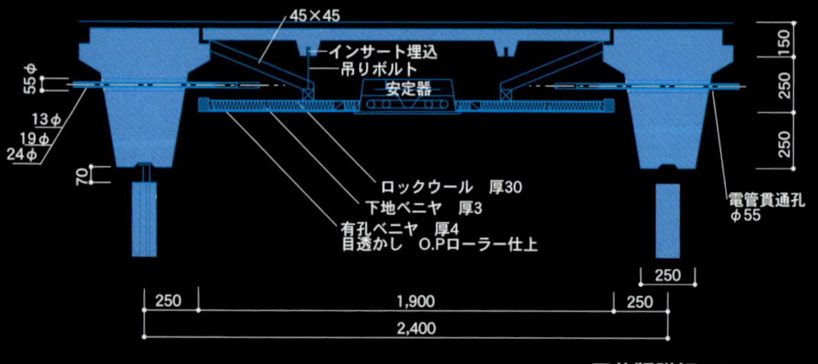

天井版詳細　S=1:40

J-12

組　立　て

柱脚部は，基礎に柱筋を差し筋しておく。基礎天端から10cm下げた部分を後打ちとしてコア抜きした状態で基礎のコンクリートを打つ。測量，墨出しをして後打ち部分の10cm以内で柱筋の台直しを行い，後打ちコンクリートを打ち込む。差し筋しておいた鉄筋を圧接継手によって垂直方向に延長させておく。この鉄筋に階高レベルを出しておく。あらかじめ，柱と柱頭ディスクに設けておいた空洞に鉄筋を通した後，空洞にグラウトを注入し，基礎と柱と柱頭ディスクを結合する。柱には重力によって圧縮力が常にかかっているので緊張力は加えていない。この時点で柱と柱頭ディスクは一体に剛接され，自立可能になる。この柱の両脇を挟むようにしてH形鋼を水平に置き，柱頭ディスクにアンカーをとって架けていく。これを受け用の支保工として十字ユニットを載せていく。目地を詰め，PC鋼材で緊張することで十字柱とグリッドスラブが一体となる。
グリッドスラブに床版を設置し，1層分の建方が完了する。同様に柱天端から延長させておいた柱筋を継手して鉛直方向に建方を続ける。このプレグリッドシステムが平面状の自由度だけでなく，高さ方向にも自由に展開できることがわかる。

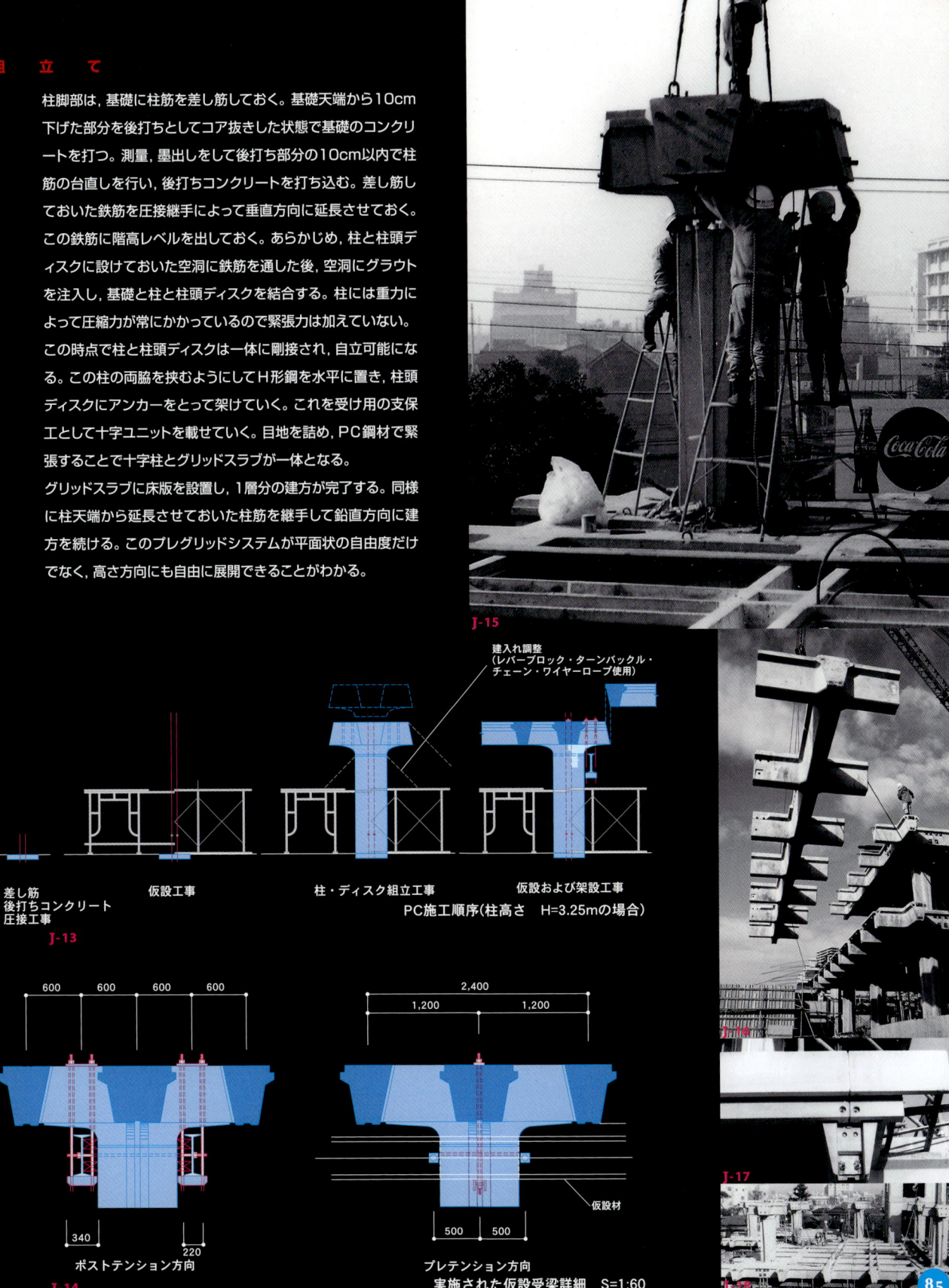

J-15

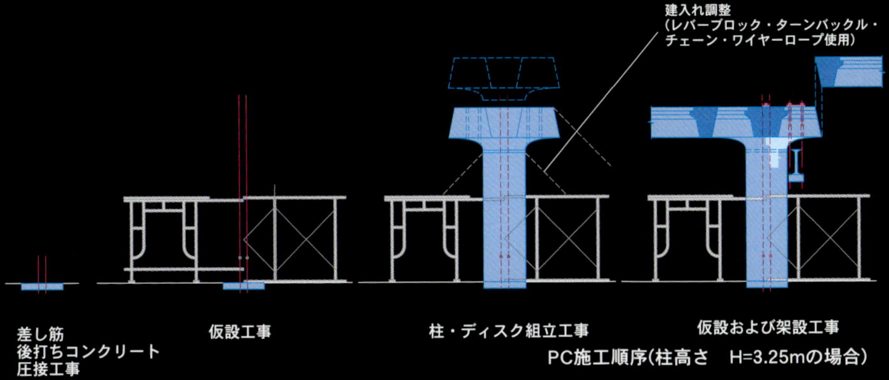

PC施工順序(柱高さ　H=3.25mの場合)

J-13

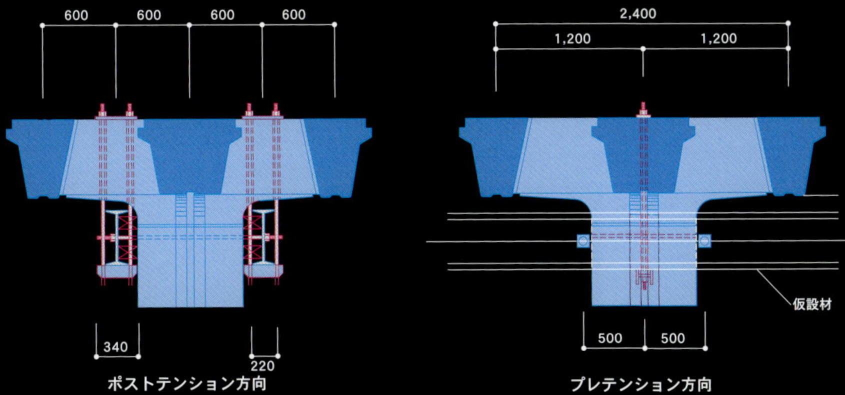

実施された仮設受梁詳細　S=1:60

J-14

J-16

J-17

J-18

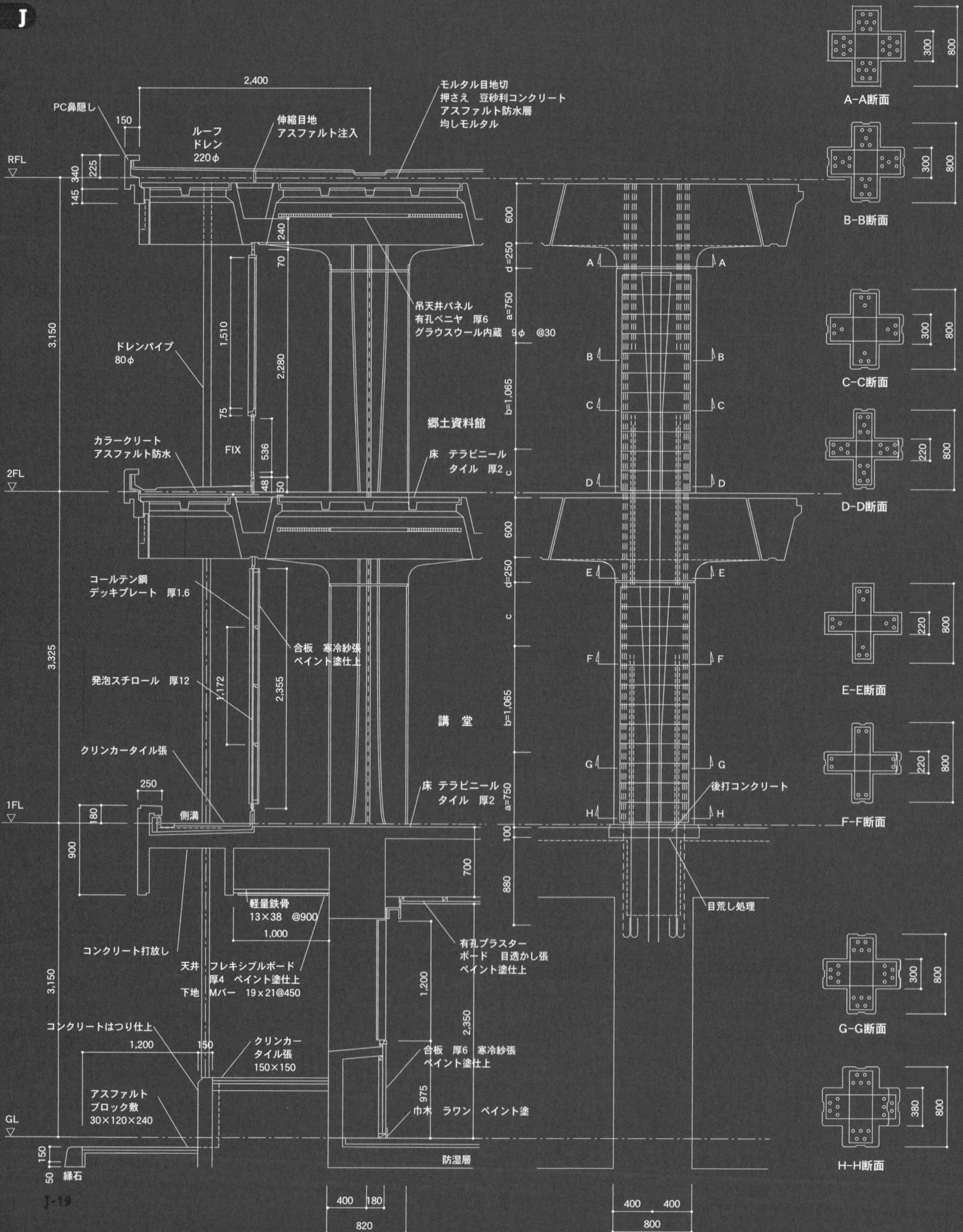

2,400
PC鼻隠し
150
ルーフ
ドレン
220φ
伸縮目地
アスファルト注入
モルタル目地切
押さえ 豆砂利コンクリート
アスファルト防水層
均しモルタル
RFL
340
225
145
600
240
70
d=250
A
A
吊天井パネル
有孔ベニヤ 厚6
グラウスウール内蔵 9φ @30
a=750
1,510
2,280
3,150
ドレンパイプ
80φ
B
B
C
C
b=1,065
75
郷土資料館
カラークリート
アスファルト防水
FIX
536
床 テラピニール
タイル 厚2
c
2FL
48
50
D
D
600
d=250
E
E
コールテン鋼
デッキプレート 厚1.6
c
合板 寒冷紗張
ペイント塗仕上
3,325
F
F
発泡スチロール 厚12
1,172
2,355
講 堂
b=1,065
クリンカータイル張
G
G
250
後打コンクリート
床 テラピニール
タイル 厚2
a=750
1FL
180
側溝
H
H
100
900
700
880
目荒し処理
軽量鉄骨
13×38 @900
1,000
コンクリート打放し
有孔プラスターボード 目透かし張
ペイント塗仕上
天井 フレキシブルボード
厚4 ペイント塗仕上
下地 Mバー 19×21@450
3,150
1,200
2,350
コンクリートはつり仕上
1,200
150
クリンカー
タイル張
150×150
合板 厚6 寒冷紗張
ペイント塗仕上
アスファルト
ブロック敷
30×120×240
975
巾木 ラワン ペイント塗
GL
150
50
縁石
防湿層
J-19
400
180
820
400
400
800
300
800
A-A断面
300
800
B-B断面
300
800
C-C断面
220
800
D-D断面
220
800
E-E断面
220
800
F-F断面
300
800
G-G断面
380
800
H-H断面

矩計 S=1:60

点・線・面・立体

十字ユニットは工場製作段階で棒状の梁材となり，現場の緊張によってグリッドスラブを構成する。十字ユニットを点と例えるなら，棒状梁は線，グリッドスラブが面，できあがったものが立体で，その秩序は明解である。平面計画を展開するときには点を連続させて空間をつくっていき，製作に対しては，空間を点に戻して部品をつくるという過程のいったりきたりが，PC建築の特徴でもあり，この過程が空間にも率直に表われている。

このことは，点が単純に集合するのではなく，点・線・面のグラデーションの段階を踏んでいるから，より明快に建築空間とそれを構成する部品の関係性を感じることができる。

サッシの納まりがグリッドスラブの凹凸のある部分にあると出入りが大きくなるので，サッシは必然的に梁下に納まる。ここは十字ユニットの中央となるため，外部と接する部分においては半スパン分外部にもち出す格好となる。またレベルの違う天井の接合部では，室内側にも十字梁が半スパン突き出している。

このような端部の特殊部分は十字ユニットをくずして空間を仕切ることも設計の選択肢であるが，現場打ちコンクリートであったら，内部と外部の境にスラブの境を当然のようにそろえてしまう。PC建築は，限定された型枠で，部材をそろえていくことでこのようなダイナミックな空間をうみだすのである。

解説　徐光

J-20

J-21

K スタンダードバンクセンター

●建築家	ヘントリッヒ ほか
●構造家	オヴ・アラップ・アンド・パートナーズ
●建築施工	LCB Consortium (Pty) Limited being
●PC施工	Concor Grinaker(Pty)Limited, Bondcrete(Pty)Limited
●竣工	1966〜1970年
●所在地	南アフリカ・ヨハネスブルグ

K-02

高さ139mのPC超高層

南アフリカ共和国最大の都市ヨハネスブルグに建つスタンダードバンクセンターは，南アフリカで最も長い歴史を誇る銀行の本部として計画された高層オフィスブロックである。高層棟の高さは139m，平面は34.3m角の正方形の四隅から4.7m角の正方形を切り取った形状をしており，地上34階地下5階，地上階のうち30層が10層ごとに設けられた片持ち梁から吊られていることが構造計画上の特徴である（K-03）。

3層構成の吊構造

計画にあたり，設計チームには，地上1階のプラザと地下1階の銀行営業室やショッピングモールを，可能なかぎり柱のない開放的なスペースとし，平面計画を柱配置から自由なものとすること，地上一般階も柱が最小の開放感あふれるスペースとすること，という課題が与えられた。これらの課題を受けて，設計チームは建物中央部のコアから各階床が吊られる吊構造方式を選択した。この構造形式は地上1階では中央のコア以外いかなる柱も必要とせず，一般階においても中央のコアと外周に配された吊材のみが人々の視線を遮る部材であり，一般的な建物における地上から各階床を支える柱（圧縮材）と比較すると吊材（引張材）はかなり細い断面とすることができる（K-04）。

しかしながら，すべての層が建物頂部の片持ち梁から一度に吊られた吊構造形式の高層建築物では，すべての層の荷重がコア頂部にかかるため，建物自重を支えるために必要な構造部材量が通常の構造形式の高層建築物よりもかなり多く必要となる。そこで各階床を建物の高さ方向にいくつかのグループに分け，それぞれのグループの最上階に片持ち梁を配置してそこから下の床を吊るという多層構成の吊構造形式が考案された。この構造形式により，床の鉛直荷重はコアの頂部，中部，下部などに分けて載荷されるので，鉛直力を支える部材の増加を押さえることができる。また，いったんコアタワーが完成すれば各階の躯体工事や内外装工事は複数箇所で並行して行うことができ，一度に多くの異なる作業を並行することができるため，全体の工期を短縮することが可能である。

以上の理由から，コストと建設スピードとのバランスに優れた3層構成の吊構造方式が選択された（K-05）。

K-03

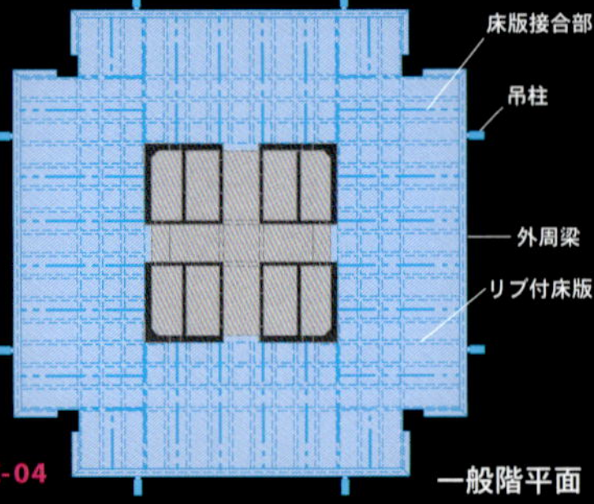

K-04　一般階平面

1966 .12

1967 .04

1967 .08

各部材の構成

各階の床スラブは，平面の中心にあるコアタワーから四辺に配置された外周梁まで9.75mをスパンする軽量コンクリート製，高さ66cmのリブ付プレキャスト床版であり，後打ちコンクリートで一体の床としている。床版の形状は13種類あり，36枚で1層分の床を形成している（K-05）。

外周梁は長さ24.8m，梁せい152cm，幅56cmのコの字型断面をもつプレキャストコンクリート部材で，その内側は空調用の横引き配管スペースとなっている（K-09）。同じくプレキャストコンクリート製の吊材は総長35m，矩形断面で部材せいが吊元で127cm，最下端で76cmと変化しており，幅は53cm，各構面において2本1組で9層分の外周床梁を吊っている。吊材はあらかじめ各層ごとばらばらに外周梁と接合されており，11本のポストテンションケーブルで一体化されている。11本のケーブルのうち9本は各階床の外周梁下端に定着され，2本は吊材下端に定着されている（K-07）。

井の字形片持ち梁は，現場打ち鉄筋コンクリート製で全長39.5m，両端が12.7m跳ね出しており，4本の梁がコアを囲むように組まれている。断面形状はI字型で梁せいはコア側で559cm，先端で305cm，梁幅は122cm，ウェブ厚は61cmである。梁断面上部には梁全長にわたって12本のポストテンションケーブルが配置されており，先端部には吊材のポストテンションケーブルが定着されている（K-06，08）。

コアタワーは，現場打ち鉄筋コンクリート製で，平面形は4つのコアの組合せからなり，その外周サイズは14.2×14.2m，基礎天端からの高さ158m，壁厚は基礎レベルの61cmから最上階レベルの19cmまで変化している。コアタワーの壁面にはコアへの出入りのための開口やプレキャスト床版・仮設物の取付けのためのくぼみが多数設けられている（K-05）。

コアタワーを支える基礎は，岩盤を支持層とする4本の軸径約5m，先端径約6mの鉄筋コンクリート製拡底杭である。支持層が急傾斜しているため，杭長は最短のもので約12m，最長のもので約20mと，大きく異なっている。

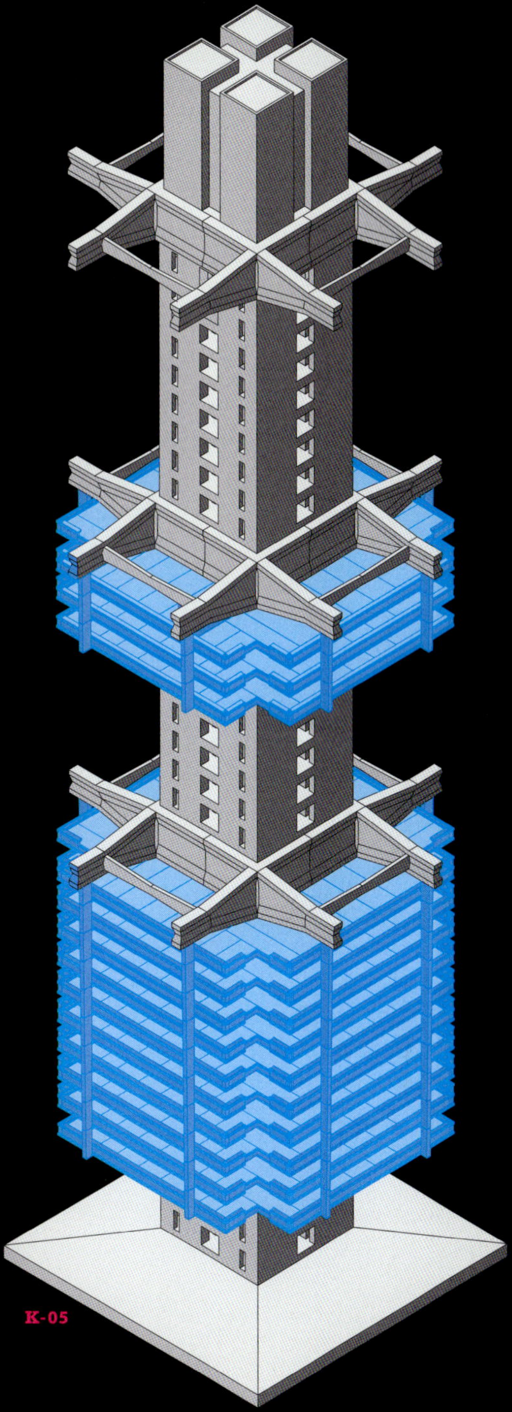

K-05

K-03　西側立面
K-05　躯体のアイソメトリック

1967 .10

1968 .01

1968 .05

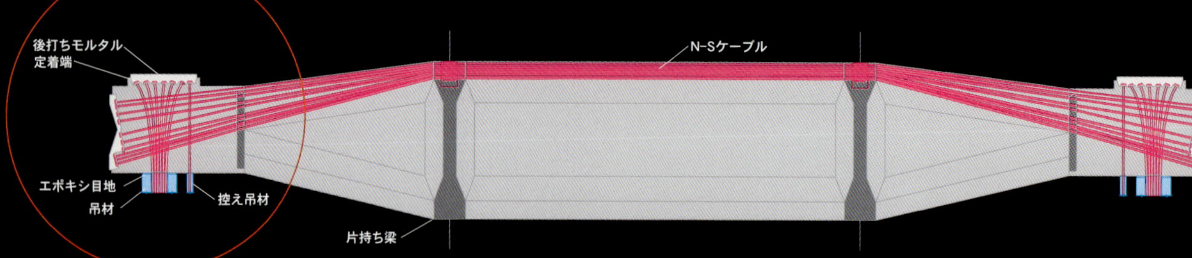

K-06 A部

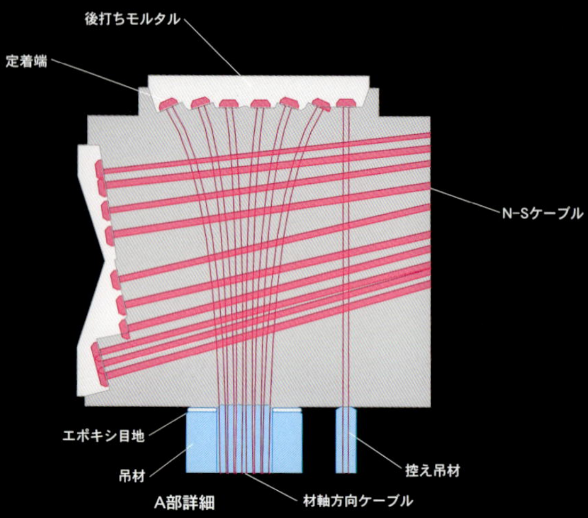

K-08 片持ち梁と吊材の接合部

K-06 片持ち梁のケーブル配置
K-07 吊材のケーブル配置
K-08 片持ち梁先端の詳細
K-09 外周梁の詳細

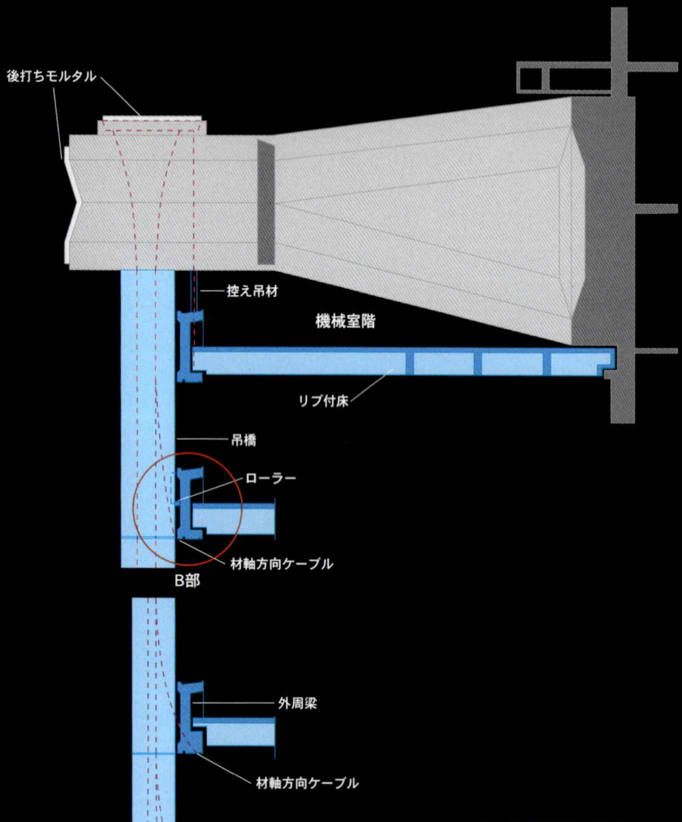

K-07

片持ち梁・吊材・
外周梁・スラブの関係

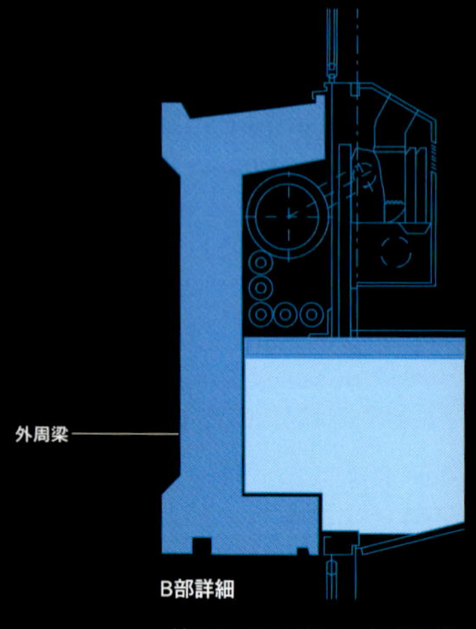

K-09 外周梁断面詳細・空調配管の納まり

1968 .07

1969 .01

1969 .02

1969 .03

短期間での施工

全工程中最大のクリティカルパスであるコアタワーの施工を急ぐために，まず敷地を45度斜面のオープンカット工法にてコア底面まで掘削し，そこから深礎工法にて杭基礎がつくられた。残りの地下部分は後に山留めを併用して掘削された（K-10）。杭の完成直後にスリップフォームを用いて，コアタワーの施工が開始された。コアが1/3ほど建設された時点で地上レベルにて3セットの井の字形片持ち梁のポストテンションケーブルが仮設片持ちトラスから吊られた形で組み立てられ，スリップフォームの後を追うようにコアタワーに沿って揚重された（K-11）。所定の位置に到達したポストテンションケーブルの周囲に型枠が組まれ，コンクリートが打設された。型枠を支える仮設片持ちトラスの負担を軽くするために，コンクリートの打設はコアを挟む一対の梁を同時に，かつ根元からふたつの部分に分けて行われ，その都度少しずつケーブルに張力が導入された。残りの張力は吊られる床の増加にしたがって徐々に導入された。
最上部の井の字形片持ち梁の完成後，この梁の根元で支持される直径33.5mの円形軌道上を2本のブームが1組となって回転する，70tの揚重能力をもつ巨大なクレーンが組み立てられた。吊構造物の施工は最初に完成する最上部がクレーンによる揚重作業の妨げとなり，困難を伴うことが多いが，この建物の場合，この特殊なクレーンの存在と平面の四隅の切欠きが吊床の施工を容易にしている。
このクレーンの完成後，3つのレベルで同時に床の施工が開始された。まず，各階のプレキャスト床版が地上にて巨大な鉄骨スペーストラス製のパレットの上に並べられた。パレットはペアで回転するクレーンで相吊りにされ，平面の四隅の切欠き部分を通して，上部の井の字形片持ち梁や上階の床を避けて所定の位置まで揚重された。各床版はコアと上階から下がる仮設のワイヤロープによって仮支持された（K-12）。上階に床のない井の字形片持ち梁直下の床版は，片持ち梁上面に掛け渡された仮設鉄骨梁から吊り下げられた。
次に外周梁の両端にその長さを延長する鉄骨ブラケットが取り付けられ，それを吊ることによって上階の床を避けながら外周梁を所定の位置に揚重し，プレキャスト床板の外周側が支持された。吊材はあらかじめ各階ごと外周梁に接続されており，外周梁と同時に揚重された。そして吊材にポストテンションケーブルを通し緊張することにより，外周梁と吊材はその上階の躯体に定着された。この工程を繰り返し，すべての階の床組が完成した。

解説　木内達夫　白井祐介

K-10

K-11

K-12

1969 .06

1969 .07

1970 .03

●建築家　磯崎 新
●構造家　木村俊彦
●建築施工　奥村組
●竣工　1974年
●所在地　福岡県北九州市

城下町·小倉
藩政と武士

L-03

ＰＣヴォールト

北九州市立中央図書館の構造方式は，第１候補としてPCヴォールト，第2候補として鉄骨構造，第3候補として現場打ちコンクリート構造のヴォールトがあった。どの候補についてもそれぞれ一長一短があり，検討の結果スリー・ヒンジ方式，合掌型のPC版構造となった。ヴォールトの真っ直ぐな部分は，左右同形のパネルの合掌，ヴォールトの回転部分は内円と外円の扇形パネルの合掌による構成とした。これによってパネルの基本形状を，わずか3種類に統一できている。

PCを採用するに至ったのは，ヴォールトの幅と建物の規模が主要因であった。もし，このヴォールトが同一幅のトンネルでなく，扇形の幅の開いていくヴォールトであったなら，鉄骨構造のヴォールトを採用したであろう。そのような場合にPCパネルにすると，位置ごとに形状が異なるため，PCのメリットが失われるが，逆に鉄骨であれば，全体の原寸作成によって同時に各部の部分形状も決定できるからである。もし，この建物の規模がもう少し小さかったなら，現場打ちRC造のヴォールトにしたであろう。そのような場合には，円筒形の変形型枠をつくるにしてもその量がわずかであるし，円弧状の天蓋から両側の垂直部分の壁にかけてのコンクリート打ちの困難さも，量に限度があれば，時間をかけて丁寧に施工することにより，困難を克服できるからである。

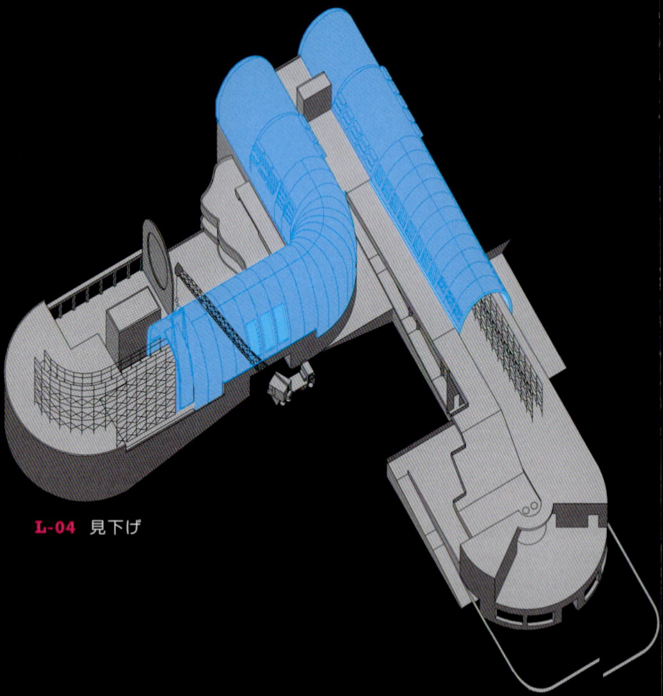

L-04　見下げ

一方，PC工法を採用する積極的理由もいくつかあった。まず，北九州市立中央図書館に求められたイメージは，ロマネスクを想起させるようなヴォールトの内部空間と同時に，モダン・アートのオブジェのような外観である。その内外両面から圧縮されてできる構造的外殻の厚みと堅さとが，PC版という材質感に適合していると考えられた。また，基本的に3種類の型を用い，水平リブによる開口窓枠の位置を適宜切り換えることが，頑丈でしっかりした型枠を有限個製作すれば可能で，すべての横リブに溝を設け，不要な横リブには埋木をし，省いていくことで転用が可能になるという合理性も評価された。パネルの大きさや重量から見てもプレファブ的製作建方に適しており，総量210枚ということも，ひとつの現場あたりのプレファブ方式としては，手頃な条件であった。そして，こうすることで現場の難しい曲面型枠やコンクリート打設をすべて回避できた。基礎や地下部分にはラーメン構造があるが，その部分の現場施工の期間を活用して工場製作を進め，部材をストックしておくことができるのである。

L-05

L-06

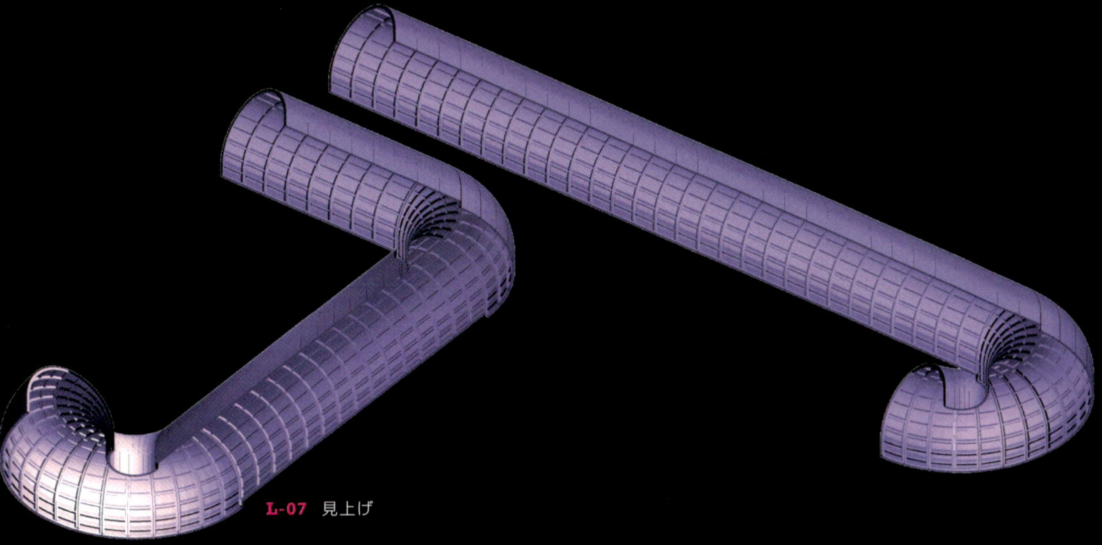
L-07　見上げ

L-08

L-09

参考文献

『建築文化1975年10月号』彰国社

M 有田焼参考館

●建築家　内田祥哉 & 三井所清典
●構造家　渡辺邦夫
●建築施工　松尾建設・橋口建築JV
●PC施工　黒沢建設
●竣工　1983年
●所在地　佐賀県有田町

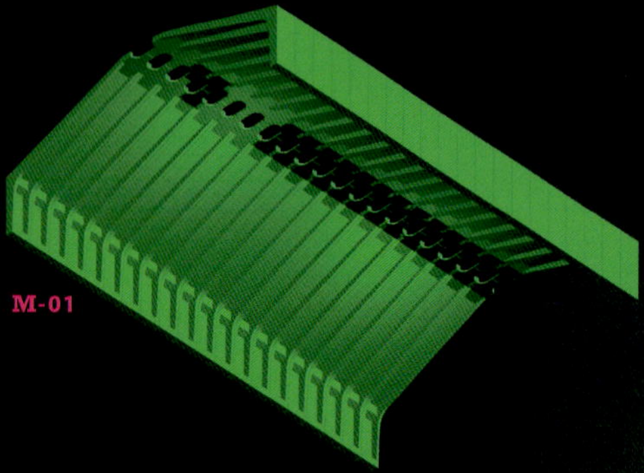

M-01

M-02

文化財収蔵庫「藏」を求めて

陶磁器の町として知られる佐賀県有田町の古窯跡の周辺から出土する磁器片を収集・整理・展示する資料館に増設した収蔵庫。上階は展示収蔵にあてられ，1977年に建設された歴史民俗資料館とブリッジで連結されている。下階は整理研究室。

今後も増加する収蔵品に対して，同じ形の収蔵庫が複数棟建設されることも考えられ，また，現代の「藏」の典型をめざして，構法の標準化が考慮された。すなわち，耐震・耐火に加えて高度な耐久性を必要とすることから，軒の出の大きい置き屋根と外壁被覆した，プレストレスを導入したプレキャストコンクリート構法が採用されている。

M-03

構造計画

❶基礎は布基礎。

❷1階は厚い壁柱を立て，水平力を中央コアで補っている。柱の数を減らしたのは，厚さを増やしてコンクリートを打ちやすくするためである。また，鉄筋も少なくして固いコンクリートが打てるようにしている。断面を大きめに設定しているので，中性化に対して抵抗力が大きい。

M-04

M-05

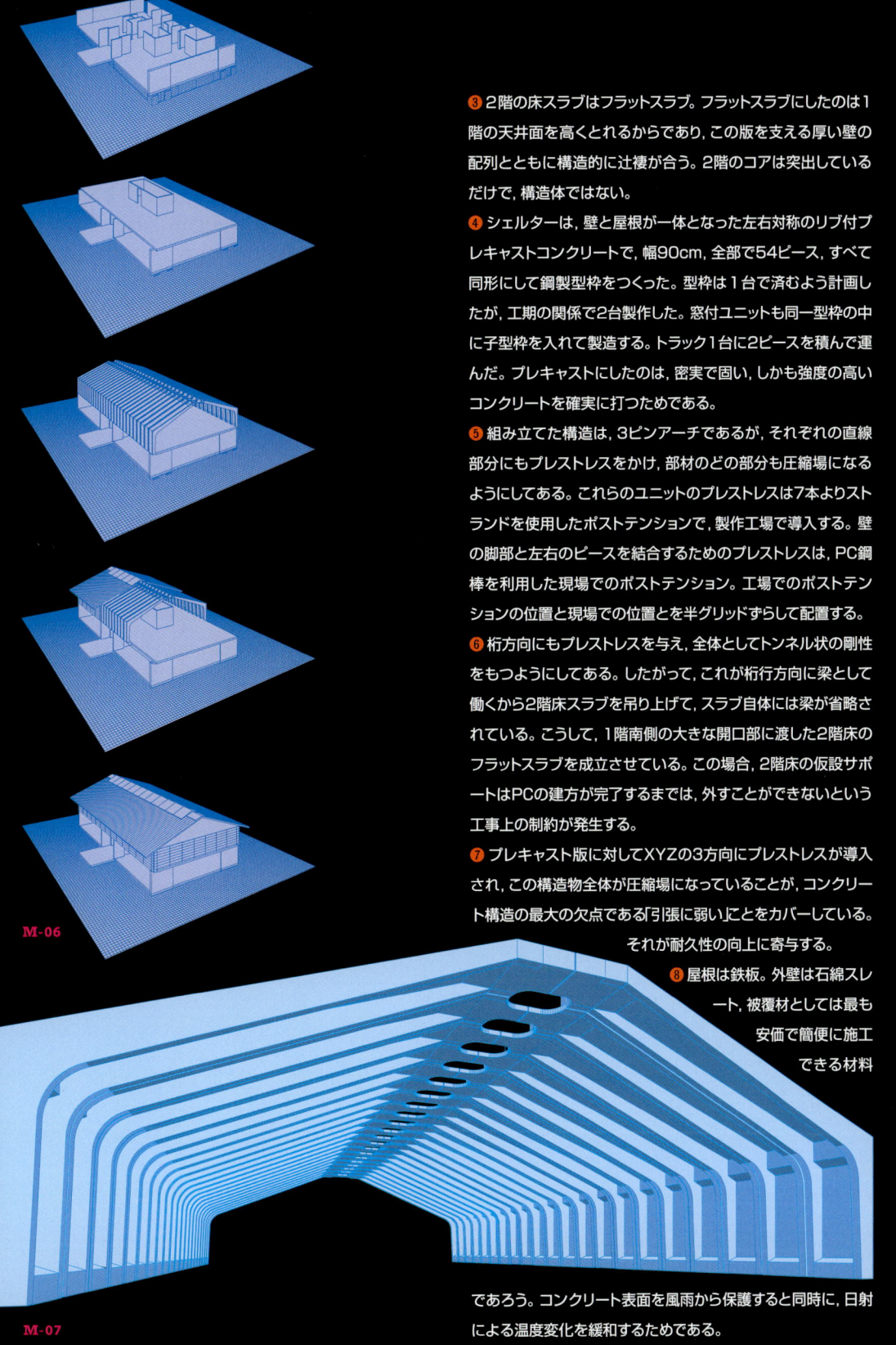

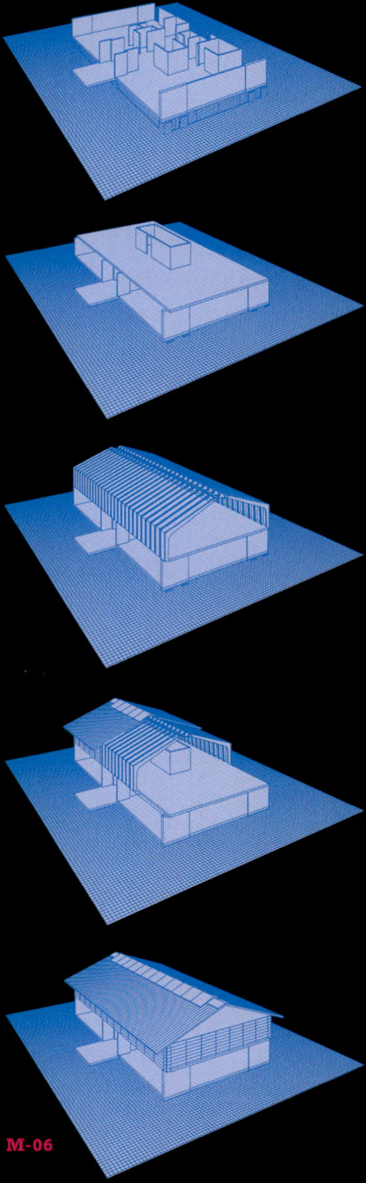

M-06

③ 2階の床スラブはフラットスラブ。フラットスラブにしたのは1階の天井面を高くとれるからであり，この版を支える厚い壁の配列とともに構造的に辻褄が合う。2階のコアは突出しているだけで，構造体ではない。

④ シェルターは，壁と屋根が一体となった左右対称のリブ付プレキャストコンクリートで，幅90cm，全部で54ピース，すべて同形にして鋼製型枠をつくった。型枠は1台で済むよう計画したが，工期の関係で2台製作した。窓付ユニットも同一型枠の中に子型枠を入れて製造する。トラック1台に2ピースを積んで運んだ。プレキャストにしたのは，密実で固い，しかも強度の高いコンクリートを確実に打つためである。

⑤ 組み立てた構造は，3ピンアーチであるが，それぞれの直線部分にもプレストレスをかけ，部材のどの部分も圧縮場になるようにしてある。これらのユニットのプレストレスは7本よりストランドを使用したポストテンションで，製作工場で導入する。壁の脚部と左右のピースを結合するためのプレストレスは，PC鋼棒を利用した現場でのポストテンション。工場でのポストテンションの位置と現場での位置とを半グリッドずらして配置する。

⑥ 桁方向にもプレストレスを与え，全体としてトンネル状の剛性をもつようにしてある。したがって，これが桁行方向に梁として働くから2階床スラブを吊り上げて，スラブ自体には梁が省略されている。こうして，1階南側の大きな開口部に渡した2階床のフラットスラブを成立させている。この場合，2階床の仮設サポートはPCの建方が完了するまでは，外すことができないという工事上の制約が発生する。

⑦ プレキャスト版に対してXYZの3方向にプレストレスが導入され，この構造物全体が圧縮場になっていることが，コンクリート構造の最大の欠点である「引張に弱い」ことをカバーしている。それが耐久性の向上に寄与する。

⑧ 屋根は鉄板。外壁は石綿スレート，被覆材としては最も安価で簡便に施工できる材料であろう。コンクリート表面を風雨から保護すると同時に，日射による温度変化を緩和するためである。

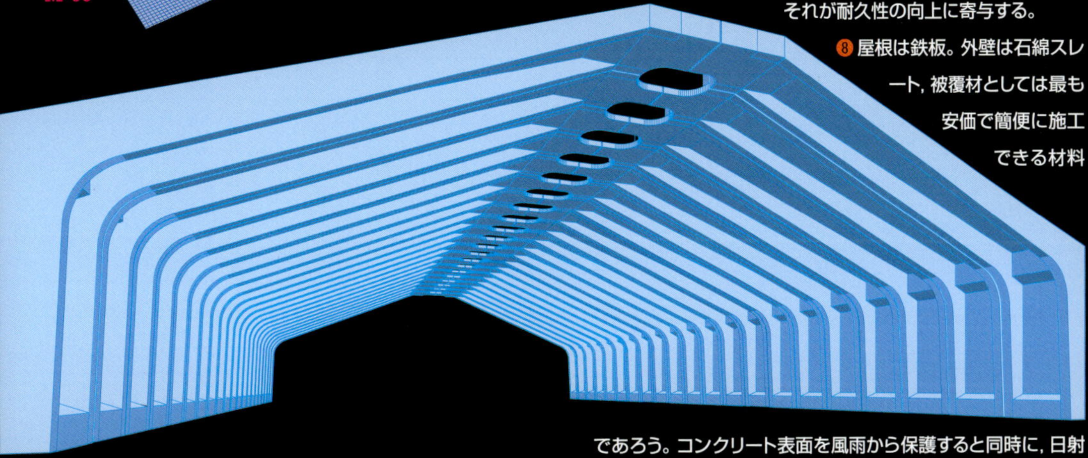

M-07

⑨ 施工面では，建物が小さいにもかかわらず，プレファブ化されているので，現場管理が簡略化でき，また，建物の品質が確

保できた。

⑩完成した姿は意外なほど和風の匂いが強い。日本の気候風土に耐えるための自然の成り行きであった。

できあがった建物の内部空間は，規則正しく配列されたリブの表現，鋼製型枠によって可能なコンクリートの端正な仕上り，部材間のジョイントが内部には一切顔を出さないディテール，そういった配慮が美しい表現をつくり出している。

解説　渡辺邦夫

M-10

M-11

M-08

M-12

M-09

M-13

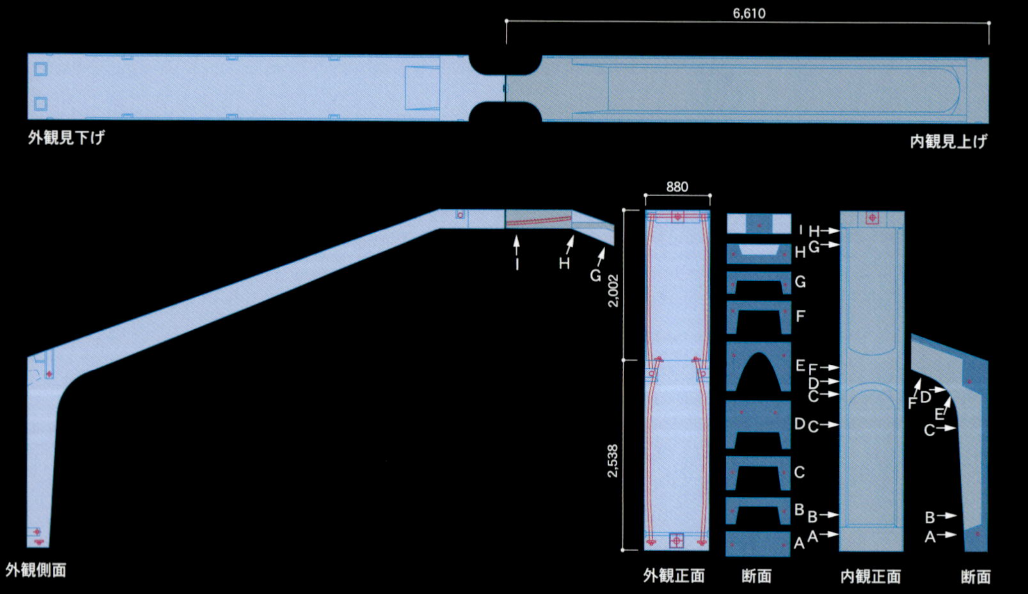

PC版形状　S=1:100

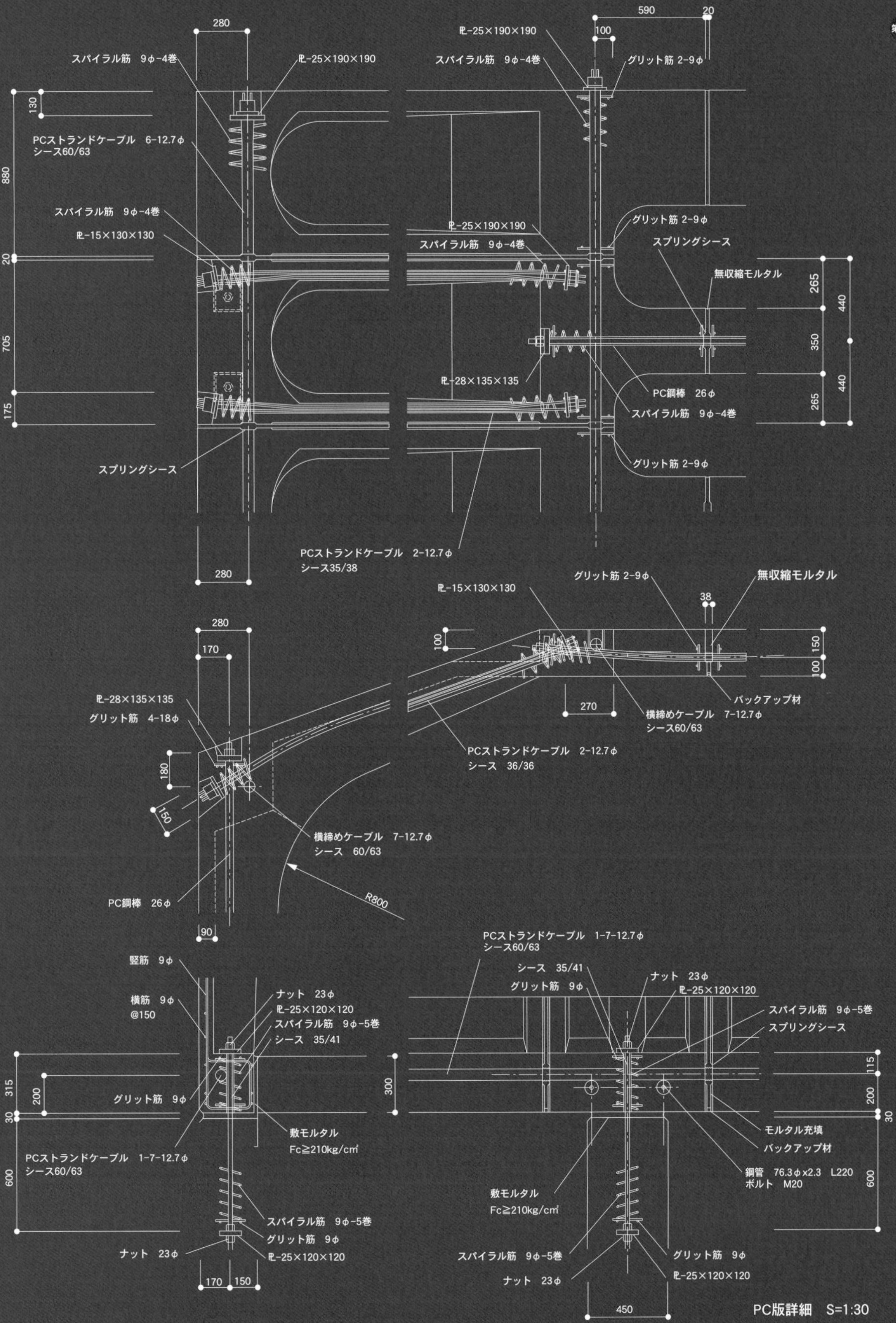

280
590
20
100
PL-25×190×190
スパイラル筋　9φ-4巻
グリット筋 2-9φ
130
PCストランドケーブル　6-12.7φ
シース60/63
880
スパイラル筋　9φ-4巻
PL-15×130×130
20
PL-25×190×190
スパイラル筋　9φ-4巻
グリット筋 2-9φ
スプリングシース
無収縮モルタル
265
440
350
705
PL-28×135×135
PC鋼棒　26φ
スパイラル筋　9φ-4巻
175
スプリングシース
グリット筋 2-9φ
PCストランドケーブル　2-12.7φ
シース35/38
280
PL-15×130×130
グリット筋 2-9φ
無収縮モルタル
38
100
150
170
PL-28×135×135
グリット筋　4-18φ
270
バックアップ材
横締めケーブル　7-12.7φ
シース60/63
PCストランドケーブル　2-12.7φ
シース　36/36
180
横締めケーブル　7-12.7φ
シース　60/63
PC鋼棒　26φ
R800
90
PCストランドケーブル　1-7-12.7φ
シース60/63
竪筋　9φ
横筋　9φ
@150
ナット　23φ
PL-25×120×120
スパイラル筋　9φ-5巻
シース　35/41
グリット筋　9φ
ナット　23φ
PL-25×120×120
スパイラル筋　9φ-5巻
スプリングシース
315
200
30
300
115
グリット筋　9φ
敷モルタル
Fc≧210kg/cm²
モルタル充填
バックアップ材
鋼管　76.3φ×2.3　L220
ボルト　M20
PCストランドケーブル　1-7-12.7φ
シース60/63
600
敷モルタル
Fc≧210kg/cm²
スパイラル筋　9φ-5巻
グリット筋　9φ
PL-25×120×120
スパイラル筋　9φ-5巻
ナット　23φ
グリット筋　9φ
ナット　23φ
PL-25×120×120
170
150
450

PC版詳細　S=1:30

N-02

- **建築家** レンゾ・ピアノ RPBW
- **構造家** オヴ・アラップ＆ピーター・ライス＆ヴィットオネ構造設計事務所
- **建築施工／ＰＣ施工** バリ '90スタジアム建設ＪＶ
- **竣工** 1990年
- **所在地** イタリア・バリ

N-03

サッカー好きの
ピーター・ライス

N-04

ポンピドゥーセンターの設計以来，構造エンジニアのピーター ライス（1992年10月に死去）と協働したさまざまな仕事の中でも，このサッカースタジアムのプロジェクトは個人的にも思い出深いプロジェクトとなった。というのは，南イタリア，バリ市から1992年のワールドカップ，サッカー大会のために観客6万人収容の新しい競技場を設計してほしいとの要請があったとき，レンゾ ピアノをはじめ，サッカーのことをあまり知らない私たちは，ピーターが熱狂的なほどにサッカーが大好きで，いつかサッカースタジアムを設計したいと夢見ていたのを知っていたので，早速彼に連絡を取り，設計に入る前に，サッカーそのものについての一般資料も含めていろいろ教えてもらったのだ。支持チームのゴールの近くや，コーナーキックが間近に見える席が好まれることや，観客が試合のクライマックスに興奮してスタジアム全体がムンムンとした熱気に包まれたときのすばらしさを，瞳を輝やかせ，身振り手振り説明しているピーターのうれしそうな笑顔を，今でも懐かしく思い浮かべることができる。

サッカー場の機能を最大限に重視し，近年社会問題になっているサッカー場での集団暴力，群集暴動による事故を防ぐために細心な注意を払い，競技場のコーナーからの観客視界最長距離190m，観客席からの最良視界を確保する勾配，サッカー場を囲む観客席の配置，工法システム等を基準として，ジオメトリーを決めることからプロジェクトが始まった。

N-05

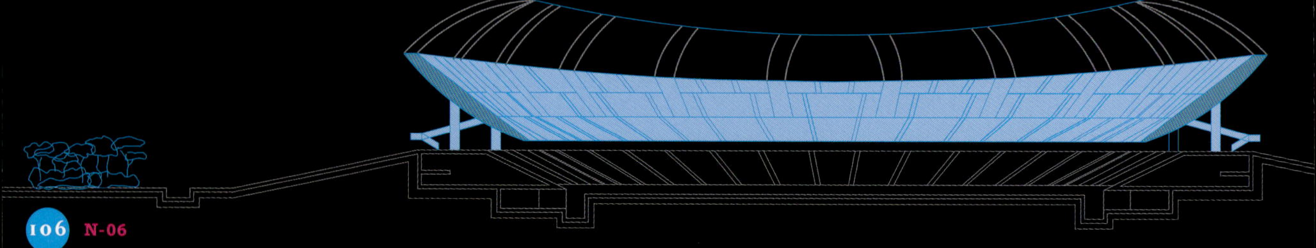

N-06

LO·STESSO
TONINO·UNO·OGNUNO·CENTOMILA!
S.S.C.
SCHILLACI·SEI·IL·NOSTRO·ORGOGLIO
Alfa Romeo
Coca-Cola
FUJI FILM
Gillette
JVC

ＰＣのダイナミックな姿

敷地は，市街中心地から6km離れたオリーブ林と松林のアドリア海沿岸特有の平地である。自然景観を壊さないように計画された駐車場とアクセス道路で周辺を囲み，火山噴火口のように地表面から2m掘り下げて造られたサッカーフィールドを囲む楕円形の下部観客席を配置した。勾配の頂点部には，8m幅のプロムナードを通し，上部観客席の下にありながら，サッカー場も，空も，まわりの風景も眺めることができて開放感を味わうことができるようになっている。外部に向かって芝生で覆われたゆるやかな下りの傾斜の人工の丘陵を造成して，丘の下には，競技場に必要な施設，補助設備等を挿入し，上部観客席だけがあたかも巨大な円盤宇宙船が舞い降りてきたかのように，3.6mもち上げて空中に構築し，視覚的に構築物の高さを抑えている。

過去の事例には，競技場機能としてゲームを観るため内部に目を向けることから，当然外部周辺に背を向けるようになり，道路周辺に面した立面があまり考慮されず好ましくないものが多い。私たちは，初期の段階から，観客席勾配に添った三日月のように優雅な形態をしたプレキャストコンクリートを使用し，遠くからも近くからもダイナミックなエレベーションを表現することに決めた。もちろん，PCの強度が，通常のコンクリートの3倍まで出すことができること，生産が合理化され，工期の短縮・品質・精度がコントロールできること，仕上げ表面が均一にでき，メンテナンスフリーであることなどの良点を熟慮している。

N-08

N-09

N-10

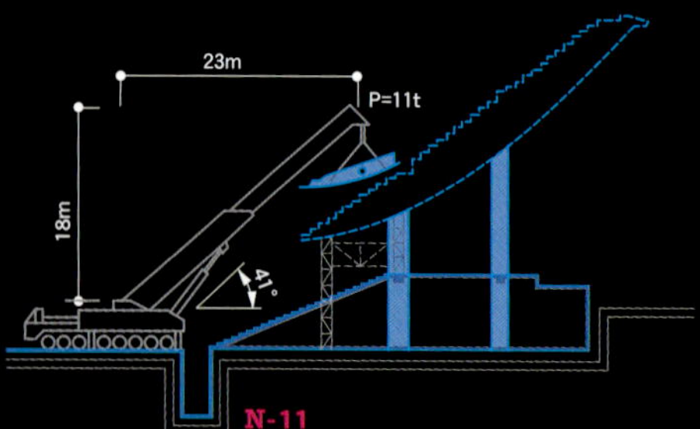

N-11

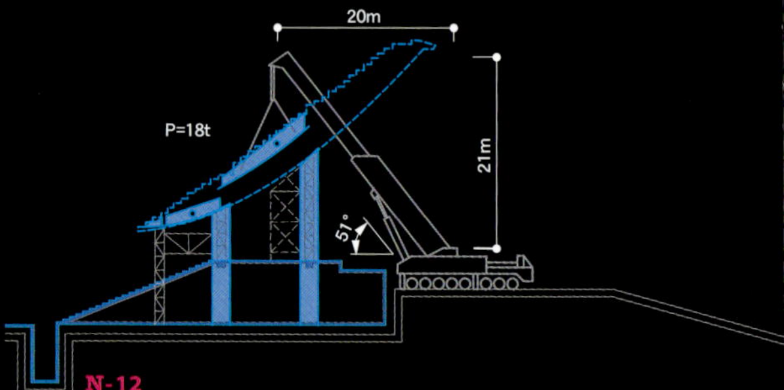

N-12

ジオメトリーとディテール

ピーターは，若いエンジニアとして初めての建設現場だったシドニーのオペラハウスの実務経験から学んだことを具体的にあげながら，いかにジオメトリーが重要であるかを述べた。また，PC工法のなかで一番難しいのはジョイント部分だと説明し，ジョイント自体はコンクリートの表面に視覚的な区切りをつけて，どんな工法でできたか表現するようなディテールをデザインしなければならないと忠告してくれた。問題解決のため，立面・断面・平面・詳細図面製作作業と並行して，50分の1，20分の1の木造モデルをいくつも製作して検討を重ねた。構造的には，310個の三日月形のプレファブ梁をつなぎ合わせて，楕円形の観客席を構成しながら巨大な花が満開したように10個のPCでつくられた花びら＝観客席を26部門に分割し，花びらの合間に階段，サーキュレーション・ゾーンを導入して，スタジアムの機能を明確に視覚化している。観客を強い日差しや雨やこの地方独特の強い風から防護する屋根は，テフロンとスチールによる軽量感のあるテンション構造とした。上部観客席の頂上部に設置したスチール製の構造エレメントの先端に，夜間用照明装置を取り付けたこの屋根は，コンクリートの花びらの間のヴォイド部にも架けられて，統一感をうみ出し，重厚なコンクリートの片持ち構造に軽快なパラソルを載せたサッカースタジアムとなった。

解説　石田俊二　RPBW

N-15

N-16

N-17

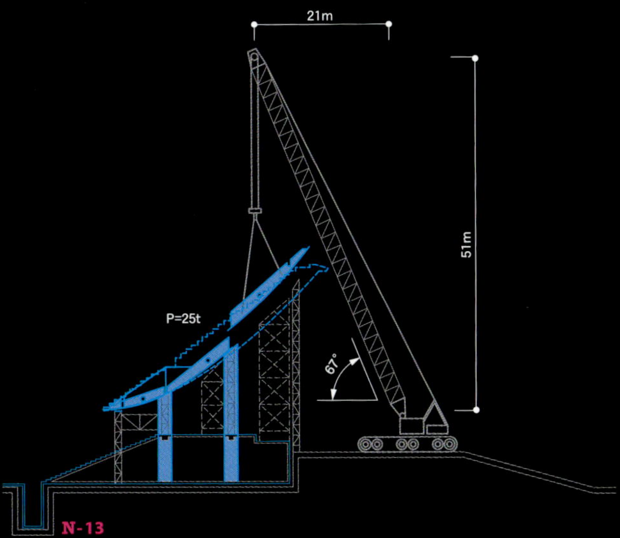

N-13

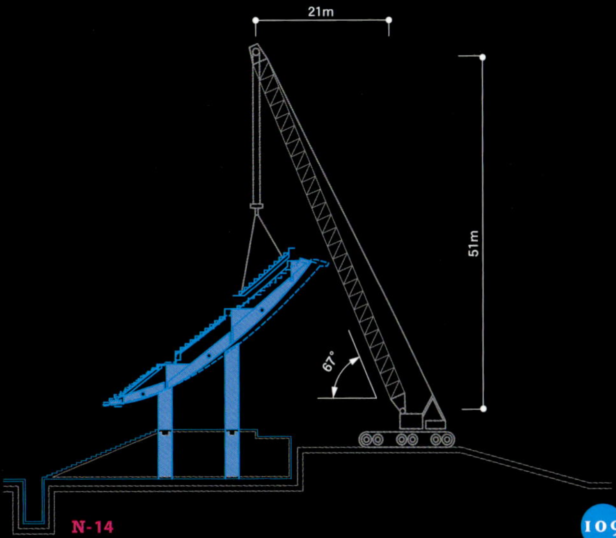

N-14

●建築家	内藤 廣
●構造家	渡辺邦夫
●建築施工	鹿島建設
●PC施工	黒沢建設 & 東海コンクリート工業
●竣工	1992年
●所在地	三重県鳥羽市

経 済 性 と 耐 久 性

伊勢志摩湾の奥深い閑静な丘陵地，海に面した小高い丘の中腹に建設した，伝統的な漁民の生活用具，漁船，捕獲道具を収蔵する施設。海辺に建てるこの施設を塩害からいかに保護するか，大型の台風も来るし，地震もある，室内気候の一定保持，などの問題を克服し，かつ，経済性と耐久性をいかに実現するかが，この施設の設計テーマであった。屋根材には，現在の技術がさまざまに進歩していても日本の伝統的な瓦が最適であり，水勾配を適切につけた日本瓦は長い年月の間，風雨に耐え抜くだろう。庇はできるだけ深く出し，外壁面を保護するようにする。この屋根瓦を支える構造体には，品質の安定した高強度のコンクリート部品，プレキャストコンクリートを使用する。現場での部材の接合は，ポストテンションによる圧着工法にする。

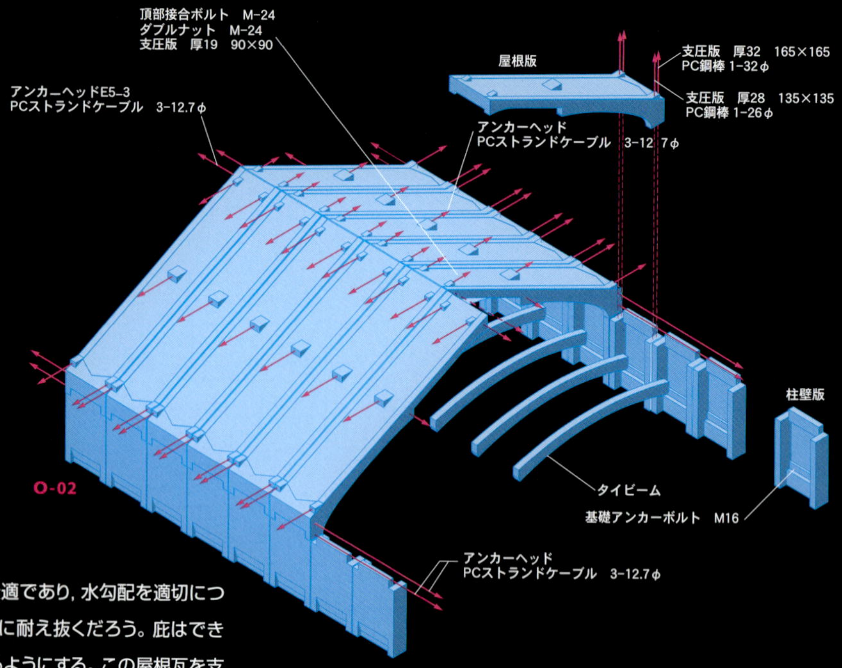

架構組立

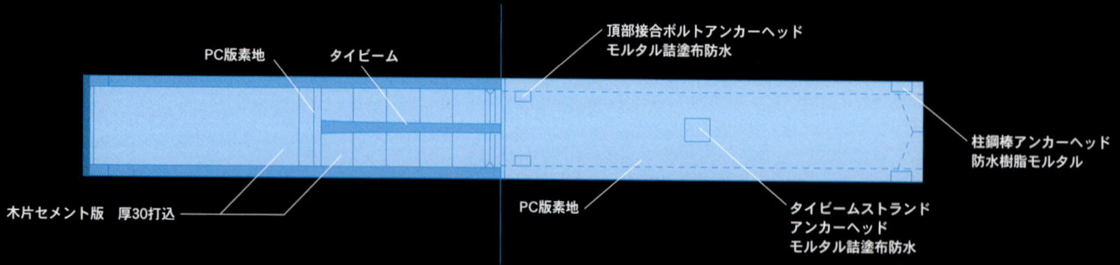

見上げ　　伏図

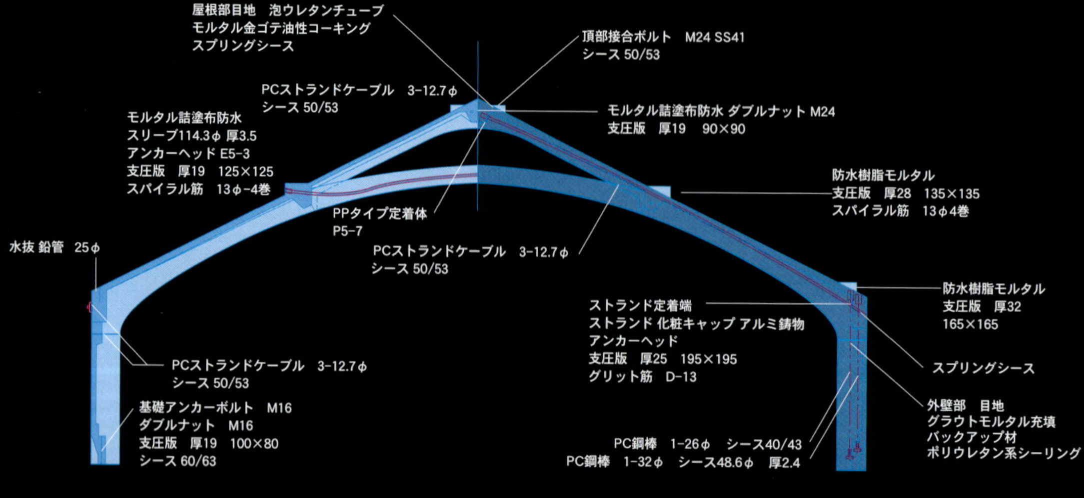

壁断面　　構造断面

架構詳細

タイアーチの登場

内部空間はできるだけオープンにしたいから柱とか壁は建物の外側に集めて，外部環境から内部空間をプロテクトすると同時に，さまざまな荷重に合理的に抵抗できる構造システムを考えればよいことになる。屋根瓦に必要な勾配に合わせて山形のフレームをイメージすれば基本的には全体が秩序よく構成できそうである。山形フレームの弱点は，肩のところにスラストが発生して外に押し出す力が大きいことにあるから，この位置に左右が対になるようなタイバーを入れておけば安定する。しかし，水平なタイバーでは内部空間の高さ方向の利用に邪魔になるから，タイバーを徐々に上方にずらして入れた場合をケーススタディしてみた。少しでも上方にずらしだすとタイバーの効果は半減して，山形フレームの部材寸法が大きくなってしまう。そこでこの構造では，タイバーをタイアーチに変えて山形フレームの弱点をカバーし安定した構造にするとともに，タイアーチの位置をフレームから半グリッドずらして，各部材の接合位置が重ならないようにする。柱と壁版は製品として一体につくる，屋根版はフレームリブと一体化する。壁，屋根ともにこうすることで，構造的耐力と接合の詳細が確立してくる。

このような初歩的な力学でも独自の空間をつくりだせるものだ。半グリッドずれたアーチと山形フレームの共存，それをPCという技術でつくるのだが，結果的には内部空間は舟底にいるような，美しい幻想的な空間を実現できる。

生産の全プロセスをデザインする

一般に，コンクリート構造物のデザインというと，コンクリートの肌をいかにきれいにするかとか，部材の形状が美しいとかの領域を考えがちだ。それも大切なことではあるが，もっと総括的に問題を捉えることがデザインにとって重要である。その建築の全体の秩序と部材の構成，機能性と耐久性，さらにその建築の生産性をデザインすること，経済性を獲得するための各種の工夫，それらのバランスをとる作業，それを「デザイン」だと考えるべきだ。「デザイン」は建築が竣工した後の結果論だけではなく，その生産の全プロセスを設計するという意味を含んでいるから，PC構造のデザインは関与するファクターが多く複雑である。設計者の感性の問題だけでなく，技術工学そのものがデザインの領域を形成するうえで重要になる。プレキャストとプレストレスという2つの技術を合体させることも，「デザイン」にとってPC化の原型であることがわかる。

O-04

O-10

O-05

O-11

O-06

O-12

O-07

O-08

O-09

O-13

O-14

●建築家　内井昭蔵
●構造家　松井源吾 & 依田定和 & 小野里憲一
●建築施工　ハザマ・村松・古久根JV
●PC施工　黒沢建設
●竣工　1993年
●所在地　東京都府中市

「お父さんはUFOをつくっているんだよ」

多磨霊園みたま堂は，東京都が都民の墓地需要に対して，多磨霊園に建設した納骨堂である。みたま堂は従来のような平面式墓地でなく，限られた敷地でより多くの遺骨を収納できる立体式集合墓地として計画された。建物は逆円錐型をした霊堂を中心に，左右の階段シャフト棟と中庭を囲う回廊から成り立っている。この建物の形態を特徴づけている中央の霊堂は内部が地下階から屋根まで大きな吹抜けで，打放しコンクリートの外壁が構造要素として建物を支えている。逆円錐型をした外壁の大きさは頂部の直径が58.4m，地下階からの高さが16mある。そして厚さが500mmのこの外壁はプレキャストコンクリートでつくられ，工事にプレストレストを用いた組立工法を採用することで，耐久性・美観・躯体精度の確保および工事の省力化が図られた。

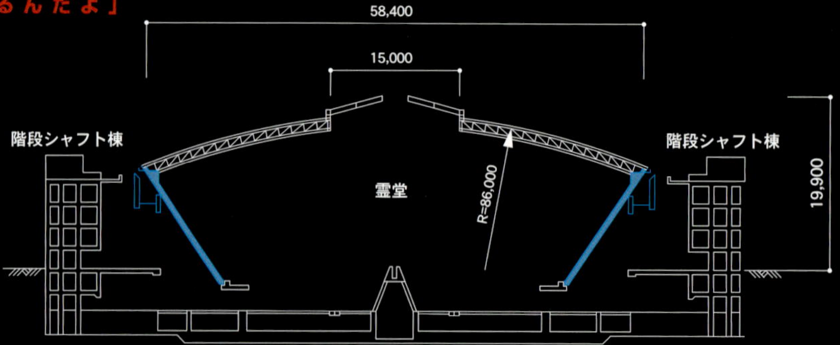

断面　S=1:800
P-03

霊堂内部は，中央にモニュメントが置かれ，外壁に沿って納骨スペースが設けられている。外からも内部を窺うことができるようになっているが，一般の人でも霊堂の中に入ることができる。建設は今から10年ほど前になるが，当時の工事関係者が「お父さんはUFOをつくっているんだよ」と子供に話したことなどが懐かしい。

P-04　外壁の構成部材
P-05　PC鋼線の配線方法
P-06　仮設鉄骨部材の組立て
P-07　部材の建方（前半）
P-08　部材の建方（後半）
P-09　外壁の完成

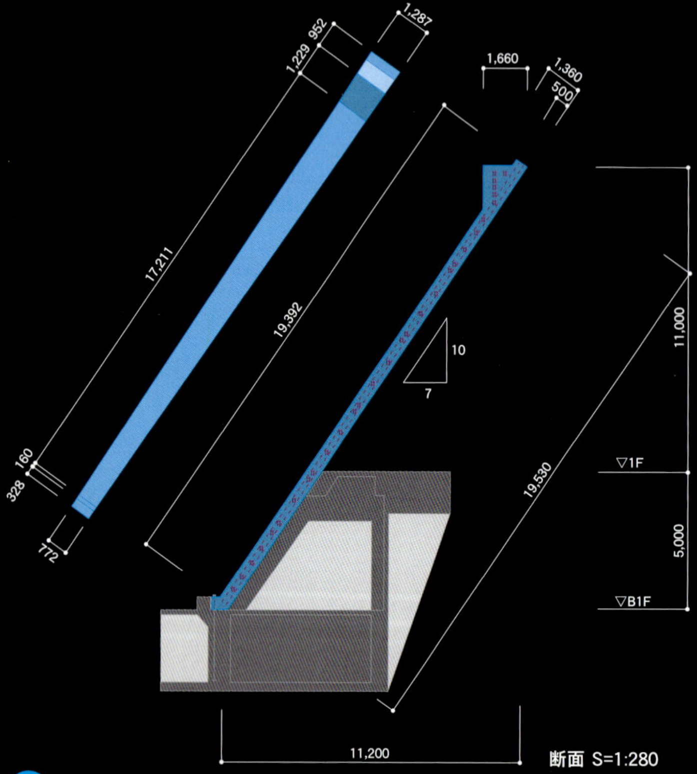

断面　S=1:280

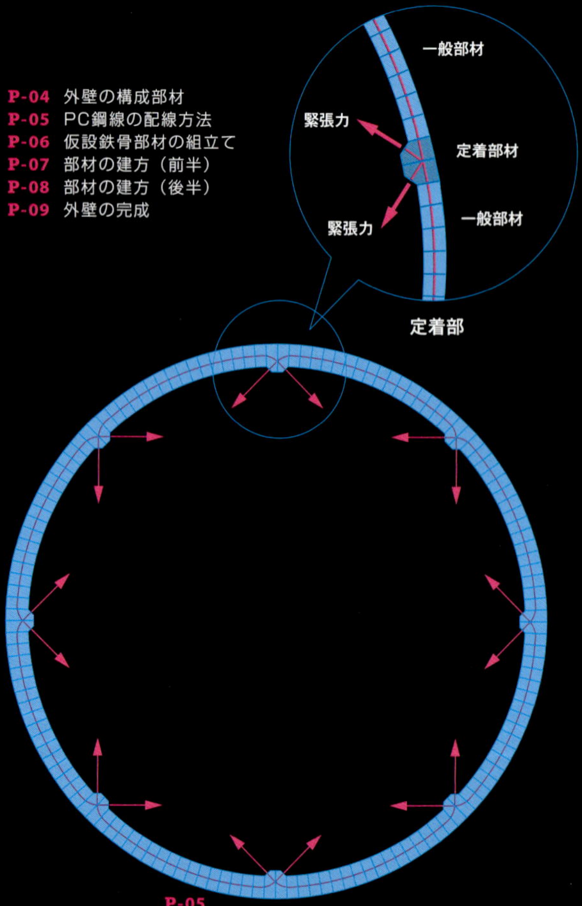

 P-04

P-05

の構造

霊堂を支える外壁は逆円錐形のシェル構造であり，構造システムは樽や桶を思い浮かべてもらえばよい。樽が側板を円形に並べ，たがで締めつけられてできているように，霊堂の外壁も細長いプレキャストコンクリート部材を円形に並べPC鋼線で締めつけられている。外壁を構成するひとつの部材の大きさは，長さ20m，厚500mm，頂部最大幅1,287mmあり，これらが円周方向に144本並べられている。部材の幅は完成した形状が逆円錐形になるように脚部ほど小さくなっている。また，たがの役目をするPC鋼線は部材内部を通っているため，桶のように外部から見ることはできない。

PC鋼線が部材を締めつける力は，外壁を構成するすべての部材にできるだけ均等に導入できるように工夫されている。巨大な外壁1周を1本のPC鋼線で緊張することは，摩擦損失により対面で力を大きく低下させてしまう。これに対処するため，PC鋼線の配線は外壁の円周方向を8等分に区画して行うことが計画された。各区画内のPC鋼線は角度変化が少なくなり，摩擦損失による緊張力の低下が抑えられる。また区画間の力の伝達は，区画境界でPC鋼線を交差させることにより行われている。そのため区画境界の部材は，他の部材より厚くつくられ，PC鋼線の交差が無理なく行えるようにするとともに，プレストレスを導入するための定着体としての役割を担っている。

解説　小野里憲一

P-06

P-07

P-08

P-09

P-10

- 建築家　リチャード・ロジャース
- 構造家　梅沢良三
- 建築施工　大日本・市川JV
- PC施工　ピー・エス（当時）
- 竣工　1998年
- 所在地　岐阜県各務原市

Q-02

鉄骨とのハイブリッド化

PC建築が抱える問題点として❶単調化，❷接合部の信頼性，❸高コストなどがある。VRテクノ北棟ではこれらの問題に対し，鉄骨とのハイブリッド化で解決を試みた。通常用いられるシングルTスラブのリブとスラブを分離し，リブをPC，スラブを鉄骨とした。

その結果，同一形状のPCリブを用いながら，鉄骨部分を形態操作に供することで，自然の地形を活かしたエコロジカルな形態を低コストで実現できた。

ライズの低いPCアーチを高さ約6mの片持ち柱の上に載せているため，スラストに対し水平ばねをもった境界条件となっている。したがって，力の流れはアーチアクションによる軸力とせん断力の合成システムとなっている。内外空間に露出するリブのみをPC化し，屋根は鉄骨下地金属板葺き，天井はボード下地のペンキ仕上げである。PCリブと，鉄骨屋根下地の鉄骨を剛接合で一体化し，薄いPCリブの横座屈と架構全体の将棋倒しに対し，2種の材料で安定が保証されるハイブリッド構造となっている。

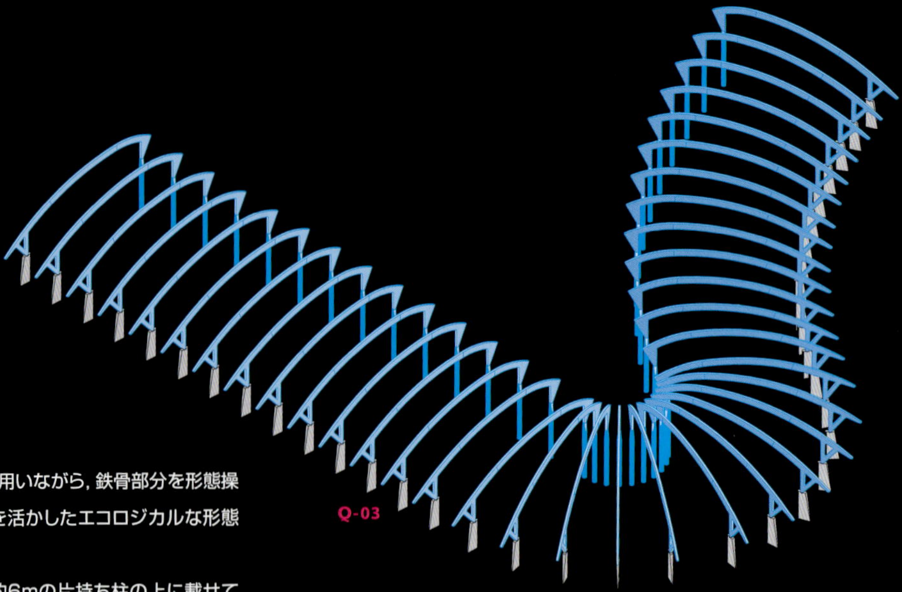

Q-03

Q-04

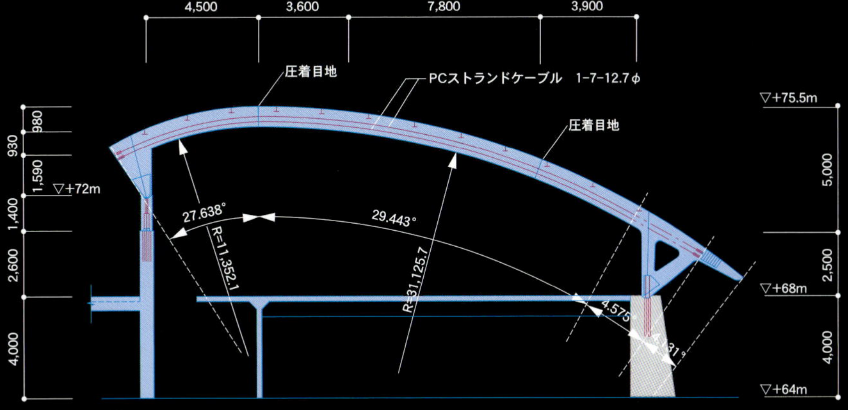

PCアーチ架構断面　S=1:300

Q-05

PCリブアーチと柱の結合方法

PCアーチと現場打ち片持ち柱との接合はPC側から出ているアンカー鉄筋4-D25を現場打ち柱側に設けた4本のスリーブのなかへ挿入し，建方終了後高強度グラウト材を注入固定するスリーブジョイント方式となっている。3分割されたPC部材はまず柱側の2ピースをセットし，3番目のピースを中間にはさむ形で建て込み，隙間にグラウトを充填し硬化後，ストレスを導入した。

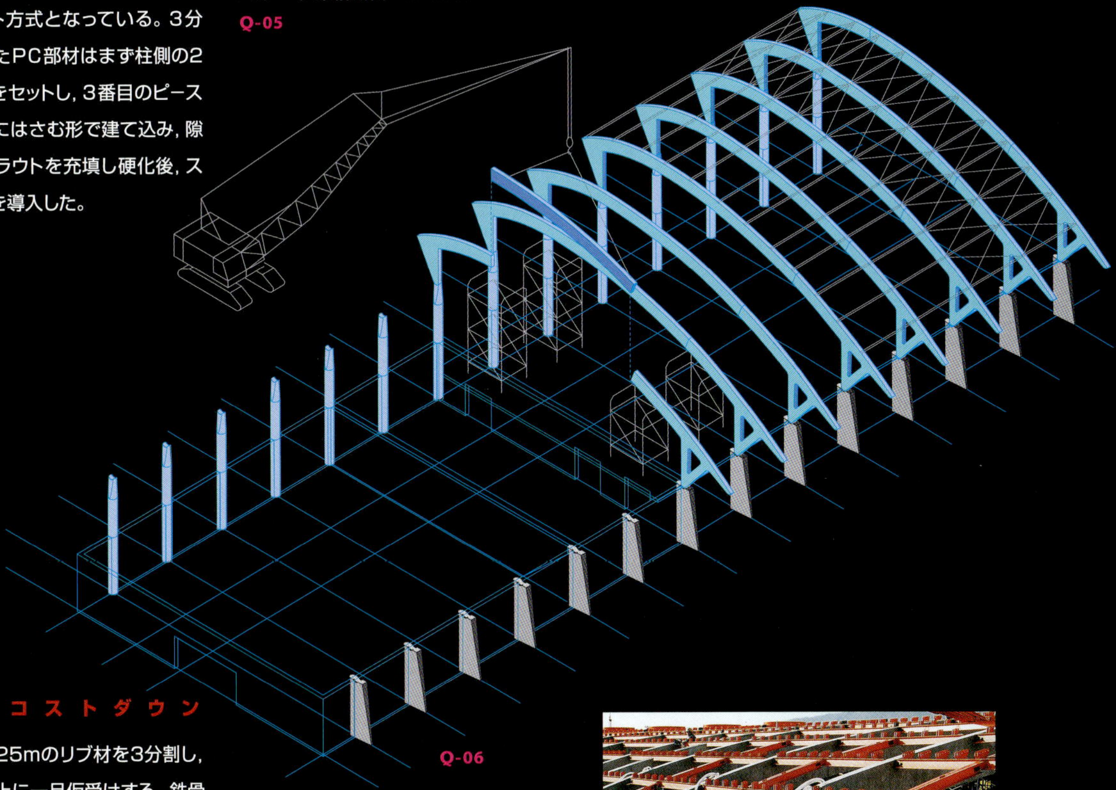

Q-06

徹底したコストダウン

全長約25mのリブ材を3分割し，構台の上に一旦仮受けする。鉄骨母屋をPCリブに打ち込まれたガセットに取り付けた後，PC鋼より線7-12.7φを緊張し，一体化した。ブレースの緊結は最後に行った。建方はQ-06に示されるように,一方から他方へ順次行われた。試算によると，このハイブリッドPC造の場合，オールPC造に比較し，固定荷重で約60%，断面積で約40%小さくなっている。これに比例して，PC部材の製作，運搬，建方費のコストダウンも図られている。

解説　梅沢良三

Q-07　PCアーチと鉄骨屋根のハイブリッド構造詳細
Q-08　PCアーチと現場打ち片持ち柱との接合詳細（両部材の接触面は鉄板で補強されている）

- **建築家**　横川隆一 & 大谷弘明
- **構造家**　陶器浩一
- **建築施工**　住友・大春JV
- **PC施工**　ピー・エス（当時）
- **竣工**　1997年
- **所在地**　京都府宇治市

柔らかな表情を“つくりこむ”PC版の屋根

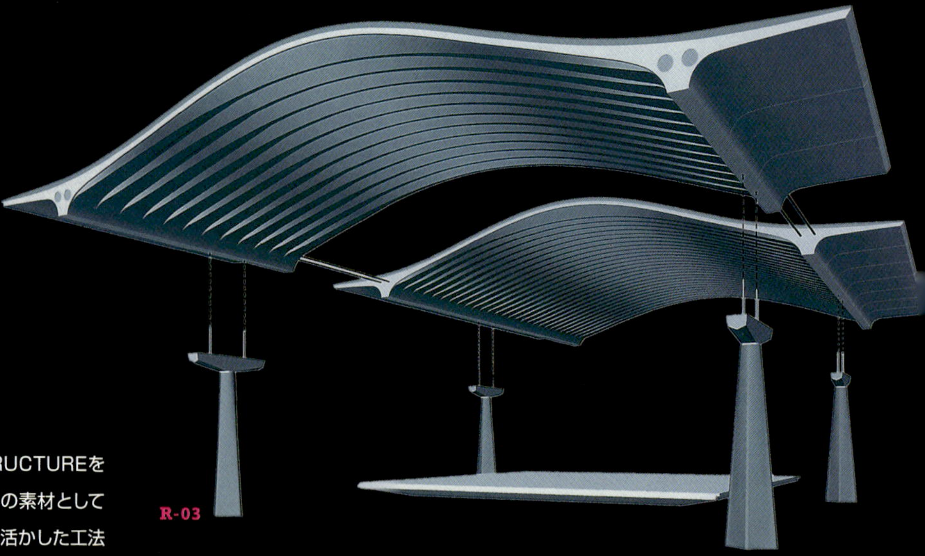

R-03

PC構造には耐久性があることや品質のよい躯体が製造できること，工期短縮，現場作業の省力化などのメリットは確かにあるが，この理由だけで現場打ちのコンクリート構造ではなくPC構造を採用することは稀である。“連続体としてのSTRUCTUREを形成できる”というコンクリートの素材としての面白さと，“組み立てる”ことを活かした工法としての面白さ・意外性が組み合わさったときに初めてそのもち味が発揮される。また，工場製作されるのでディテール（形・機能）を“つくりこむ”ことができるのも現場打ちコンクリートにないメリットであろう。

宇治源氏物語ミュージアムは，源氏物語ゆかりの地，京都府宇治市に建つ源氏物語をテーマにした博物館である。訪れる人々を平安文化の世界に導くやさしい空間を創出するため，繊細でやわらかな表情を“つくりこむ”ことを目的としてPC構造を採用した例である。

建物は，平安貴族の邸宅に用いられた寝殿造りを現代の技術で捉えなおして空間を構成した。用途ごとに建物を分けて配置し，回廊でつないでいる。それぞれの棟はのびやかに広がる平屋建として，また，床面を地上から若干浮かせて水平的な広がりを強調している。連なる屋根は柔らかい曲線を描く屋根とし，王朝文化を偲ばせる流麗な形としている。この優雅で柔らかな形状をもつ屋根をPC版で構成した。

R-06

PC工法

各棟の幅は10.8mで，両側に庇がそれぞれ1.8mずつ跳ね出している。PC版は幅1.8mを1ユニットとしており，ひとつの版の大きさは1.8×14.4mである。屋根面の荷重に対して，スパン方向に細かなリブを並べることで対処した。リブは1枚の版に4つ，すなわち450mmピッチとし，同形状のリブが並列に並ぶのではなく連続的に変化する形状とした。中央ではせいが330mmの三角形状が並び，端部では厚200mmの平面となる。丸みを帯びたゆるやかな曲線に沿って細やかなリブが連続的に形状を変化させている。スパン方向にはリブごとにポストテンションでプレストレスを与えている。
このPC版を並べて両端の臥梁部分で桁方向に圧着して屋根面を一体化させ，臥梁部分で4本の鋼製柱で支えて空間は成立している。全体的な柔らかな印象の中で臥梁として必要な断面を確保するように形状を工夫した。また，屋根を支える4本の柱は鋳鋼とし，独立柱として必要な断面を確保しつつ屋根と一体となったやさしい雰囲気をもつものとした。「PC構造の屋根＋鋳鋼の柱」の組合せで，軽やかな印象を演出し，柔らかな空間を創出した。

解説　陶器浩一

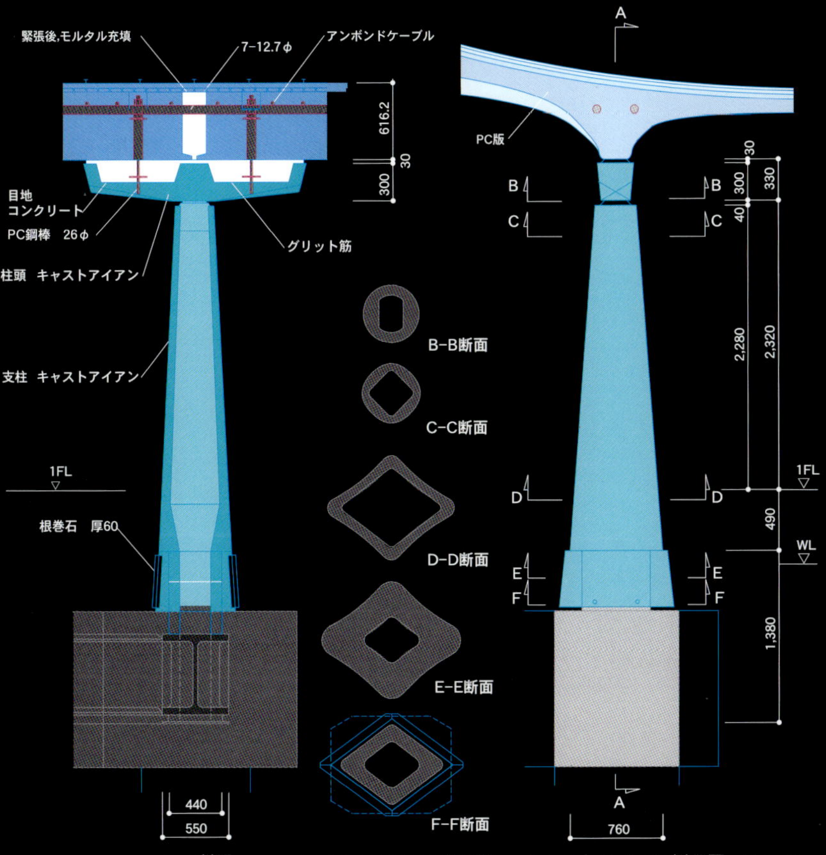

A-A断面　キャストアイアン柱断面形状　キャストアイアン側面図　S=1:60
R-05

R-07

R-08

R-09

R-10

R-11

十日町情報館

- 設計　内藤 廣
- 構造　渡辺邦夫
- 施工　鹿島・丸山ＪＶ
- ＰＣ　黒沢建設
- 竣工　1999年
- 所在地　新潟県十日町市

世界有数の豪雪地帯

十日町は，都市としては世界有数の豪雪地である。最大積雪量4.25m（1945年），年間166日の最長積雪期間（1984年）の記録がある。最近は他の地域と同様に，降雪量は暫減の傾向にあるが，豪雪地帯であることには変わりない。

雪国での屋根勾配は，メンテナンス費用をかけないことを前提にすると，基本的には，大きく傾斜して雪の自然落下を促すか，フラットにして雪を溜め込んでしまうか（雪下ろしをしないで）の二者択一である。この施設では，降雪量を特定できないこともあり，建物周辺の環境維持の点からフラットな屋根にしている。実は，フラットな屋根と降雪量が特定できないという矛盾をPC構造にすることで解決しているのだ。

積雪量に対応したPC構造

積雪は，風が同時にあると屋根全体に均等には積もらない。この建物のようなフラットな屋根でも，パラペットやトップライトの立ち上がり具合により，そこが吹き溜まりになり，屋根に対しては不均等圧になる。実際にはうねりのある曲面を描いた積雪分布になるのであるが，それを9タイプに分類して設計した。この分布と同時に，設計用最大積雪量をいくらにするかという問題があるが，この屋根ではPC構造を採用したので，PCの構造性能と積雪量をリンクさせて考えることにした。

❶ 十日町の積雪量は，データによれば平均年で2.5mである。若干安全側に考えて設計用基本積雪荷重を900kg/m^{2}とした。これは積雪量が3m，比重を0.3t/m^{3}としたとき

に対応する荷重である。この地方の雪は湿り気が多く，0.35t/m³のデータもあるので，この比重を採用すれば，積雪量は約2.6mということになる。この荷重で，屋根構造のPC部材はすべて「フルプレストレッシング」で設計する。すなわち，このときはPC部材のいかなる位置にも引張応力度が発生せず，したがってコンクリートが常に圧縮場にあり，どこにも亀裂が生じない。この量の雪が積もった状態で屋根のたわみが水平になるようにコントロールできるから，雪が溶ければ，若干，上むくりの状態に戻る。

❷ PC部材にコンクリートが許容するわずかの引張応力度が発生した状態を「パーシャルプレストレッシング」という。積雪量が多くなると部材はこの状態に進行することになり，目

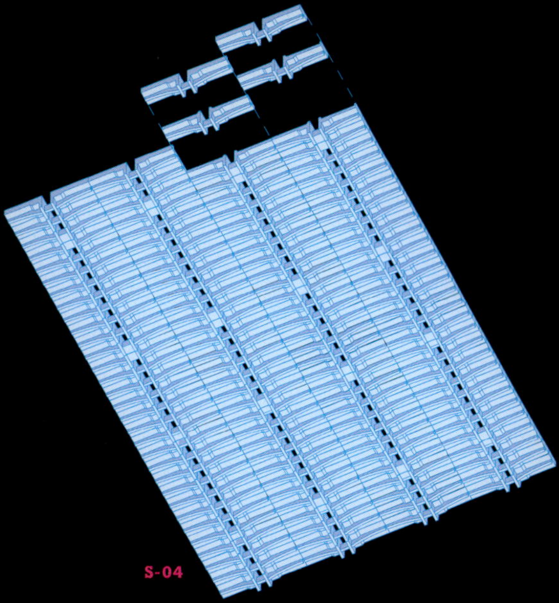

S-04

S-03

地に入れたモルタルの端部がはく離する。この状態を逆算すると，積雪量は6.1mである。屋根構造は健全であるが，この状態が長期間にわたると目地部分の耐久性が低下する。しかし，雪が溶ければ元の状態に自然に復元する。

③ PC部材の降伏耐力，すなわち緊張鋼材が降伏点に到達する（0.2%永久伸びに対する荷重）応力度が発生する積雪量は，11.8mである。このときも屋根構造は崩壊しないが，変形が大きくなり雪が溶けても，元の状態には戻らない。しかし，11.8mという積雪量はあり得ない数値ではある。

この3つの数値は，RC造や鉄骨造に比べて，PC構造の耐荷能力がきわめて大きいことを示している。想定した荷重に対して

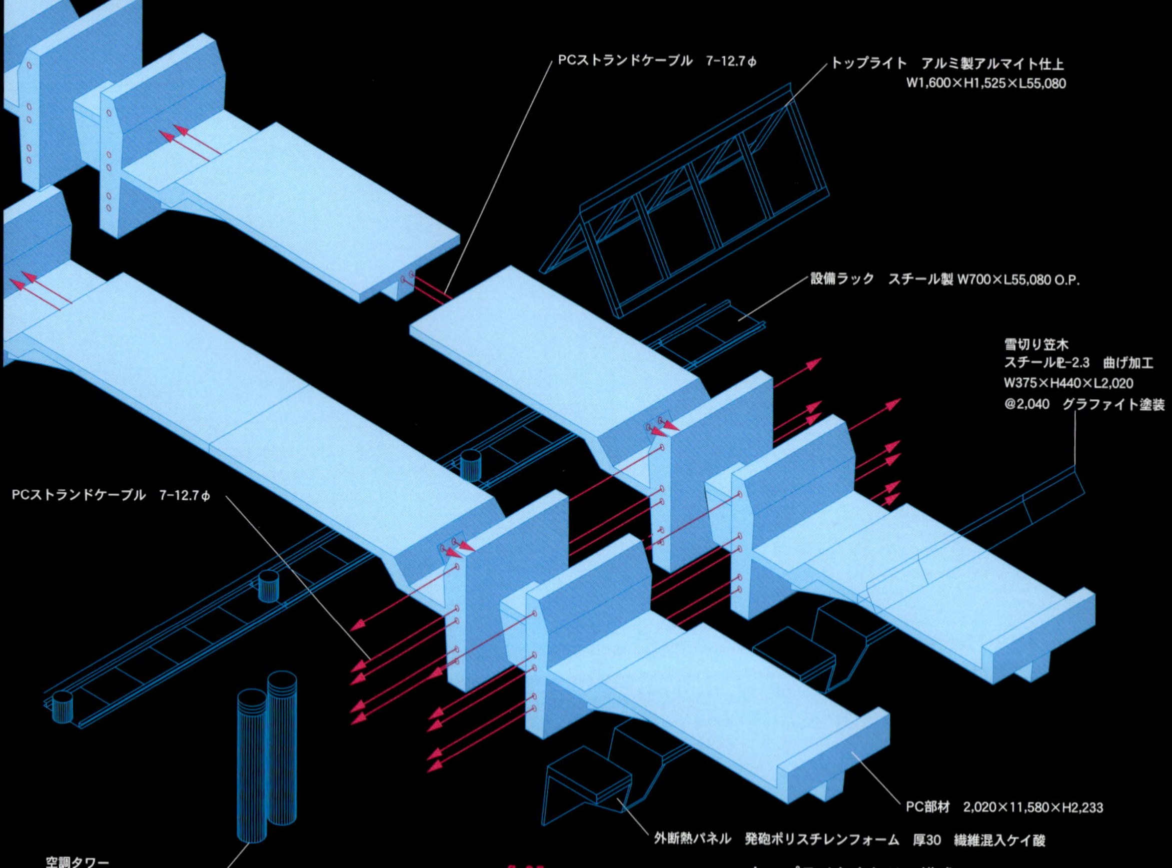

S-05

トップライトまわりの構成

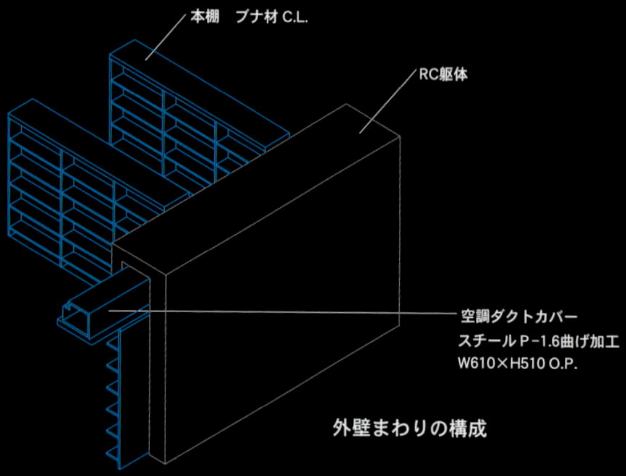

外壁まわりの構成

S-06

PC構造を「フルプレストレッシング」で設計すれば，予期しない過大な荷重が発生しても，崩壊には至らないという特徴がある。この建物でも，長期間健全な構造であることを目標にして，不確定な積雪に対して，この特徴を活かしている。

耐荷能力が高いということは，同時に柱スパンを大きくとれるということでもある。橋梁でPCが利用されている最大の理由である。この建物では，6mを超える片持ち梁，柱スパンは18.36m，11.28mを採用した。トップライトを兼用した桁梁に直交してジョイスト状の梁が，2.04mモジュールで架け渡し，不要な部分を削ぎ落とすと室内側がアーチの連続体となって内部空間に膨らみがうまれる。

解説　渡辺邦夫

S-07

S-08

S-09

- 建築家　山本理顕
- 構造家　木村俊彦
- 建築施工　1工区：大成・千葉・加藤組・伊藤組・澤田・田畑・三光工業JV
  2工区：清水・平林・徳・石井組・和工・戸沼JV
- PC施工　黒沢建設
- 竣工　2000年
- 所在地　北海道函館市

新しいコミュニケーションの場，大空間「スタジオ」

複雑系科学科と情報アーキテクチャー科という新しい考え方の学科の創設にあたり，建築では新しい形での教員と学生の関係，研究室と教室の関係が提案された。演習・実習・プレゼンテーションのための大空間「スタジオ」を中心として，教員のためのスペースと学生のためのスペースとが透明なガラスによって仕切られただけで空間を共存するよう計画されている。さらに講堂・図書館・食堂・売店などもガラス張りとされ，互いの活動を常に目にすることができるようになっている。

敷地面積約16万m^2の斜面上に縦横約100m，高さ24mのワンボックスが計画され，そのなかに延床面積約27,000m^2のすべての施設が収められている。基礎部分を除くほとんどがプレキャストコンクリートによってできている。12.6mのグリッド上に950mm角の柱を並べ，柱と梁はポストテンションによって緊結されている。屋根部分には，トリプルTスラブ（一部ダブルTスラブ）が載っている。このトリプルTスラブには開口がとられトップライトから光を取り入れられるようになっていて，この建築の特徴のひとつとなっている。最大の特徴はスタジオの20m吹抜けの大空間で，開放的なカーテンウォールのガラス越し正面に函館山を望めるように計画されている。

T-03

 T-04

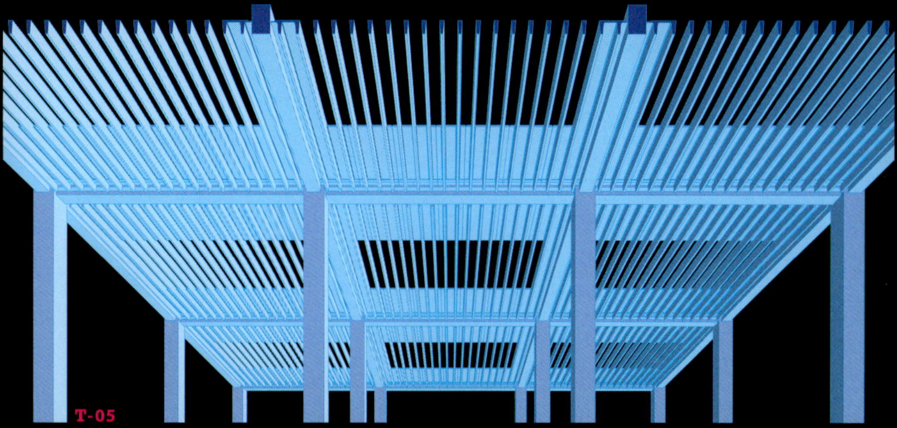

T-05

ＰＣの採用による工期短縮

プレキャスト採用の最大の狙いは工期短縮。躯体の構成を単純にシスマティックにすることがテーマになっている。スタジオなどの設計コンセプトを具体化していくうえでPCの採用が必要不可欠となっていく。柱はスタジオ空間で約20m，5層分の長さになり，2層ごとの3本継となっている。梁は幅をすべて620mmに統一し，梁せいを5種類として使い分けて製作，圧着することで柱と緊結される。屋根・床に使用されているトリプルTスラブは薄いフランジとリブによって構成されており，12.6×12.6mという広いスパンに対して，トップコンクリートを打たない非常に軽い構造となっている。屋根に用いているものはコンクリートを均すと厚133mmのボリュームしかなく，床に用いたものでも150mmという軽さである。この軽量化によって水平力による変形を減らし，剛性の低い吹抜け空間を因とする偏心を減らすことにもなっている。

耐震壁は，厚180mmで，運搬のためスパン12.6mの壁を5つに分けて製作している。耐震壁の接合方法についてはプレストレスを使用せず，プレキャスト壁版に金物を埋め込み，梁に埋め込んだ金物と溶接する方法を採用している。この壁版は柱と接合する必要はなくモルタルが充填されていればよい。またドアなどの開口補強には部分的にPC鋼棒によるプレストレスを入

T-06

T-07

T-08

T-09

れることによって上下梁への負担を減らしている。
PC材は，工期短縮の提案として耐震壁のサイトPC併用を実施している。柱・梁・壁・スラブのすべてをひとつの工場同じ型枠で製作していたのでは製作工程が追いつかない可能性があり，サイトPCの併用を実施することによって工場の負担を減らした。別工場ではなく現場採用にしたのは，クレーンの作業半径内に製品をストックすることで輸送をなくし，輸送のために必要な壁部材の分割・壁同士のジョイント溶接も減らし，大版化PCによる工期短縮が大きな利点となるためである。
スタジオ空間に架けられた三角形のレセプションスペースやブリッジなどは，林立するPC柱の間にH形鋼を架け渡し，H形鋼の梁にトリプルTスラブや，ダブルTスラブを敷いていくという方法が採用されている。全体システムの雰囲気を壊さずに大空間に変化を与え，ここでも軽いスラブが活躍している。体育館の梁は，通常の2倍のスパンとするために梁せい1,800mmのH形鋼を使用。鉄骨梁の耐火被覆は，セラミック系耐火被覆をこて仕上げとすることでH形鋼の形状をそのまま活かせる仕様としている。

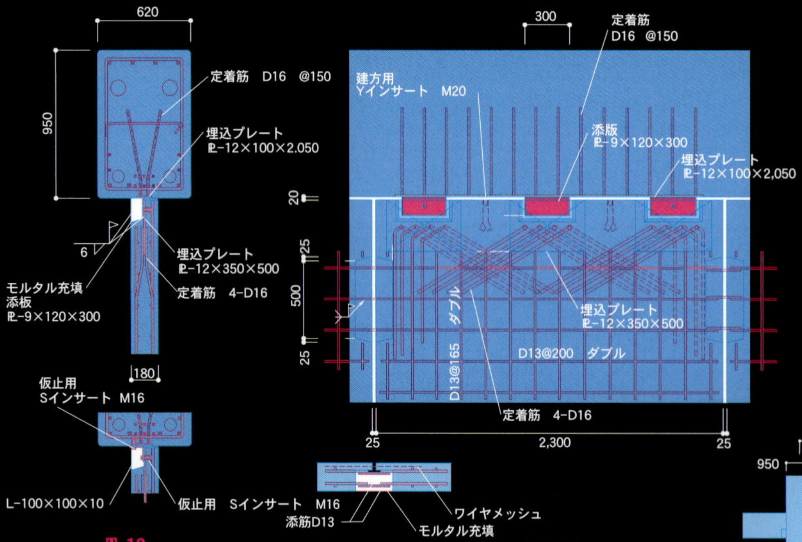

T-10
PC耐震壁施工図 S=1:50

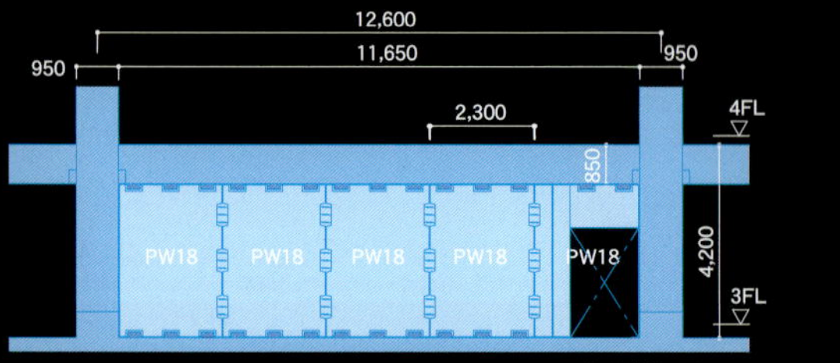

PC耐震壁姿図 S=1:250

計画されたプレキャストは，コンクリート打放し仕上げとするため，そのコンクリートの色調にも注意が必要となった。メーカー5社のセメントを使用した試験練りを実施してセメントを決定し，現場で使用する補修剤も同一のセメントに砂・剥離材を調合。コンクリートの色調に合う材料としている。

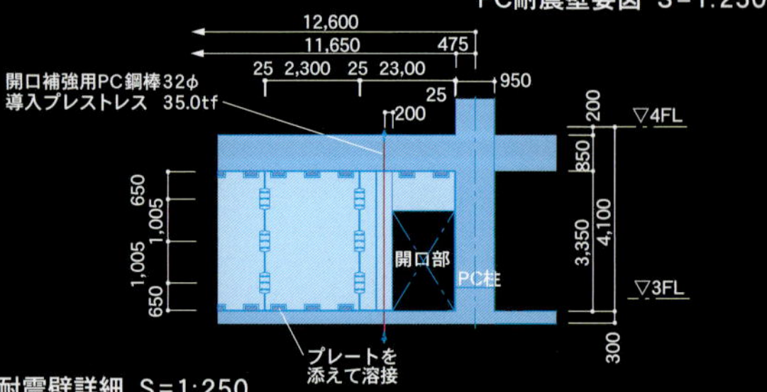

T-11 PC耐震壁詳細 S=1:250

ＰＣの建方

PC建方順序は，プレキャスト耐震壁がフレームの同一面内に配置されているので以下のような計画となった。

柱建込み→PC鋼棒の緊張→耐震壁の建込み（この時点ではサポートによる仮受け）→X方向・Y方向の大梁の架設→トリプルTスラブの敷込み→大梁と柱の仕口部分の目地型枠→無収縮目地モルタル詰め→目地モルタルの強度確認後，大梁と桁梁の二次緊張施工→仮受け中の耐震壁の建入調整後，梁・壁の打込み金物による溶接→壁周辺の目地モルタル詰め

以上の手順が建方サイクルとなる。
この計画の工程管理上でクリティカルとなったのは建方工程ではなく，PC部材間の目地モルタルの強度確認である。緊張圧着までに所定の強度を発現させるため養生をしなければならず，強度確認後に初めて次工程に進むことができるからである。さらに全体工程のうち，建方として使用できる期間は4か月程度であることを考慮して全体を2工区に分け，2台の重機で南工区と北工区の2方向から同時に建方をする計画としている。

解説　徐光

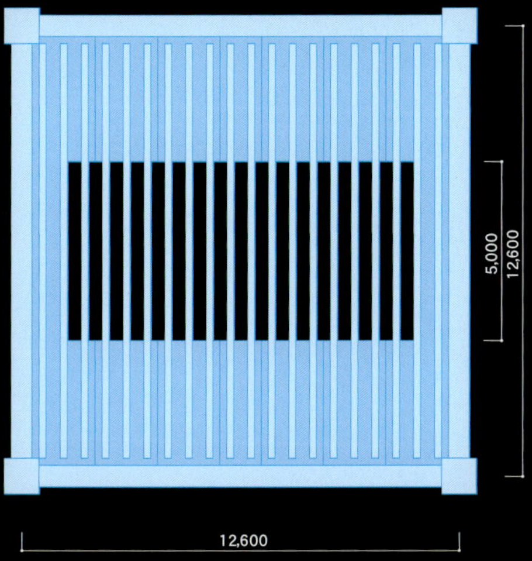

T-12　ダブルTスラブ（トリプルTスラブ）の並べ方

T-13

T-14

T-15

T-16

T-17

T-18

- 建築家　池原義郎
- 構造家　斎藤公男 & 長谷川一美
- 建築施工　戸田建設・永山建設・野口工務店JV
- PC施工　黒沢建設
- 竣工　2001年
- 所在地　山口県下関市

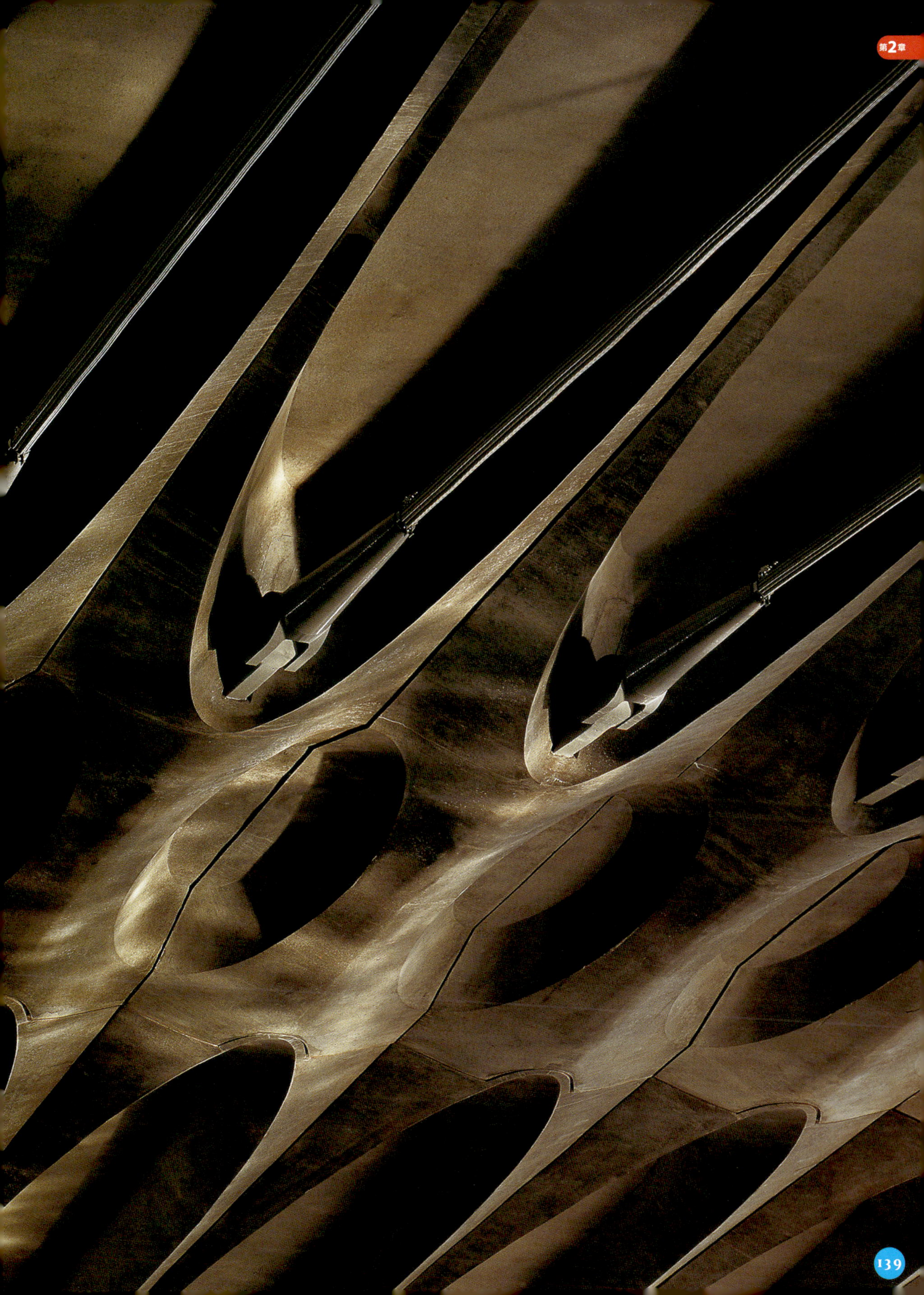

下関の唐戸市場は地域住民にも親しまれていた歴史ある旧卸売市場の老朽化により隣接埋立地に移転新築されたものである。敷地は関門海峡に面し，関門橋を東に臨む場所に位置している。市場の北側には海峡の守神である亀山神社があり，商店街，市役所にも隣接した下関市の市街地にある。新市場の計画にあたり「この立地を活かした建物が，商店街や行政庁等のある市街地と関門海峡を結びつけ周辺との連続性を持つことで，街とそこに住み働く人びとがいきいきと生活できる環境となることをねがっている」[1]という。実際，建物の配置は，亀山神社と関門海峡を結ぶ軸線を想定し，計画されている。

U-02

この市場はせり場の大きな吹抜け空間をもつ3層3階建で，亀山宮境内からの眺望，後背地からの景観に配慮し11.8mの低層の建物としている。せり場の屋根はスパン約45mのプレキャストの張弦梁と斜張構造からなる複合構造により無柱空間となっている。「張弦梁方式をとることで，プレキャストコンクリートのもつ強さ（重量感，耐久性の高いイメージなど）と弦材，束材のもつ繊細さの対比を意図した。立体的な屋根版と束ねられたケーブルがこの空間に緊張感を与え，ここで働く人びとの思いを受け止める。張弦ケーブルは屋根上の吊りケーブルとあたかもつながるかのように配され，この思いを吊り構造のポストが象徴する」[2]という設計者の思い入れがある。

開かれたこの市場は，見学者が2階デッキからのアプローチや，せり場，各売り場の賑わいを眺めることができるようになっており，そこから1階へ降りたり屋上へ行くことができる。屋上は，海峡を望むことのできる緑地広場として市民に開放され，水際に潤いを与えるとともに後背地からの眺望に寄与している。

U-04

ＰＣ版のかたち

せり場のプレキャストコンクリート版の底面がそのまま仕上げとなるこの屋根（床）版は，構造上の「力の流れ」の合理性と，曲線の組合せによる造形的な追求によって独特な断面形状をしている。このプレキャスト版について設計者は以下のようにコメントしている。

「プレキャスト・プレストレストコンクリートの採用に際し，耐候性，スケールメリットに加えて，『力の流れ』と『通常は隠蔽されてしまう材料』を視覚化することを意図した。ここではプレキャスト版の形状を可能な限りしぼり込み，プレキャスト緊張用のストランドケーブルをコンクリート内に封じ込めないで，張弦梁の弦材として露出させた。これによってプレキャストがつくる空間に軽快さと緊張感を獲得した」[3)]

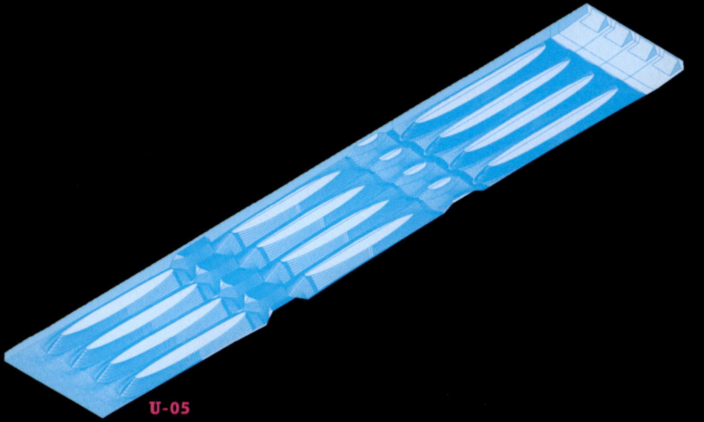

U-05

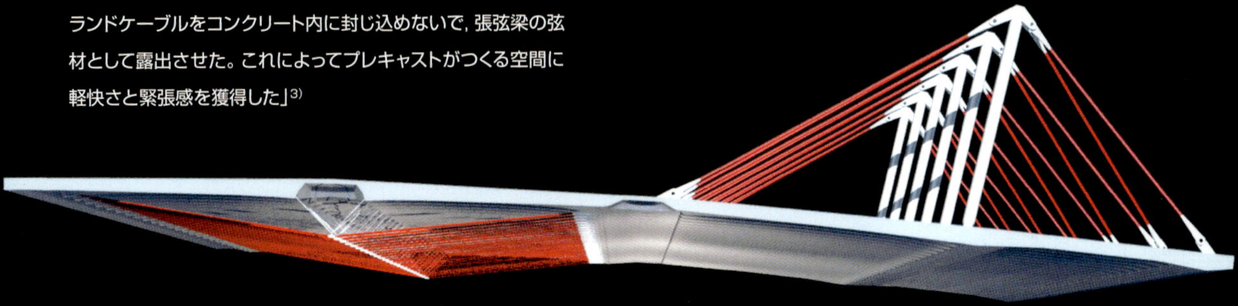

U-06

U-07

アウターケーブルの構造システム

PCというとコンクリートの中にケーブルを配置するインナーケーブル型が主流であり，アウターケーブル型は土木・橋梁にその例があるものの，建築では実例が少ない。しかし，この建物では，塩害に対する耐候性が必要な立地条件と，屋上庭園という機能条件によって計画の初期段階で既にPC案が浮上していた。市場という機能上天井高を高くしたい一方で，後背地からの景観を考慮し低層で計画されたので，梁のデプスは小さく抑える必要があった。吊構造の採用で張弦梁の負担スパンを短くすることができたが，このやり方は鉄骨造での実例があるが，PCで行った例はないであろう（せり場屋根のスパンは44.8m，張弦梁デプスは2,570mm，自重を除いた床荷重は810kg/m²）。

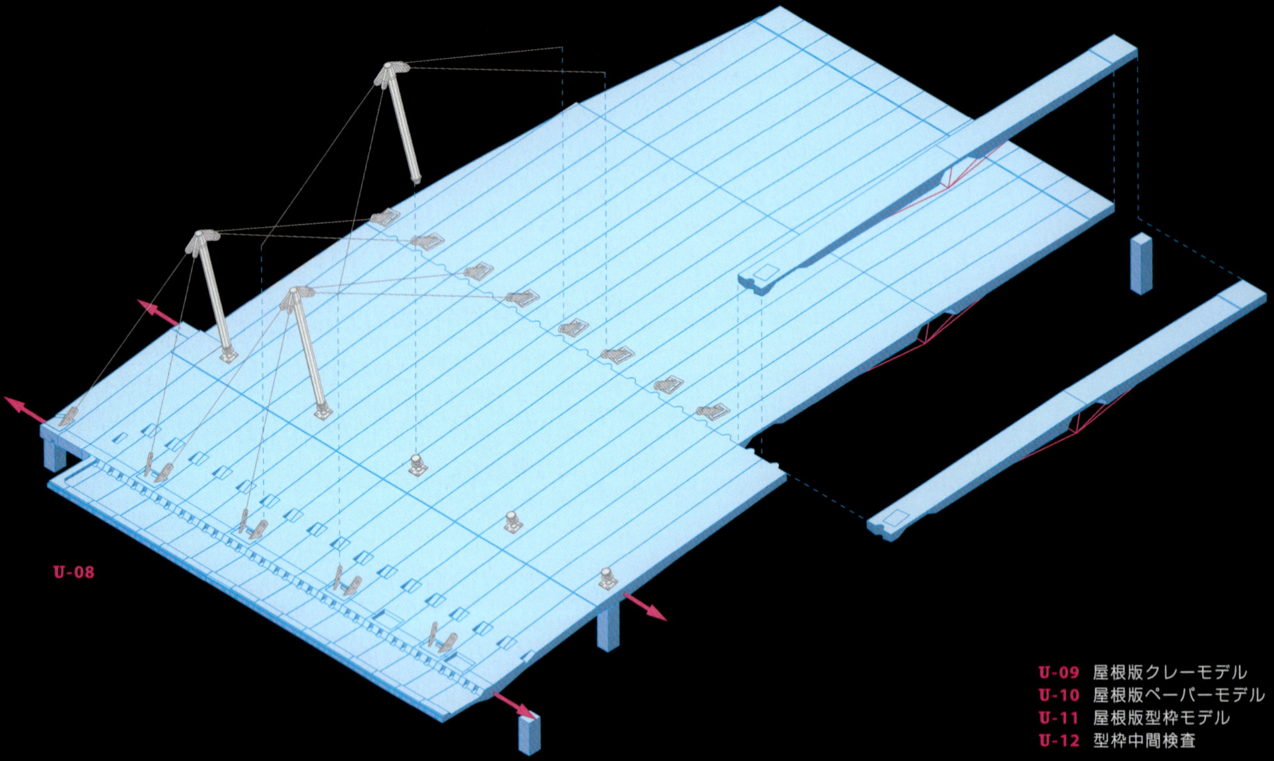

U-08

U-09　屋根版クレーモデル
U-10　屋根版ペーパーモデル
U-11　屋根版型枠モデル
U-12　型枠中間検査

U-09

U-10

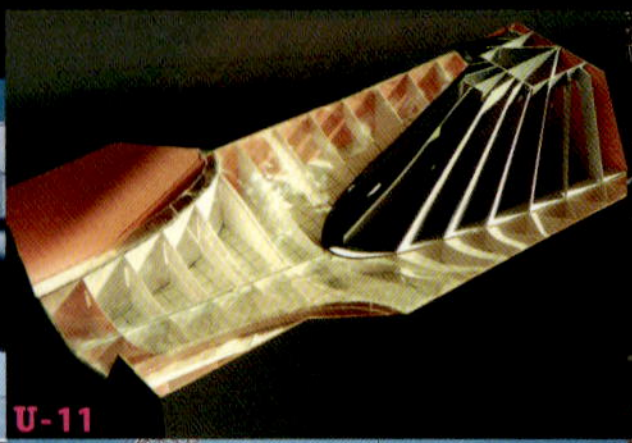

U-11

U-12

U-13

U-14

U-15

U-16

U-17

U-18

U-19

この市場棟は壁を除くほとんどがPCでできており，柱167ピース，梁383ピース，床448ピース，屋根90ピースで構成されている。屋根版の形状は「力の流れ」，「造形上の洗練さ」に加え，版を可能な限り薄くした「経済性」を盛り込むため，設計から製作・架設，完成へと何度も形状を検討し，また構造的にも検証した。そのプロセスは，クレーモデルで形状そのものを検討することから始まり，その後，ペーパーモデルで有機的な形状が幾何学的に洗練されたものとなり，アッセンブルモデル（石膏）にて製作プロセスの検討へと進行した。この間，インナーケーブルの配置との関係を検討するためのスライスされたモデルもつくられている。施工段階に入る際には，型枠のモデルとして原寸のモックアップを製作している。

U-20

U-21

施工計画は，完成形状から施工ステップごとに遡りつつ，その支持条件やストレス導入量を変えていくことで，ステップ時の応力を求める「逆工程解析」を行っている。この解析手法は施工順序に添った方法（順工程解析）と異なり，収斂計算なしに最適な解を求めることができる特徴がある。

屋根の施工は，2つのピースを地組みの段階で張弦梁にし，張力を片引きで導入。同時に吊屋根部分の2ピースを支保工上に設置。次に先に張弦梁となった2ピースを同じ支保工上に設置し，斜張部のバックステイを緊張し，屋根形状を完成させている。先の逆施工解析で求められた数値と完成時の計測による数値は，バックステイ緊張後の軸力はほぼ解析どおりで，プレキャスト版の変位は解析値で60mmUPに対し，実測値は32mmUP（解析値の約50%）であった。

解説　長谷川一美　尾崎友彦

引用文献

1）『池原義郎・作品1999−2001』新建築社，2001，p.19
2）『建築技術　2001年12月号』建築技術，p.28
3）『建築技術　2001年12月号』建築技術，p.36

U-22

U-23

U-24

V 北幸ぐうはうす－A

- 建築家　小林和教 & 山田博之
- 構造家　徐光
- 建築施工　藤木工務店
- PC施工　黒沢建設
- 竣工　2001年
- 所在地　神奈川県横浜市

一般市民の生活のためのPC建築

JR横浜駅から徒歩圏内にある32戸の内8戸をメゾネット形式とした賃貸集合住宅である。クライアントの強い要望で『長期に渡って魅力の衰えない高品質で高耐久性を持った集合住宅』をつくることが要求された。

そのために❶梁せいを極力抑えることによりできるだけ有効階高を大きくとること，❷明るく開放的なフレームとすること，❸長期間の使用のなかでプランや用途の変更にもフレキシブルに対応できるようSIを考慮した耐久性の高い躯体とした。また，敷地が43×13mと奥行きが浅く，当然建物自体も短辺方向に対しては塔状比の高い建物形態をもつため，靭性の強いスレンダーな構造フレームが必要となった。

これらの理由から多くの要素がPCに適しているのではないかと感じ，PCラーメン構造の採用を検討した。PCの採用によって，緊張力により小さな断面部材で大きくスパンを飛ばすことが可能となるし，リブ付スラブを採用し，小梁を廃止することによって，階高を確保でき，均質でより開放的な居住空間を提供することができるからである。また，さらに階高を稼ぐためでもあるが，天井の仕上げをなくす前提で見上げた際に美しいデザインのスラブを設計することも大きなテーマのひとつであった。

ただ，細長い特殊な形状をもつ敷地，使用が制限された全面道路，余地の少ない敷地でのPCストックヤードなどのいくつかの問題に対してどのように建方を進めていくか部材割を含めた建方計画が鍵になった。

V-04

V-03

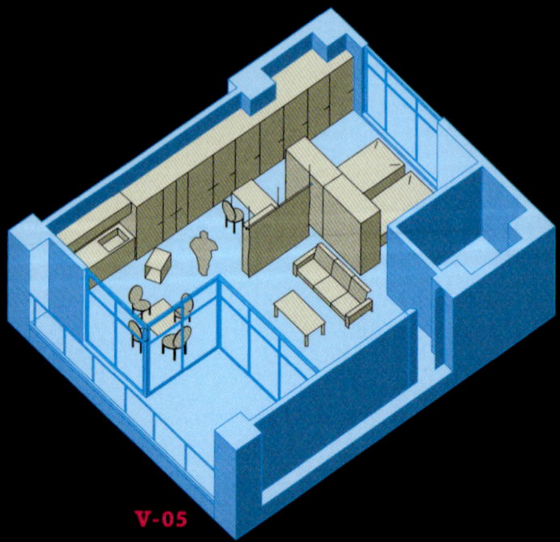

V-05

建方計画

計画敷地は，三方を中層建築に囲まれ，東側13mの短辺方向が前面道路に接していたが使用許可が取れず，北側の一部でタワーパーキングを計画していた部分が使用できる道路と接していたため，その部分を利用して搬入・建方を行い，タワーパーキングは本体の躯体終了後に施工することとした。また長手方向の長さはタワークレーンの旋回半径を越えているため，まずタワークレーンを敷地内のほぼ中央に設置，東側の2スパンの建方を最上階まで行った（V-06 ①）後，タワーパーキングの計画場所にクレーンを移動させてから西側の3スパンの建方を行い（V-06 ②）両棟を接合する方法を計画した。

また，敷地内にPC部材のストックヤードが確保できず，建方のタイミングに合わせて前面道路にトラックを横付けし，直接クレーンで搬入，建方を行なった。敷地に起因する悪条件をクリアすることによりPC造を実現可能にした。

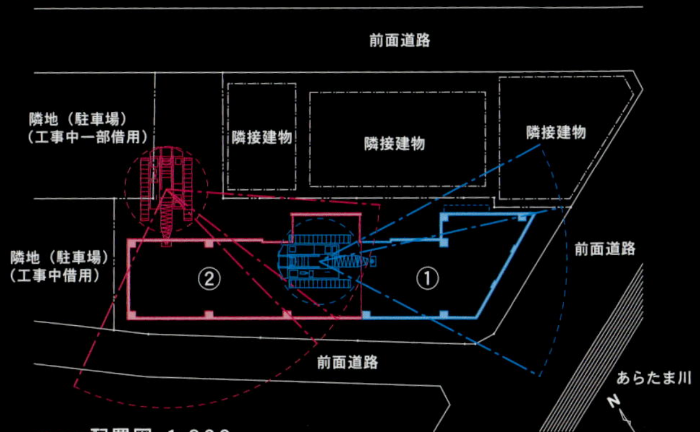

V-06 配置図 1:800

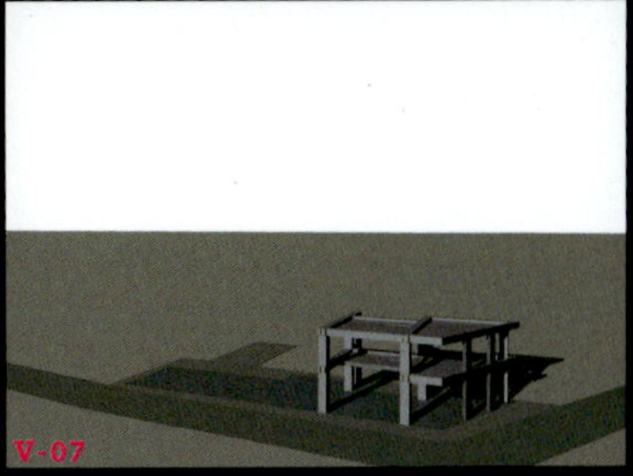

V-07

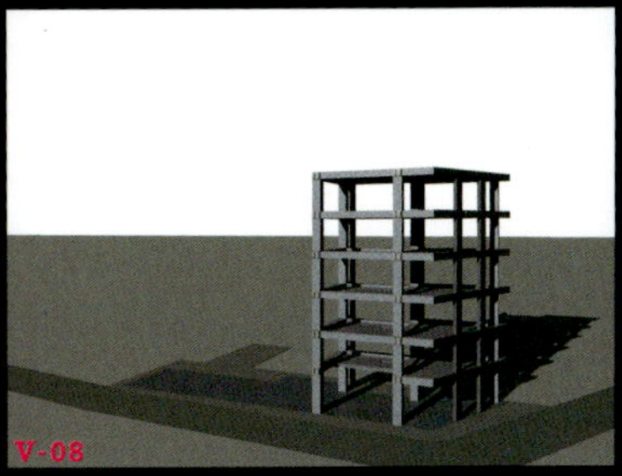

V-08

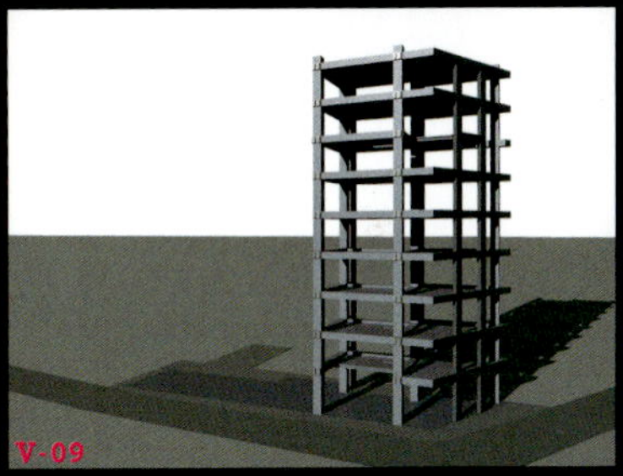

V-09

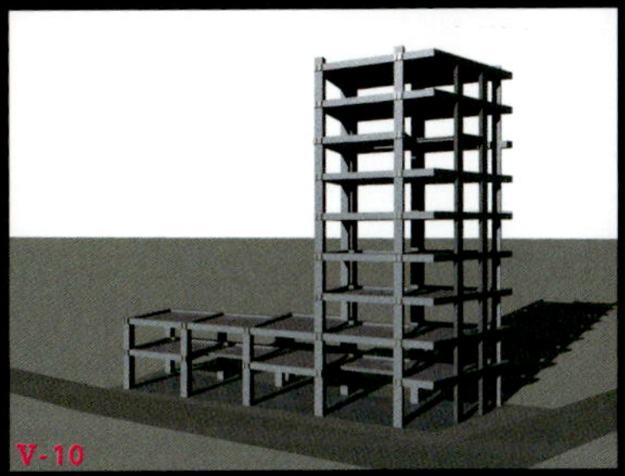

V-10

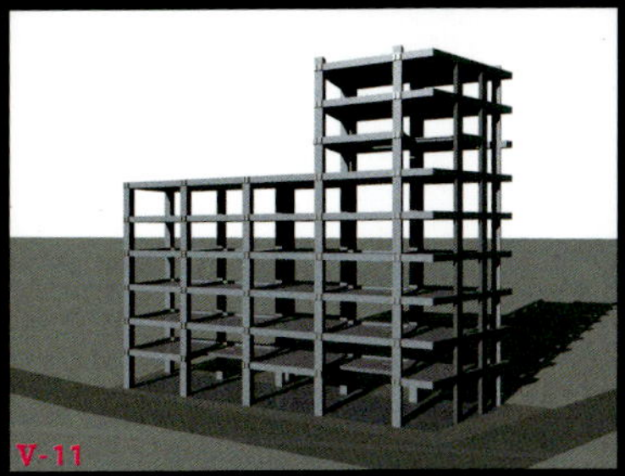

V-11

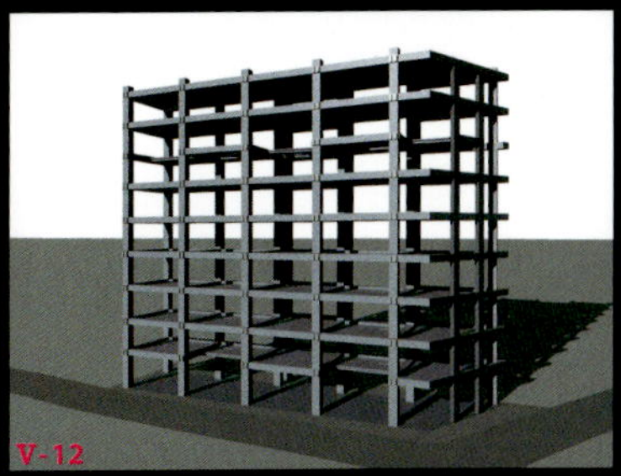

V-12

部材の構成

Fc=50N/mm², スランプ8cmの高強度コンクリートを用いたオールPC工法であり, 桁梁, 柱, リブ付スラブで構成されている。スラブは階高を得るために小梁をやめ, リブ付スラブとした。このリブ付スラブは天井を仕上げなしの表しにするため, 見上げた際の視覚的な効果も重要となったが, 工場生産だから容易にできる造形の自由さを活かし, 900mmピッチのリブをデザインした。さらに短辺方向の大梁を中心で左右2分割してリブ付スラブと一体化させたユニットとし, ユニット同士を圧着させることによって一体の梁として機能させる計画とした。階高を均一に揃えるため, 大梁の下端をリブの下端に揃えることによって, 上端はスラブの上端より高くなったが, 配管スペースとして使用する置き床の下に納まるため問題はない。長さはスラブの割付によって3分割になっている。これを現場でプレストレスの緊張力により圧着して一体化させる。圧着工法はRC接合に比べ接合部の曲げ耐力とせん断耐力が高く, フレームの全体耐力も大きくすることができた。

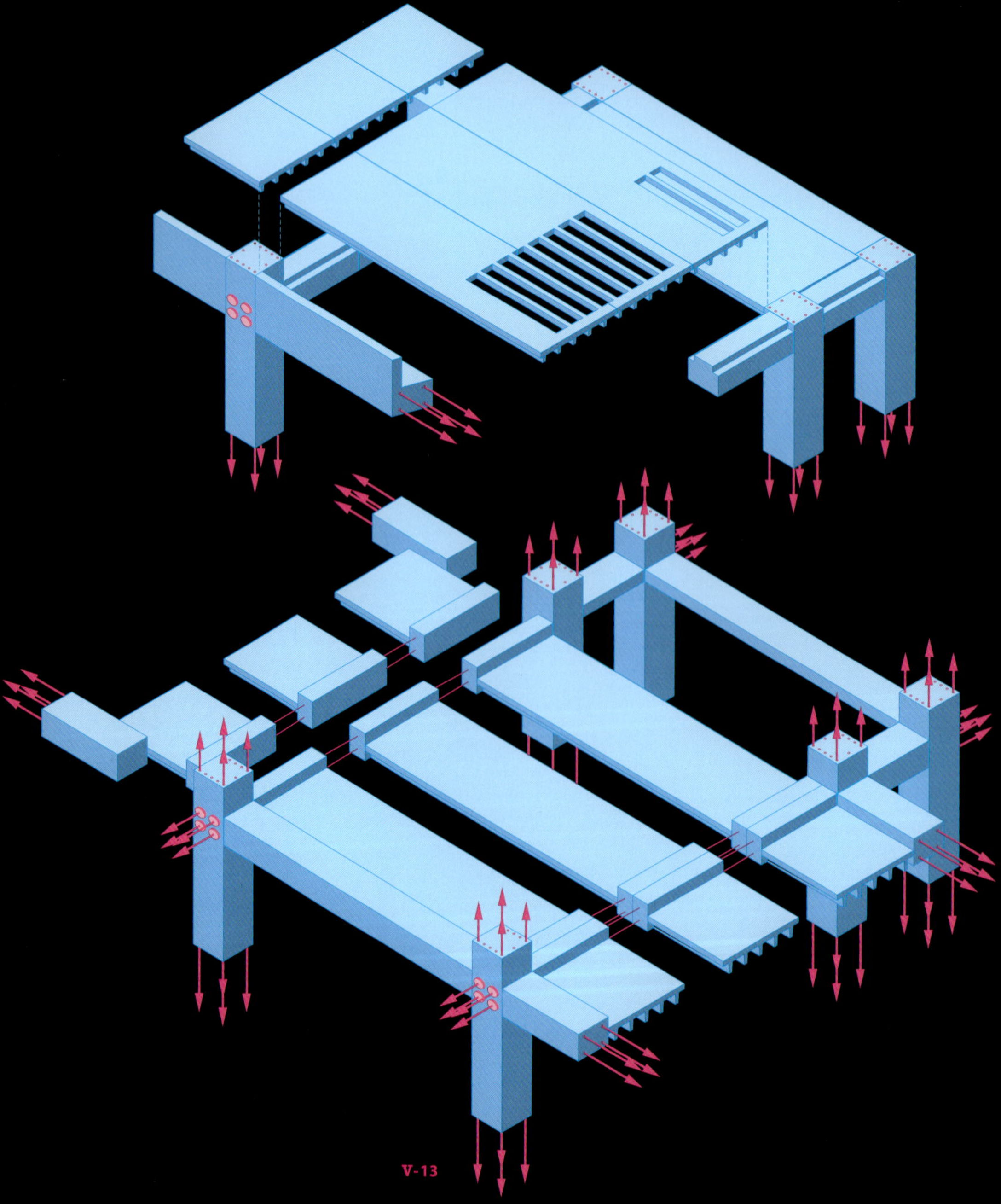

PC空間と人との一体化

この建物では，PCだから実現できた大空間が，借り主の入れ替わりや室内空間の自由な模様替えを可能にし，移り住む人々それぞれの個性的な空間をつくり出す手助けとなっている。V-14～17は，住居兼仕事場として使われている実際の住まわれ方の一例である。共有スペースとプライベートスペースは可動式のクローゼットで区別するのみで，クローゼットの上部やサイドからは光，風が通り抜け，心地よい開放的な空間となっている。高い天井や仕切りのない空間を活かし，天井に設置したプロジェクターから大型スクリーンに映し出されるシアターとしても活用されている。

玄関，キッチン，リビング，寝室，バルコニーまでフラットにつながっている床が高さを感じさせ，開口の大きいバルコニーは，室内空間と連結し広さや光を取り入れる役目を果たしている。プライベートスペースは，決して閉ざされてはおらず，壁面の十分な収納スペースは，移り住む人々の個性的な空間をつくり出す手助けとなっている。

PC独特の天井のリブは，平列した線の景観として空間を演出し，人工的ではない人間の生活，空気と一緒に呼吸する構造物となっている。

リブのPC建築は，構造計画としてもシステムの合理性があり，形状的に木造に似ている。また，住む人々にとっても生活空間として和みやすい親和性のあるデザインである。

解説　徐 光

V-14

V-15

V-16

V-17

第3章 基本構造システムの構築

建築構造は，多種多様なシステムが考えられてきたが，敷地の形状・用途・地域の条件などにより，さまざまな構造システムの中から最も適したものが選択，応用され，さらに独自の構造システムへと展開される。
本章では，基本構造システムを紹介しながらPCへの応用を考える。

徐光

ジョイスト梁構造（1）

平行な梁が並び，そのピッチが梁スパンより小さい場合を，ジョイスト梁構造という。平行に並んだ梁のスパンを大きく飛ばしたいというときに用いられるシステムで，梁間ピッチが小さくなるのが特徴である。

❶ ジョイスト梁構造は，スパン方向と桁方向とで呼称が分けられる。桁方向に柱を並列した場合，構造システムとしては純ラーメン構造であり，柱の剛性を十分確保することが重要となる。中央の曲げ応力が大きいので，柱の剛性が不足すると，ジョイスト梁であっても変形が抑えられないという問題が起こる。

❷ スパン方向の両端が片持ち梁となっている場合は，ジョイスト梁と片持ち梁の曲げ応力がバランスよく釣り合って，ジョイスト梁の中央にかかる正曲げ応力を小さくすることができる。この場合，柱の設計は，単純に水平力に対応するだけでよい。

❸ 桁方向に柱間隔が開いている場合は，スパン方向のジョイスト梁はラーメンを構成しない。この場合，ジョイスト梁の中央にかかる正曲げ応力と変形，および両端でジョイスト梁を支持する桁のねじれ応力にどう対処するかが問題となる。また，両端の桁のねじれ曲げとジョイスト梁両端のねじれせん断との釣合いに関しても注意しなければならない。

❹ 両端に片持ち梁がある場合は，両端支持の桁のねじれ応力が大幅に軽減されたバランスのよい構造形態となる。

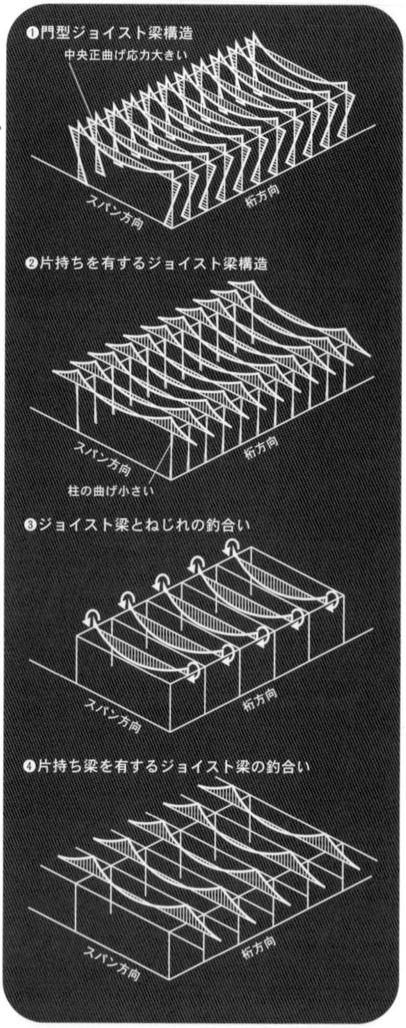

ジョイスト梁構造（2）

ジョイスト梁構造のスパン方向を，大スパンとするときは，梁に高い剛性と自重の軽量化が要求される。この場合，梁せい寸法の増大とフランジ断面積を確保することが重要になる。それを満たすためにリブ式梁，中空形梁，Box梁などが考案されている。PC部材の型枠の製作，コンクリートの打設や脱型なども検討しなければならない。さらにジョイスト梁の長さ方向での変化に対応した断面形状も有効である。

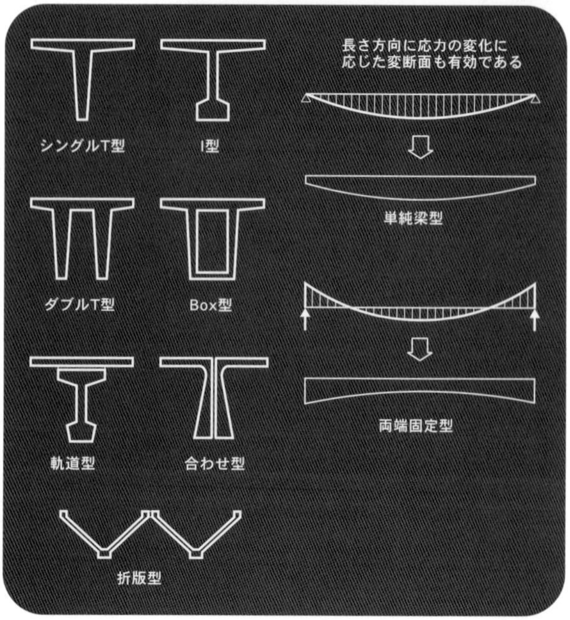

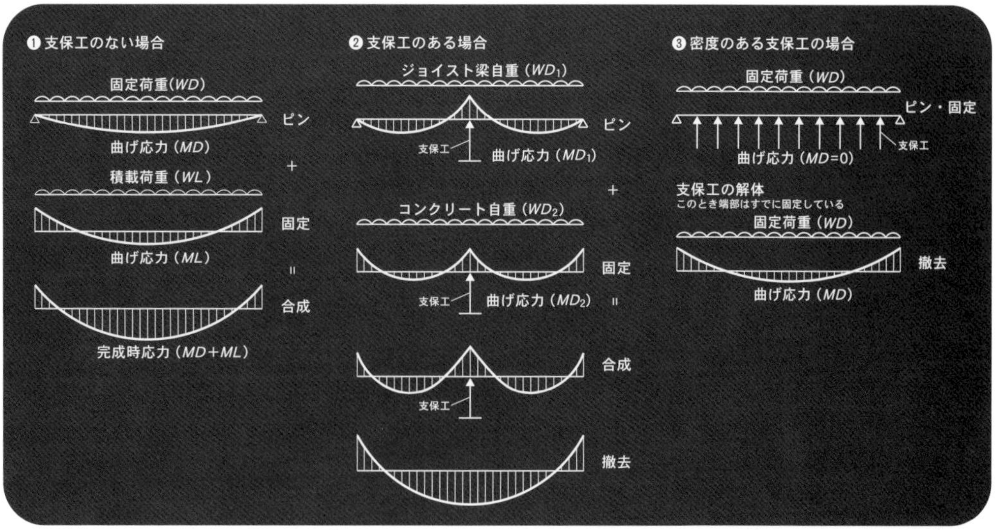

ジョイスト梁構造（3）

ジョイスト梁構造は，建方の順序によって施工時の応力が異なる。例えば，合成床の剛性を用いるかどうかによって，完成時の応力が違ってくることがある。そのためPC構造架構の応力計算は，建方ステップごとに算出する必要がある。図では，その一例として支保工の有無による応力の違いを紹介する。

ジョイスト梁構造（4）

ジョイスト梁構造は大スパンになりがちなので中央のたわみは，両端の固定の仕方で大きく変わる。実際には半固定になるので，その接合部のトラブル（局部損傷）を避けるディテールの工夫が必要となる。

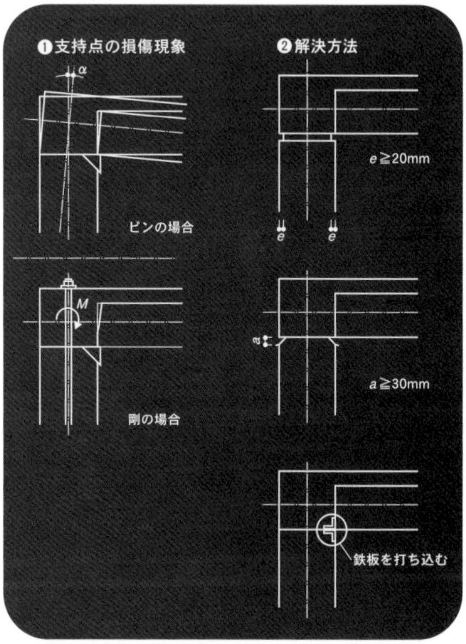

ジョイスト梁構造（5）

ジョイスト梁構造は，工場製作・運搬・重機の吊重量の制限などで分割されることが多い。梁のスパン方向や直交方向で分割しても，圧着原理を利用すればPC鋼材の緊張力で一体化することができる。

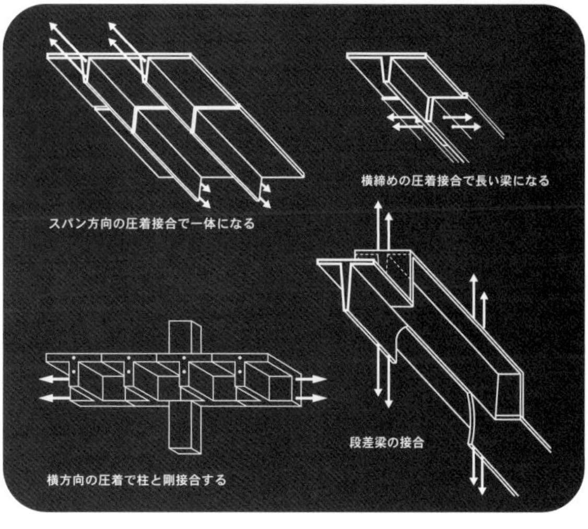

ジョイスト梁構造(6)

ジョイスト梁構造とその他の構造形式を混合することで，大空間をつくる架構形態を生み出し，新しい構造表現が可能になる。この場合はハイブリッドシステムと呼ばれている。
このハイブリッドシステムを用いる場合，混合する目的によって，応力の解析や建方順序に注意しなければならない。例えば，吊型ジョイスト梁の場合，吊材の初期張力を先に導入しておくことでジョイスト梁構造にかかる負担を軽減することができる。張力導入を後に行う場合は，主体構造はジョイスト梁となり，吊構造は積載荷重に関して有効となる。

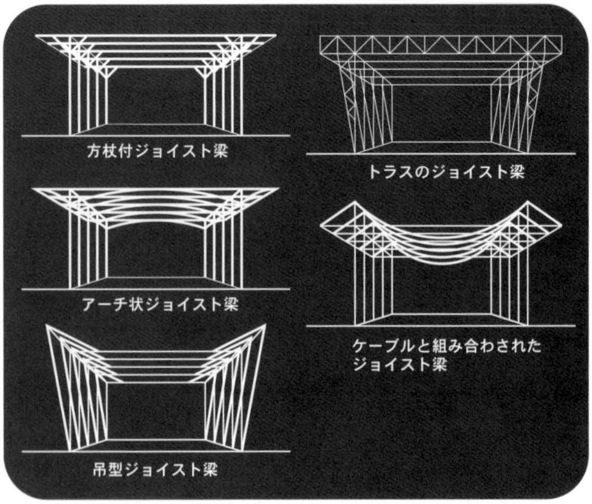

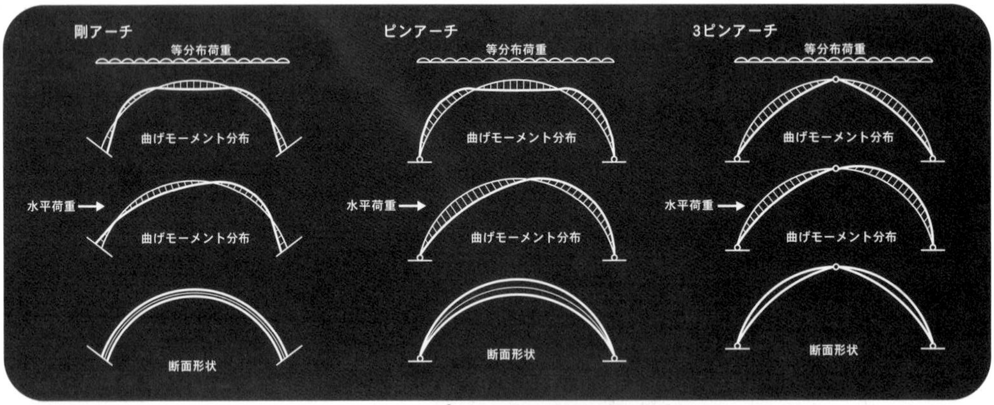

アーチ構造(1)

アーチ構造は，基本的に3種類のアーチ構造に分けられる。両端の固定方法や時期によってさまざまなアーチが構築される。PCアーチの種類ごとに緊張材の配線方法も異なる。

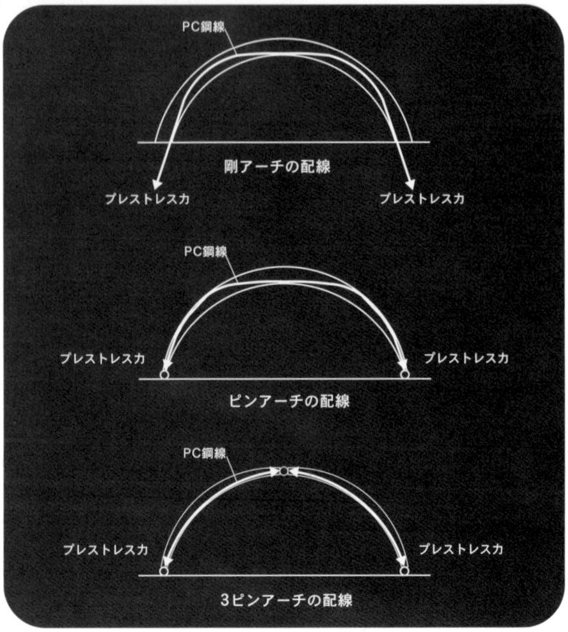

アーチ構造(2)

アーチ構造は，反転カテナリー曲線でない限り圧縮力だけで成立させることはできず，必ず曲げモーメントが発生する。アーチにプレストレス力を導入して曲げ応力を相殺させることができ，断面をより小さくすることができる。
鉛直荷重のような等分布荷重に対しては，プレストレスの効果を十分発揮できるが水平力や特殊な偏荷重による曲げに対しては必ずしも効力を発揮するとは限らない。しかし，アーチのような大スパン構造では，右図のような常時発生する応力（長期応力）に対して設計しておけば，非常時の応力（地震や風など）の検討も必要ではあるが，配線計画まで影響されることは少ない。

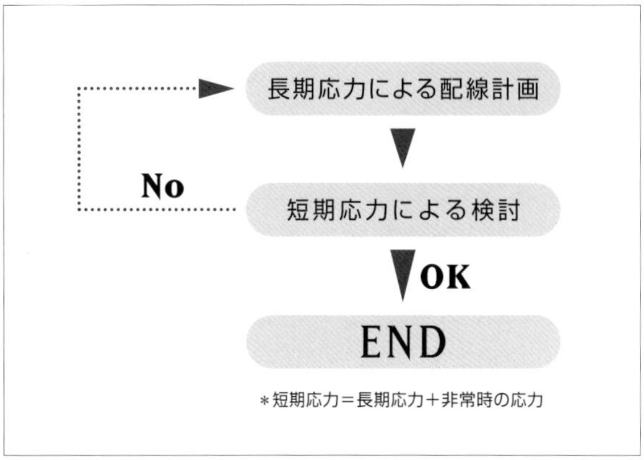

アーチ構造(3)

アーチ構造でも，完成時だけではなく，施工時のアーチ部材および脚部の検討が重要で，プレストレス力の導入時期やクレーンの吊上げ応力などの計算が必要である。❶のように自重によりアーチにすべり（スラスト）が発生してしまうと設計した状態と大きく変わってしまうため，❹のようにつなぎ材や補強材をあらかじめ仮設時に検討する必要がある。

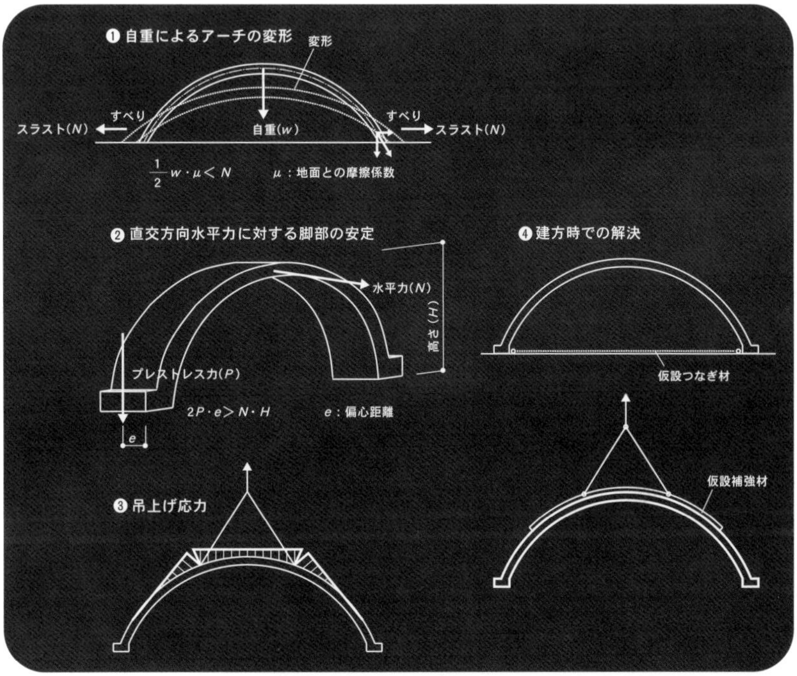

アーチ構造(4)

アーチ構造は，圧縮力が主応力として働く原理を用いているので，非常に薄い中空形状でも構造的に成り立つ。ジョイスト梁構造(2)の断面よりさらに小さくなる。しかし，脱型時や建方時を考慮すると，ある程度の剛性が要求される。それで，軽量化のためには，リブ付版または中空のアーチなどがよく用いられている。

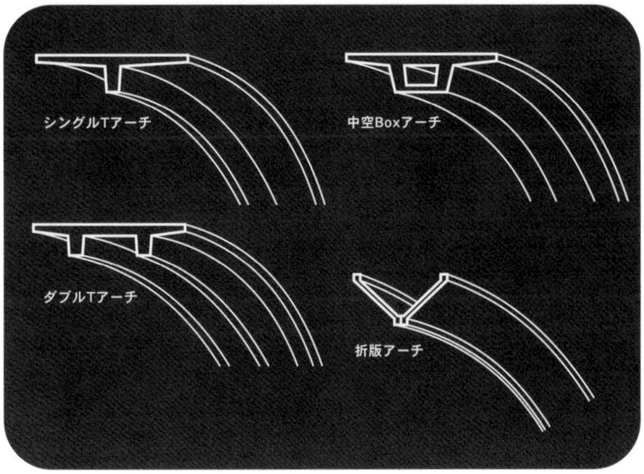

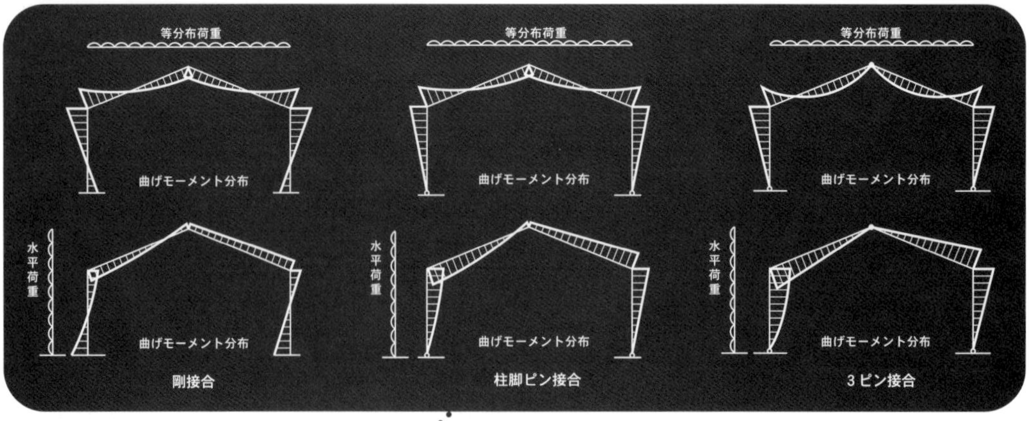

山形フレーム構造(1)

山形フレームはアーチ構造と同様，軽量化と大スパンを同時に実現できる構造形式である。山形の効果で，大スパン梁の曲げモーメントを頂点で押し上げることができる。PCの山形フレームも少量のプレストレス力で曲げ応力を制御することで，より軽量化できる。

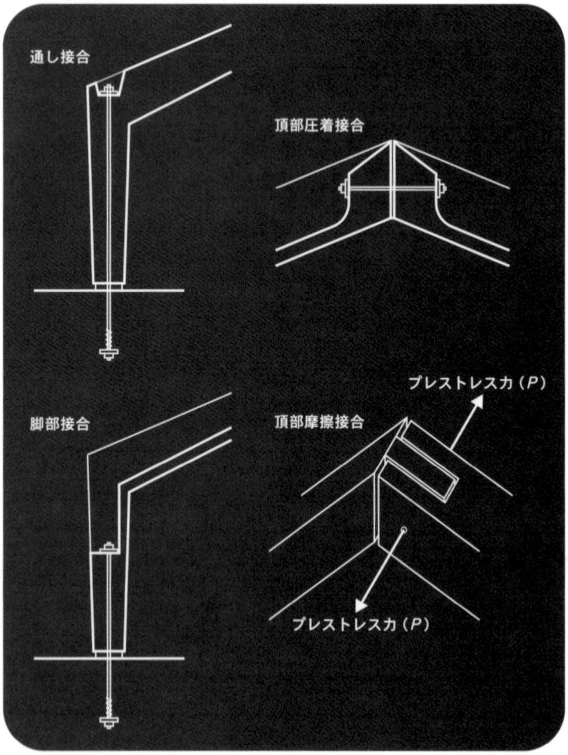

山形フレーム構造(2)

山形フレームの製作は，ピースごとに分割され，現場で接合することになる。通し接合や脚部接合は，基礎との固定に使われ，山形頂点の接合方法にも各種の考案がある。

山形フレーム構造(3)

山形フレーム構造では，肩の部分を分割点に選んだ場合もその接合方法は多様である。基本的には，圧着または摩擦で剛接合になる。

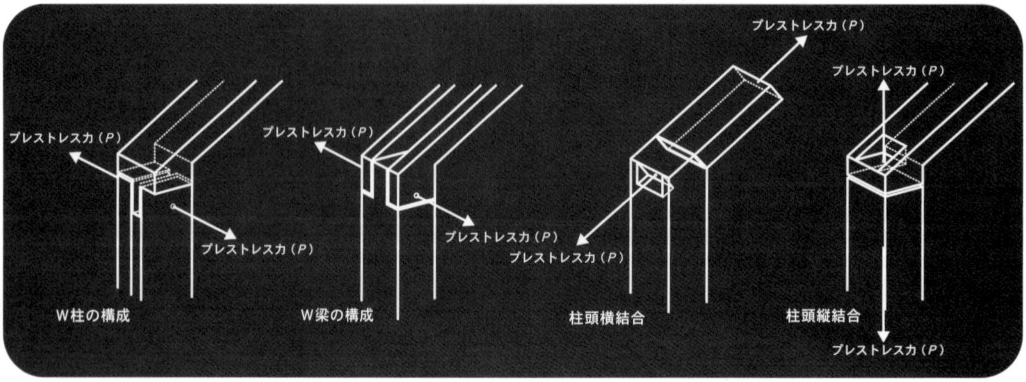

片持ち構造(1)

柱を独立して建てる場合は，柱脚部の構成が最も重要で，これにPCを用いる場合は，柱脚には，長期応力に対してPC鋼線を配置するが，短期応力の検討も同時に行わなければならない。片持ち梁をこのような柱で支える場合は，特に片持ち梁の上下振動による応力や変形を考慮する必要がある。

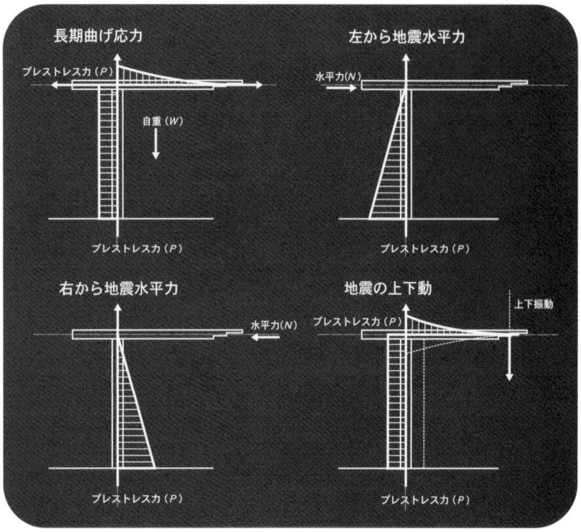

片持ち構造(2)

ホールの客席などに多用される片持ち梁は，PCであれば簡単に実現することができる。しかし片持ち梁の長さが大きくなれば，梁の有効緊張力という問題に対処することが重要になる。したがって，PC鋼線を緊張するときに，部材の長さ方向に自由に収縮することができるようにする。

＊有効緊張力とは，導入される緊張力に対して部材に実際に働く有効な緊張力のことをいう。

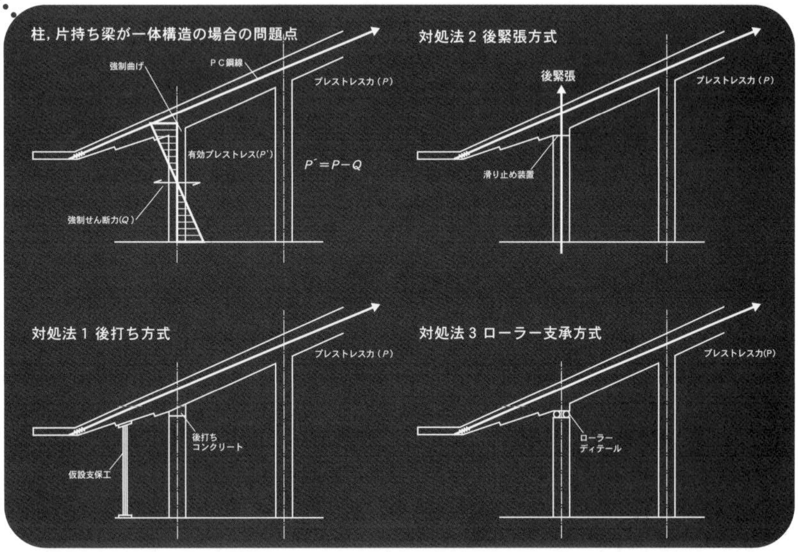

片持ち構造(3)

片持ち梁の応力度分布は極めて明確である。上端の引張力によってコンクリートの表面にひび割れが生じることがあるが，プレストレス片持ち梁にすれば亀裂を防止することができる。全断面を圧縮にすることで，ひび割れが生じない長い片持ち梁を

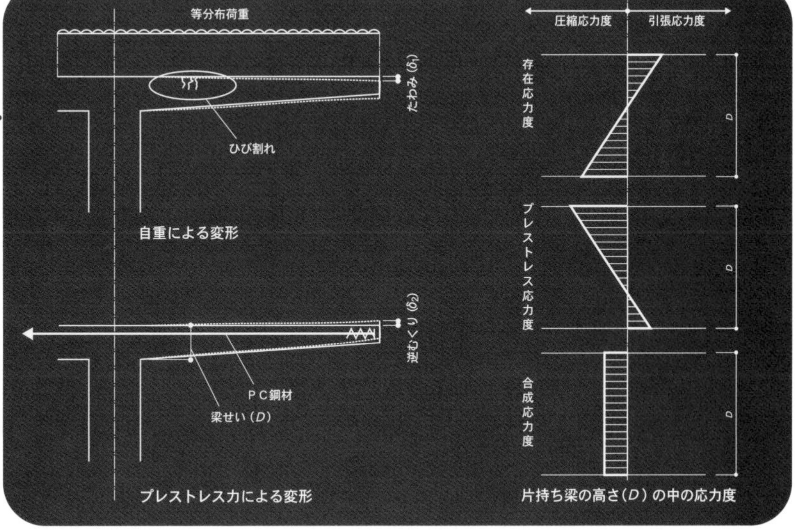

つくることができる。プレストレスを用いて5～6mの長さの片持ち梁とすることが簡単にできる。

片持ち構造(4)

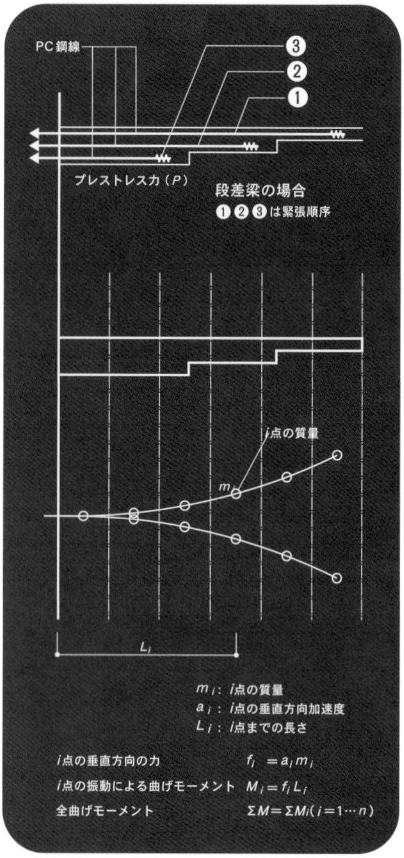

片持ち梁は，先端にいくにしたがって，曲げ応力が徐々に減少する。その応力によって，必要なプレストレス量および断面が小さくなるので，合理的な断面とPC鋼線の配置になる。

緊張の順序は，

❶ → ❷ → ❸

となる。

片持ち梁あるいは片持ちスラブの積載荷重による上下振動および地震による上下動についても検討する。断面決定上は一次モードによる振動形を考慮して長さ方向に分割して各質点質量の加速度によるせん断および曲げ応力を算出するのがよい。

片持ち構造(5)

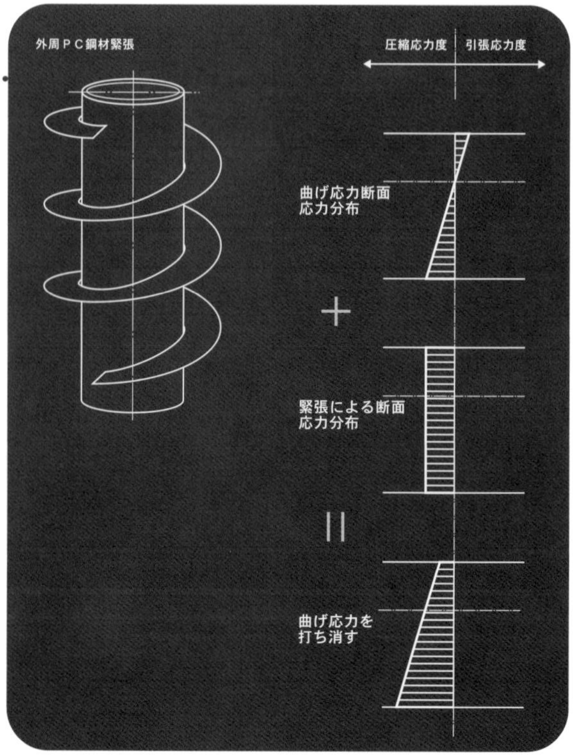

ランプウェイのような螺旋形のプレキャスト版を持ち出した構造は，外部リングに適切な緊張力があれば，版の片持ち方向の曲げモーメントを軽減することができる。

これにより，先端の変形が非常に小さい状態で片持ち構造が成り立つ。リング効果がない場合，片持ち構造(1)～(5)までの構造になる。

片持ち構造(6)

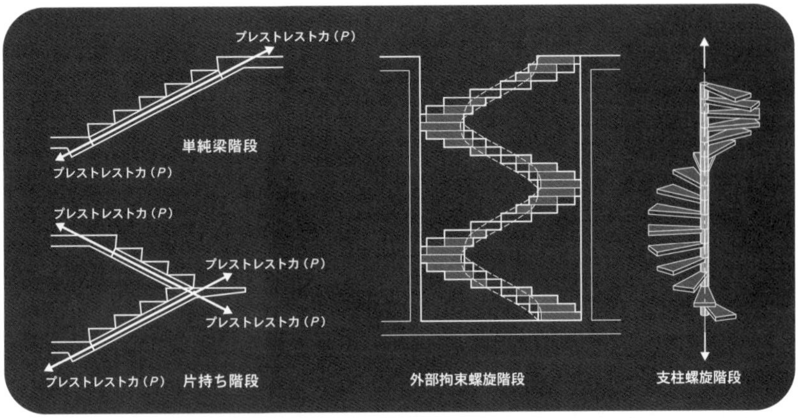

階段ではPCが部材としてよく利用されている。段板は同じ形状のシステムであることから，現場での型枠，配筋など複雑な作業を避けられるため，階段をPC化することは省力化となる。PC階段のプレストレスの導入により，片持ち階段，大スパン階段などが簡単に実現できる。階段をPC化することでデザイン面でもさまざまな表現が可能になる。

フラットスラブ

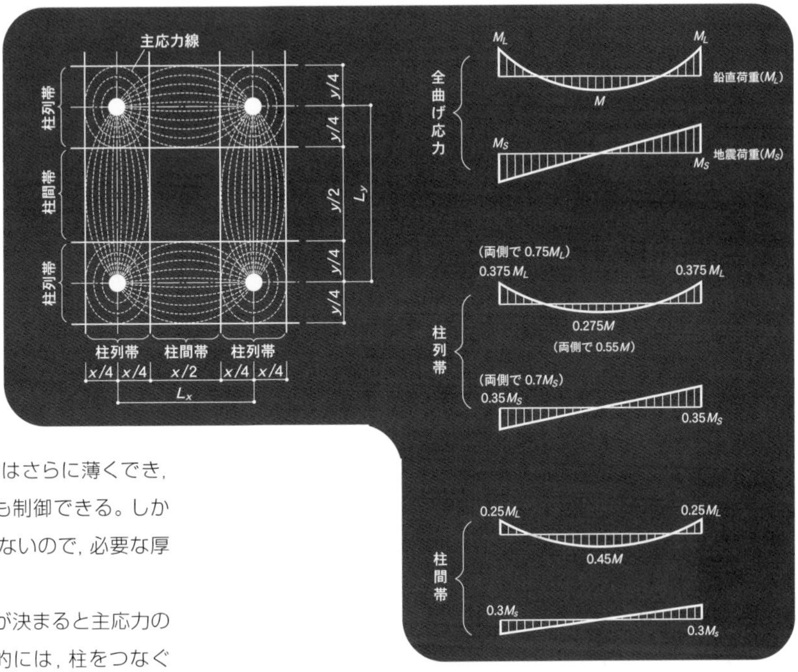

フラットスラブ構造は，内蔵梁床版とも呼ばれる。PC鋼線の導入によって版の厚みはさらに薄くでき，床版のひび割れや床版のたわみも制御できる。しかし，床の振動を抑えることはできないので，必要な厚みは確保しなければならない。

フラットスラブを支える柱の配置が決まると主応力の分布状態が決まってくる。基本的には，柱をつなぐ部分を柱列帯，その他を柱間帯と呼んでおり，柱列帯は柱間帯と比べるとより大きな応力が発生する。

ジョイストスラブ(1)

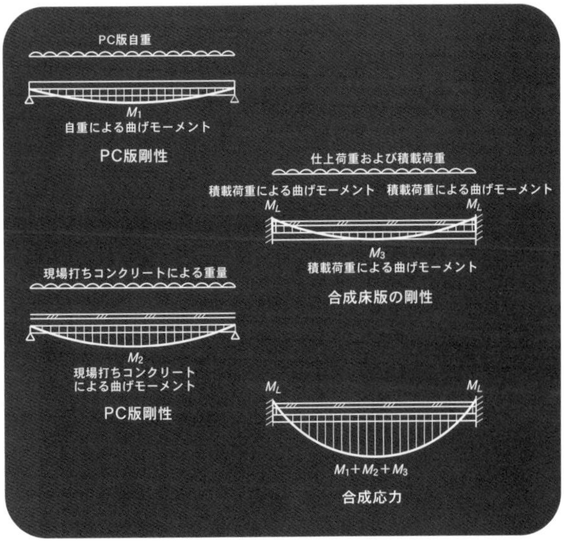

ジョイストスラブは，ジョイスト梁構造と異なり，1方向梁と床版とが常に一体になっている。応力的に全断面が有効断面になるため，小さい梁断面の構成により，有効な天井高の確保ができ，支保工も不要となる。

実用的には，ジョイストスラブの上に現場打ちコンクリートを打設することが多く，それを合成床版と呼んでいる。施工の段階ごとに床の性能は変化するので設計に反映する必要がある。

PCの自重およびコンクリート打設時の変形は，PCそのものの剛性による。しかし，仕上げおよび積載荷重が加わる段階では，複合された合成床版の剛性が得られる。そのため，積載荷重による変形性能が上がり，振動を低減させることができる。

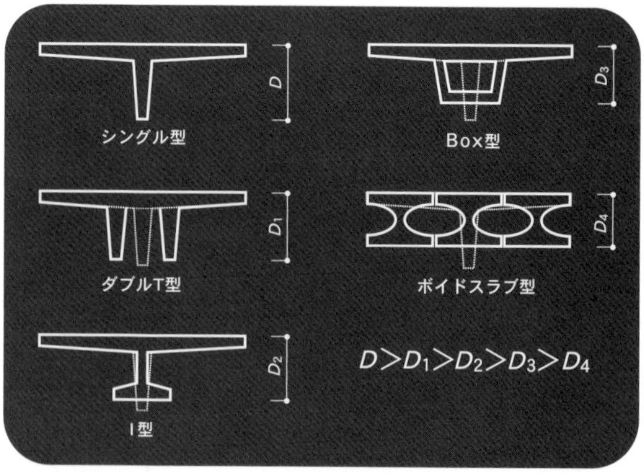

ジョイストスラブ(2)

ジョイストスラブは，スラブ幅が大きく小型のリブが付き，下端フランジの形状によりさまざまな断面形状を得られる。その形状は発生応力に最も適したものを選定することができる。同時に設備などさまざまな建築的機能も満足させることができる。

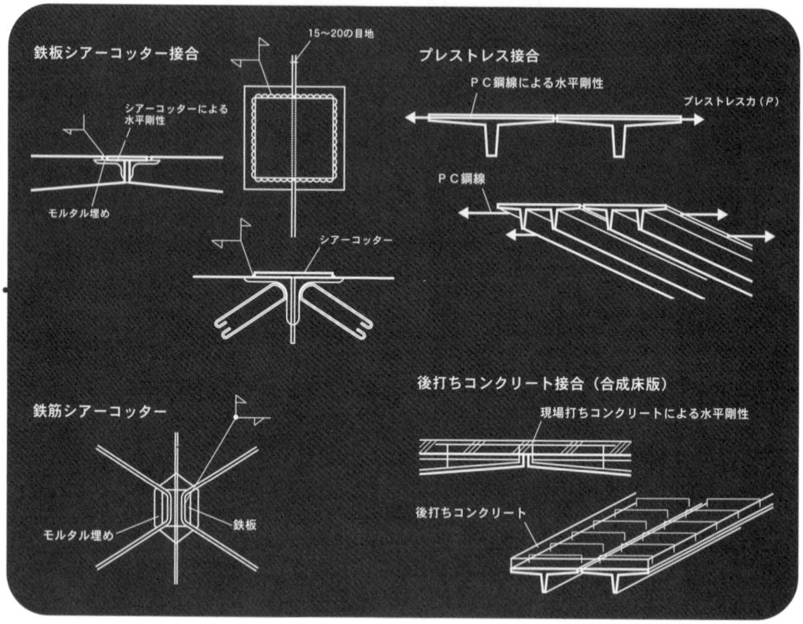

ジョイストスラブ(3)

ジョイストスラブでは，床版同士の接合が水平剛性を確保する上で重要である。上面に現場打ちコンクリートを打設し，その付着力が面内力として伝達する方式が合成床版の原理である。その他にシアーコッターで版同士を接合する，あるいは版同士にPC鋼線を通して圧着するなどの接合方法もある。

格子梁(1)

格子梁は，2方向に鉛直荷重が分担されるので，梁のサイズを1方向梁の約半分とすることができる。また両方向のスパンが異なる場合は，梁の剛性比率によって応力を分配する。斜め格子の場合は，交差した梁格子の応力分担は異なり，隅角部に応力が集中する。格子形状のタイプとしては，直交格子，斜交格子，斜交＋1方向格子，直交＋斜交格子などが代表的である。他にも合理的な考えとしてはネルヴィの主応力線に沿った格子梁構造も面白い。

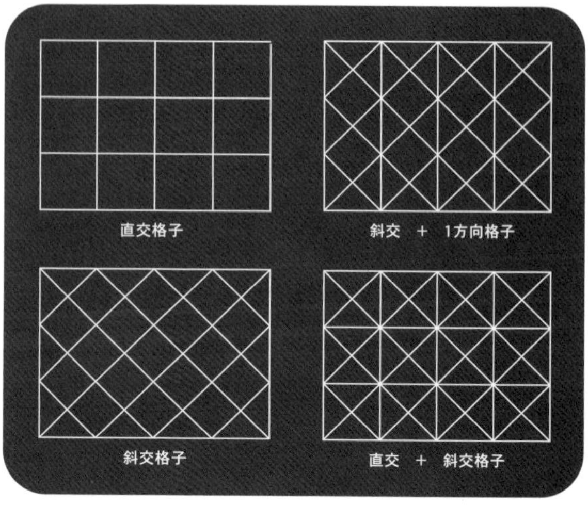

格子梁(2)

格子のピッチおよび梁の断面は相互に影響しあっているので，格子梁の分割方法は重要である。また，格子梁の製作および運搬・建方で大きさが制限される。格子梁の分割によって支保工が多くなることもある。プレグリッドシステムは，版分割のシステム例である。

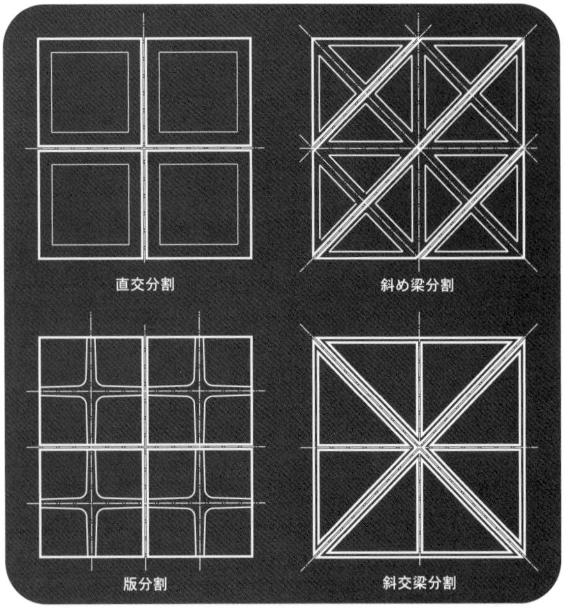

格子梁(3)

PC鋼線の配置は，そこに発生する応力に応じて必要なプレストレスを導入する。平面上は縦横ともにプレストレスを導入することが望ましい。格子梁の緊張は，中央から両側に向かって縦横同時に段階的に行う。

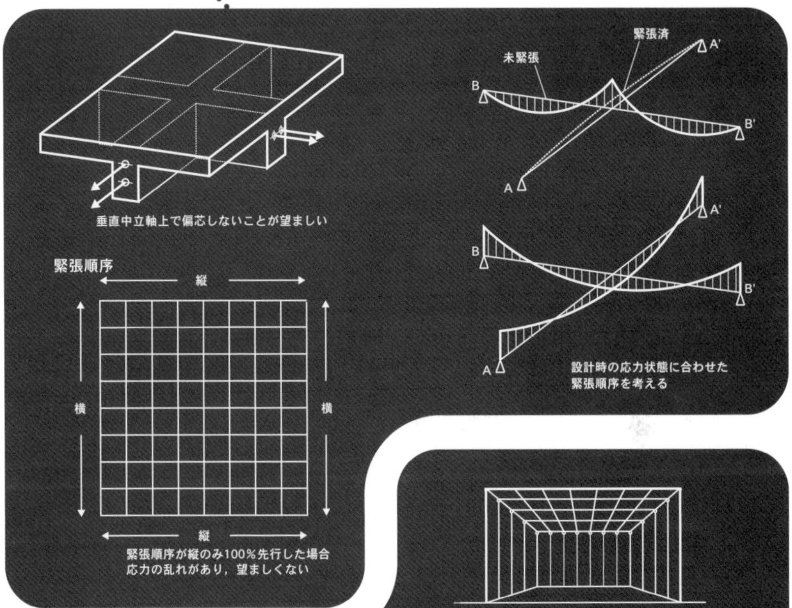

格子梁(4)

格子梁が水平力に対して有効であるかどうかは，格子梁両端の支持条件によって異なる。境界条件によって各部材の応力を割り出し,断面が決められる。壁支持とする場合は，壁の面外剛性および耐力を検討しなければならない。応力解析も，施工時応力状態を考慮して格子梁の両端固定前と固定後の2段階で検討する必要がある。

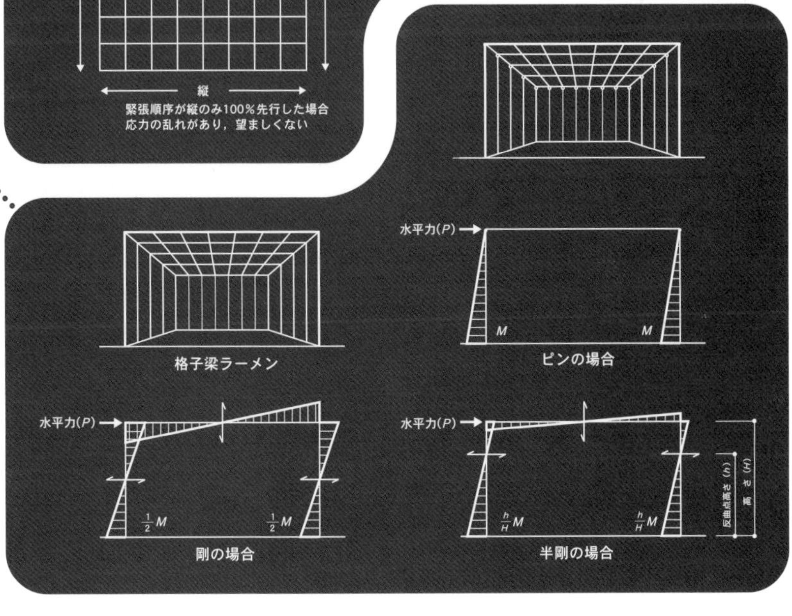

壁構造(1)

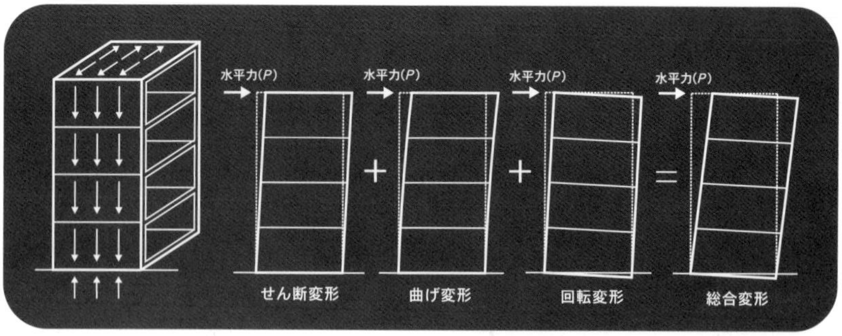

壁構造は，鉛直力が壁面に沿って基礎まで到達する方式を指す。水平力に対しても壁のせん断力で抵抗するが，連層する壁構造の変形は，幅･高さ比によって大幅にせん断成分と曲げ成分の割合が異なる。そのため，壁面内のPC鋼線の配置と量が異なる。壁の軸力効果は，長期軸力とPC鋼材緊張力を加算することができる。

壁構造(2)

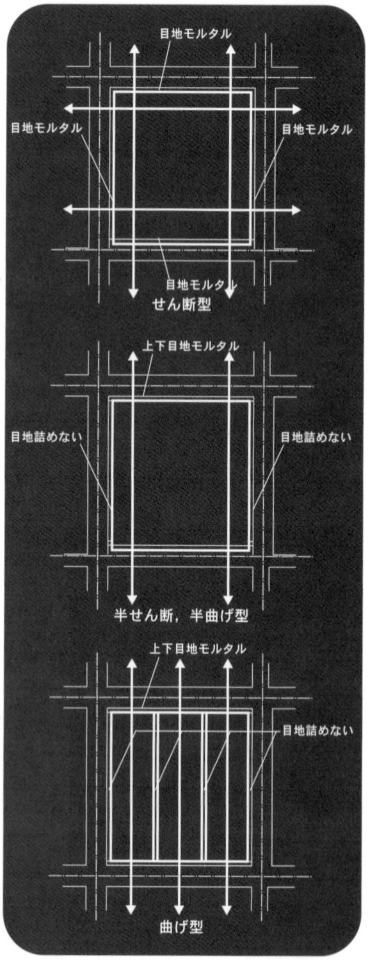

壁構造は壁付ラーメン構造と純壁構造の2種類に分けられる。壁付ラーメン構造の場合は，壁パネルの分割法および目地の目地処理，緊張の仕方で耐震壁に発生する応力を適宜制御できるという利点がある。

壁構造(3)

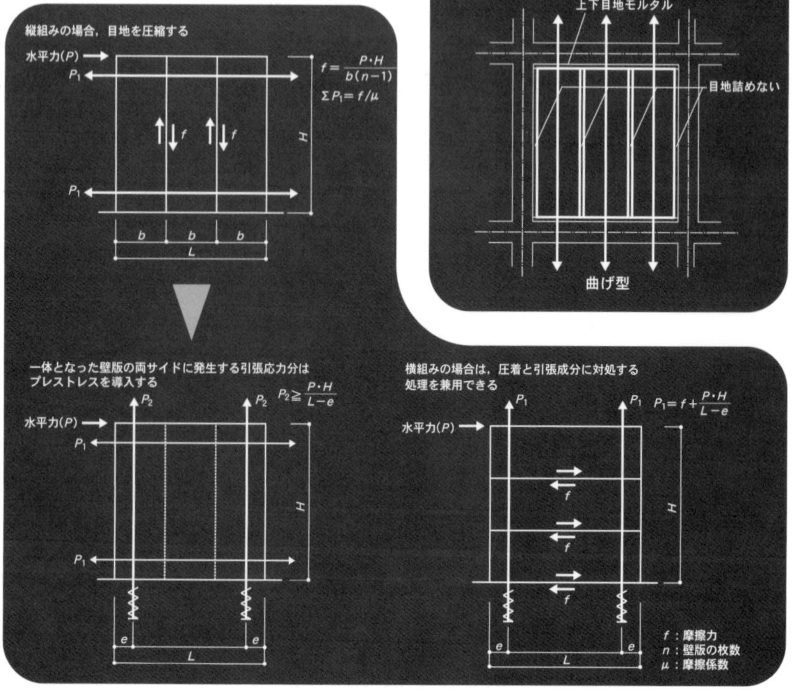

純壁構造は，柱型，梁型のない魅力的な空間をつくることができるという大きなメリットがある。組立は圧着工法で，目地に発生するせん断力に対してはPC鋼材の緊張力による摩擦でまかない，壁版の周辺に発生する引張力に対しては緊張力による圧縮場で対処する。

折版構造(1)

折り紙の強さと剛性は周知のことであり，折版構造は，薄肉で軽量化を実現できる構造形式である。

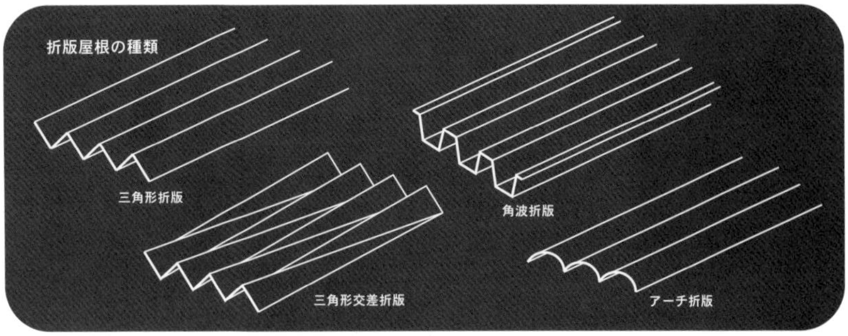

折版構造(2)

折版構造は，方向性が明確で，長辺方向の端部によって支えられ，各々の折版の水平方向のバランスによって形を保持する。そのため，折版のせいが異なる場合や末端部はバランスを保持できないので対処が必要である。部材の分割はV型やU型となるが，ちょうど雨樋を兼ねるような形状になるため，大型建物の屋根に適している。

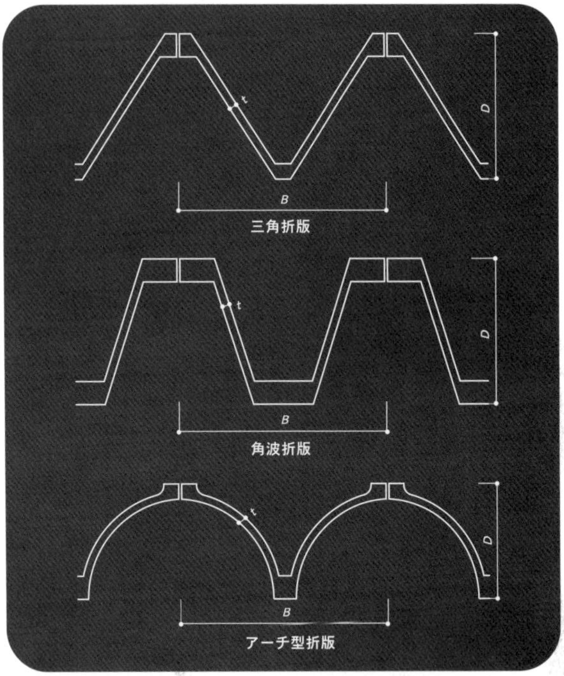

折版構造(3)

折版構造は主に屋根に用いられるが，柱，壁にも使い，立体的折版とする例もある。しかし，屋根版と壁版との接合部には工夫が必要である。

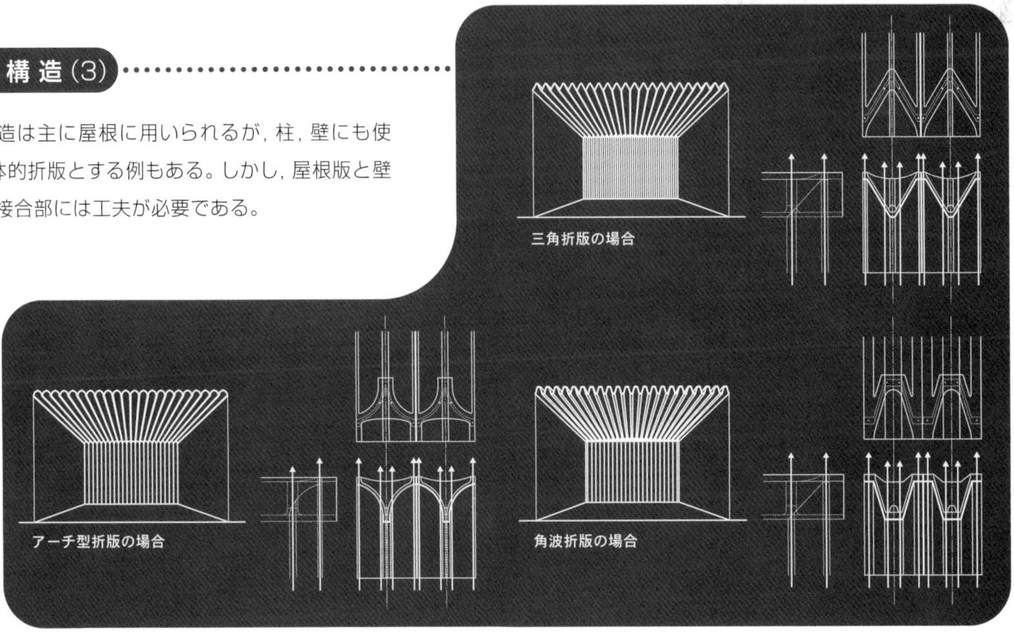

ラーメン構造(1)

ラーメン構造は，すべての構造の基本ともいえる単純ではあるが含蓄のある構造形式である。平面架構と考えれば，基本単位は2本の直線の柱と1本の直線の梁で構成される。

ラーメンの各部材間の接合条件で応力および変形が異なるため，それに合わせてPCの部材分割を計画するとよい（❶）。

ラーメン構造の柱・梁接合部には角度が保持される剛域をつくる。長期荷重に対しては剛域を完全に保持できるようにし，中小地震に対して弾性力をもつ

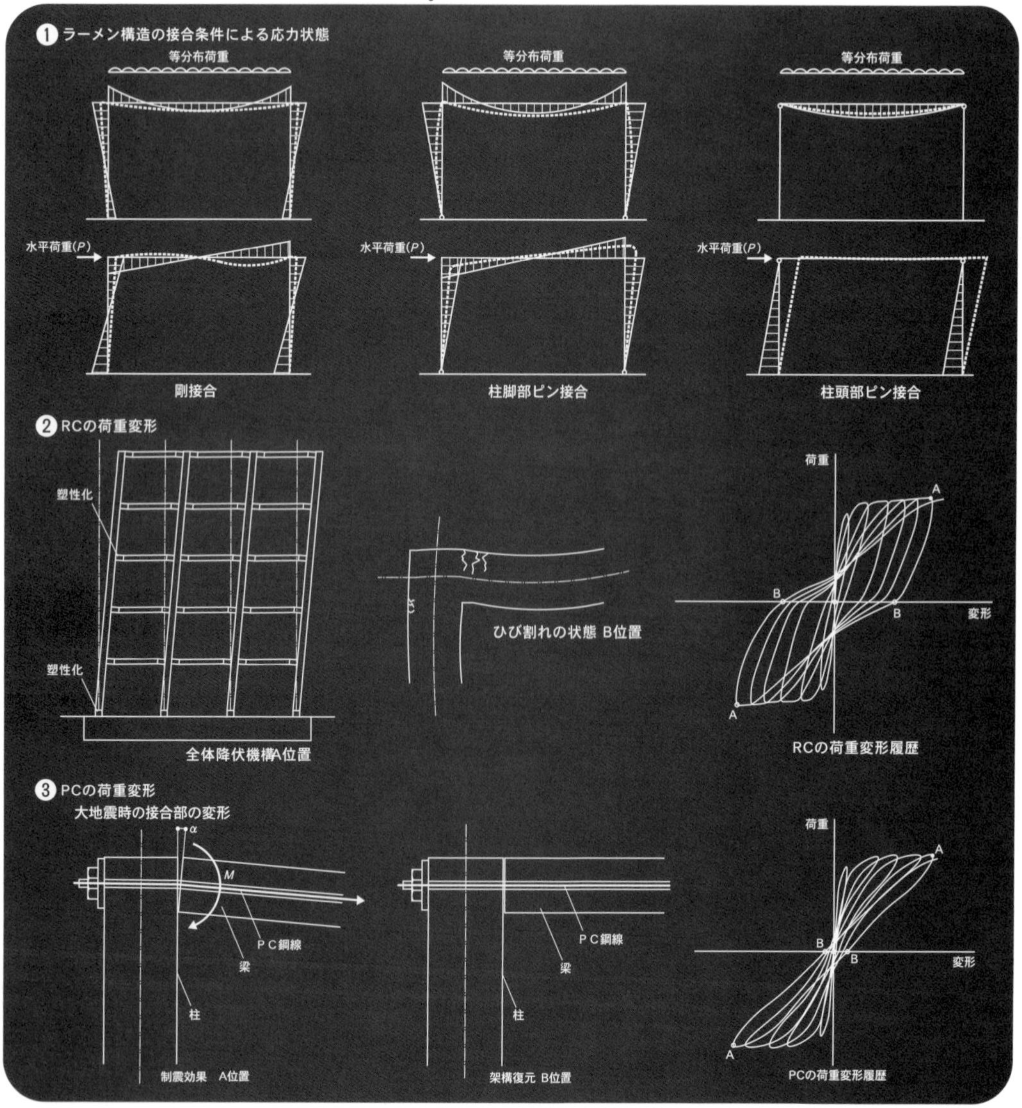

❶ラーメン構造の接合条件による応力状態

❷RCの荷重変形

❸PCの荷重変形

剛域とする。大地震時にラーメン構造が接合部で塑性化を起こし，架構全体の水平剛性が低下し，それ以上の水平力に抵抗できない。
しかし，現在の耐震設計法は，架構の一部を塑性化して地震のエネルギーを吸収し，建物の倒壊を防ぐ手法である。ラーメン構造のRC造，SRC造，鉄骨造はすべてこのように設計され，大地震後，損傷した部位の補修が必要であり，塑性化した建物の変形は元に戻らない（❷）。
PCラーメン構造は，長期荷重に対してはRC造や鉄骨造と同じように安全が保持できる架構であり，大地震に対してはプレストレスによる復元力によって，過度な残留変形が生じることがなく，建物を元の位置に戻せるという履歴の原点指向性能をもっている（❸）。梁の両端にPC鋼材の弾性範囲内での伸びによる効果（制震効果）が得られる。その制震効果により入力地震エネルギーを抑制し，耐震性能の優れた構造体を構築できる。

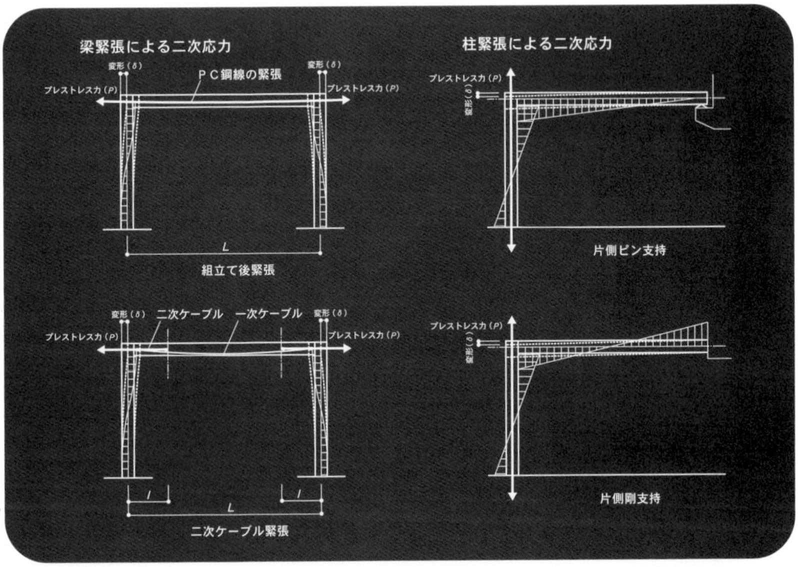

ラーメン構造(2)

PCラーメン構造では，緊張手順によって二次応力が発生する場合がある。その時は，二次応力を加えた断面力で検討する。

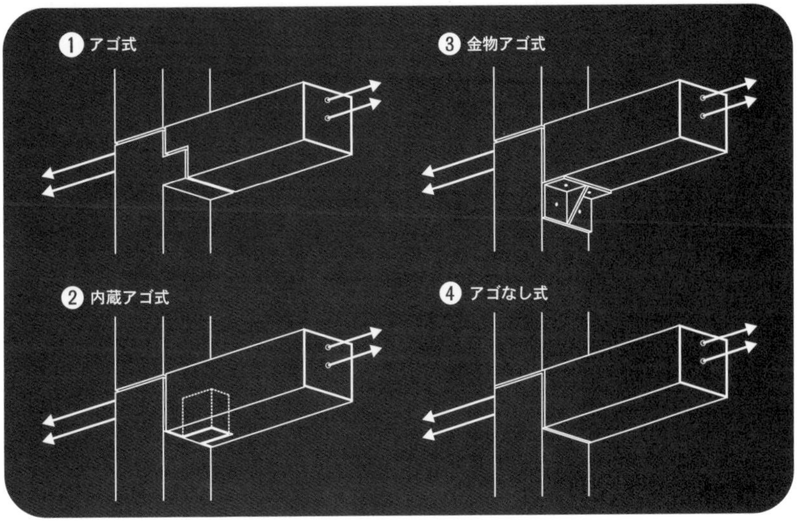

ラーメン構造(3)

ラーメン構造の組立工法による柱と梁の仕口部のディテールデザインは多様である。ただし，接着面は，材軸方向に直角させることが原則である。

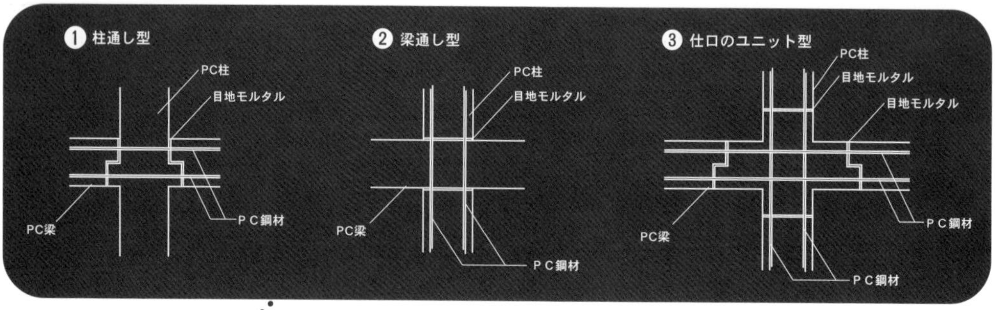

ラーメン構造(4)

柱と梁の接合方法の代表的な例は，次の3種類である。

❶ 柱通し型
❷ 梁通し型
❸ 仕口のユニット型

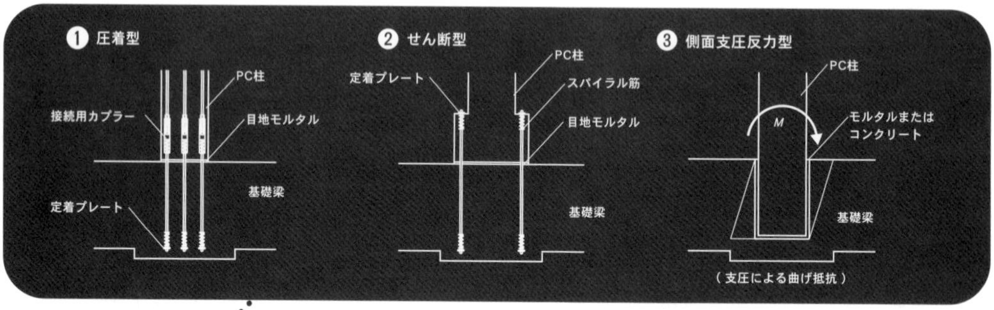

ラーメン構造(5)

ラーメン構造の脚部ディテールは基本的には剛接合とピン接合の2種類が代表的である。剛接合の場合，圧着型，せん断型，側面支圧反力型の3種類がある。

❶ 圧着型
靭性は高い。柱の引張応力および曲げ応力は柱軸内にあるので高層まで適用できる。

❷ せん断型
施工は便利で圧着応力は柱軸外にあり，せん断耐力に依頼したタイプである。圧縮力のみが発生する場合に使用できる。

❸ 側面支圧反力型
支圧反力型であって，曲げ変形による側面の支圧反力で釣合いが成立する。ただし，引抜き柱では摩擦力しか期待できない。

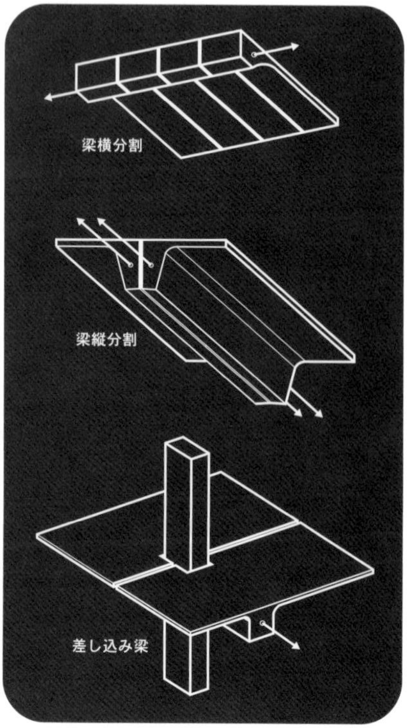

ラーメン構造(6)

ラーメン構造の梁分割は，ジョイスト梁構造と同様に考えられる。

ラーメン構造(7)

PCラーメン構造の特徴のひとつは，従来の床・小梁・大梁などのエレメントを統合した部品にできることである。例えば，大梁・小梁の差をなくし，連続した空間をつくり出し，あるいは天井を揃えるなど他の構法では難しい空間を演出することができる。

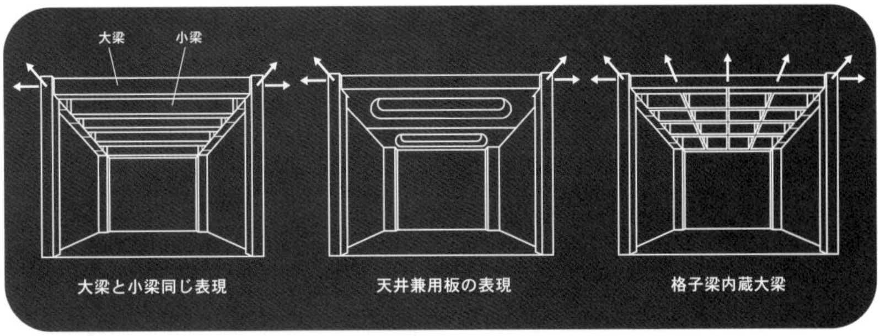

シェル構造(1)

シェルの曲面形状は幾何学的に定義されており，その力学的性状に合わせたPCの部材分割が基本である。シェル構造は，直線または曲線の移動や回転，それらの組合せによって多様に構成される。

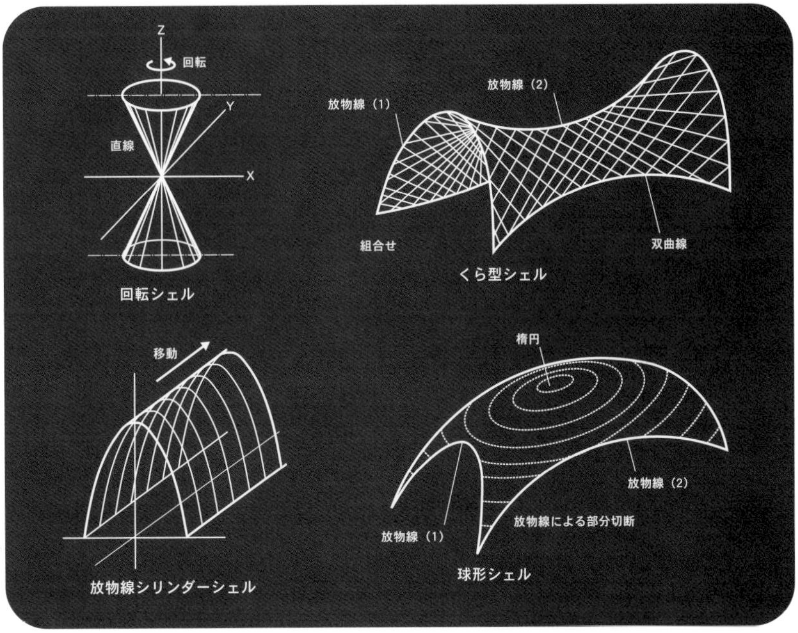

シェル構造(2)

円錐シェルは，垂直軸を中心とした回転で得られる。円錐の場合は，向心力は錐芯方向へ，逆円錐の場合は，錐芯と反対の方向に力が働く。円錐の場合は円周に圧縮力，逆円錐の場合は引張力が働く。プレキャスト部材がPC鋼線で緊結される場合，リング方向の必要プレストレス量が異なることに注意する。

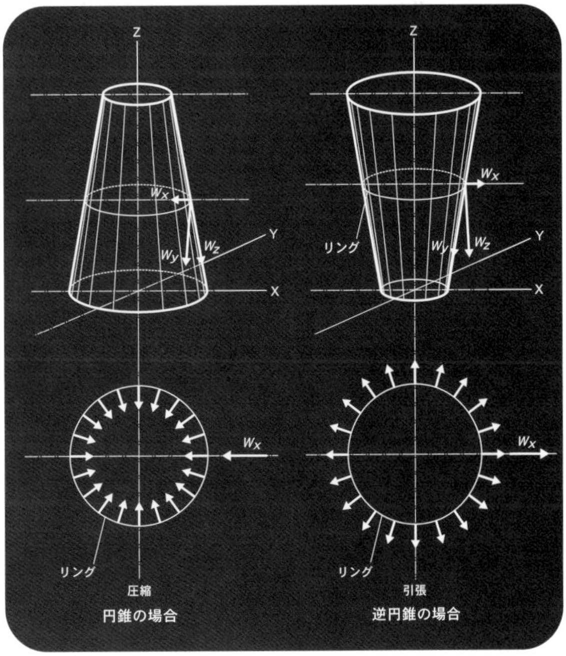

トラス構造(1)

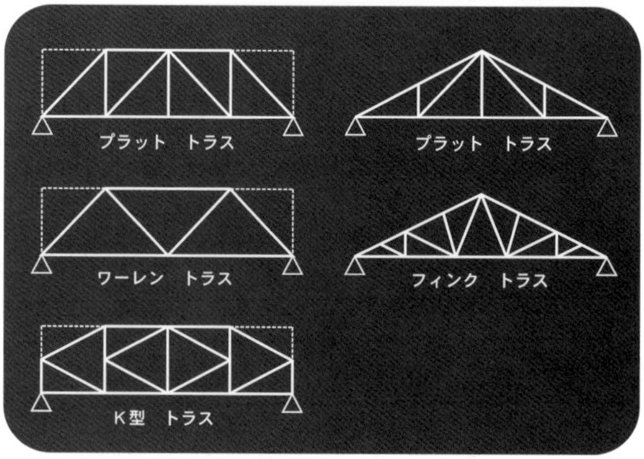

トラスはフィーレンデールトラスを除いて三角形を要素として組み合わせた構造である。引張力および圧縮力のみで成立している構造なので，軽量で大スパン架構が可能である。

トラス構造(2)

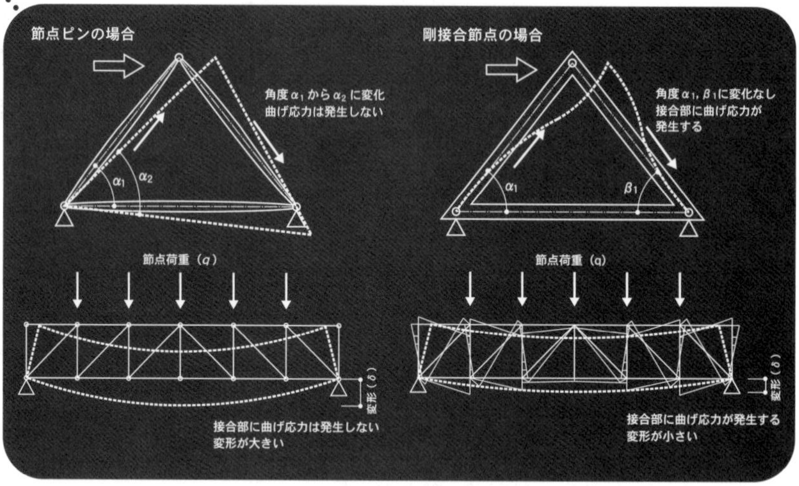

荷重がトラス節点上に作用すると同時に，節点における部材の接合はすべて回転自由なピン接合という2つの条件のときに一般のトラスが成り立つ。ただし，PCトラスの接合部は剛接合とすることが多く，変形を大幅に抑えることができるが，接点周辺に生じる曲げとせん断力が発生するため，検討が必要である。

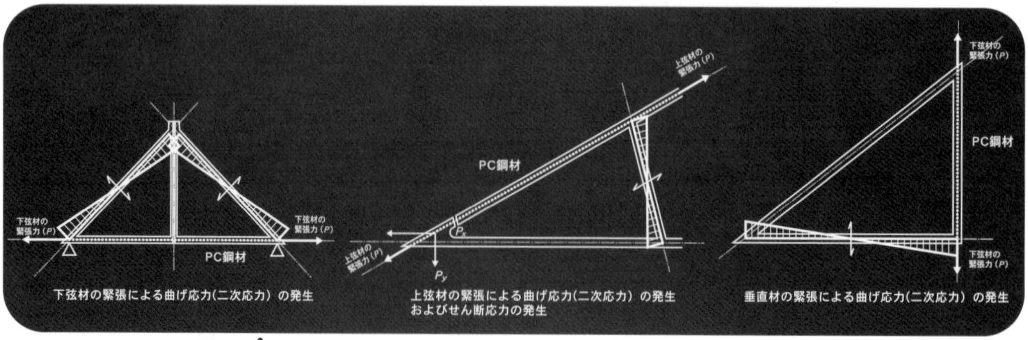

トラス構造(3)

トラスの主要な応力は，圧縮と引張である。そのうち引張部分に対してPCは有効な工法である。なぜなら,コンクリートに亀裂を発生させないからである。しかし,トラス架構に緊張力を与えるときには，二次応力（曲げ・せん断力）が発生することを考慮する必要がある。

Box構造(1)

Box構造は，壁と床が一体になった単位を組み合わせる構造であり，4面の壁がある場合と2面だけで1方向はラーメン構造になる場合がある。その場合，壁は柱の役割を担うことになる。

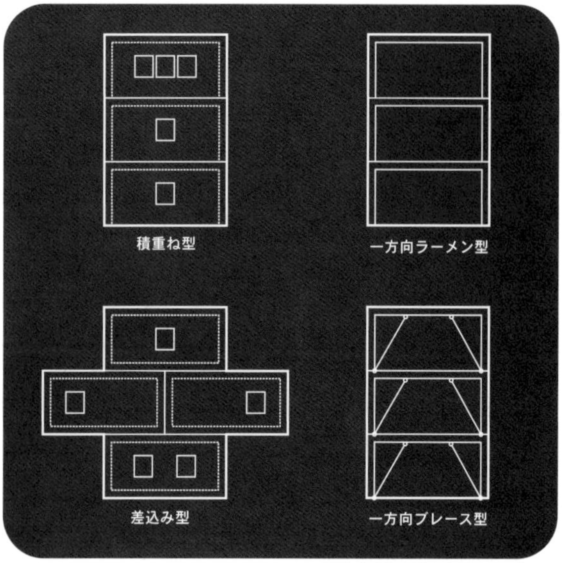

Box構造(2)

Box構造は，壁方向とラーメン方向の剛性の差が大きいので，地震力に対するせん断力係数も別々に仮定する。ラーメン方向の挙動では，壁が柱的な役割を果たすので柱としてのPC鋼材の配置となる。

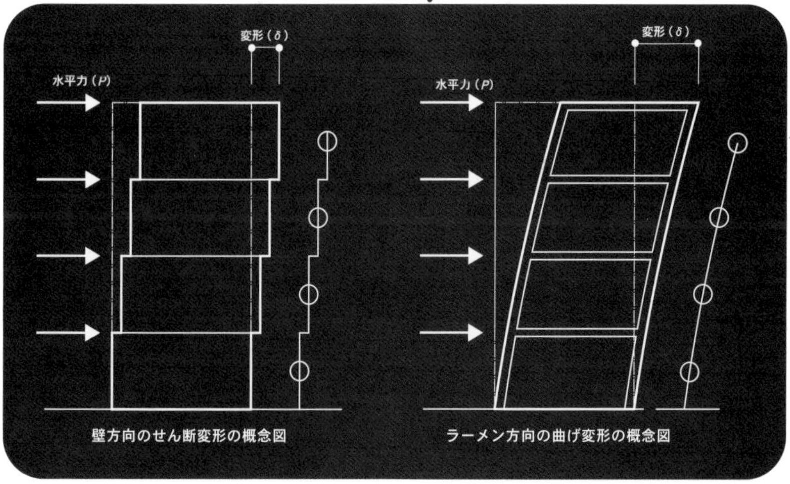

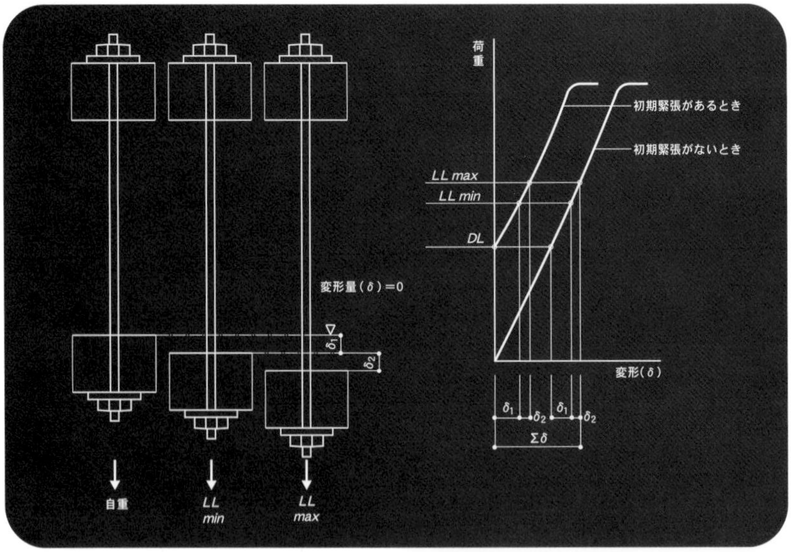

吊構造

吊構造は，部材または床を上部から直線的に吊るシステムである。吊材は，型鋼・ケーブル・PC鋼棒などが使われている。PC鋼棒の場合，①設計最大荷重時の変形量，②緊張力を導入する際の反力の設定，③水平固定の方法などに注意する。

荷重の変化による変形の抑制のためには，PC鋼材を太くするか，緊張力を導入して，あらかじめ逆むくりをつけておく。しかし，振動に対しては前者のみが有効である。

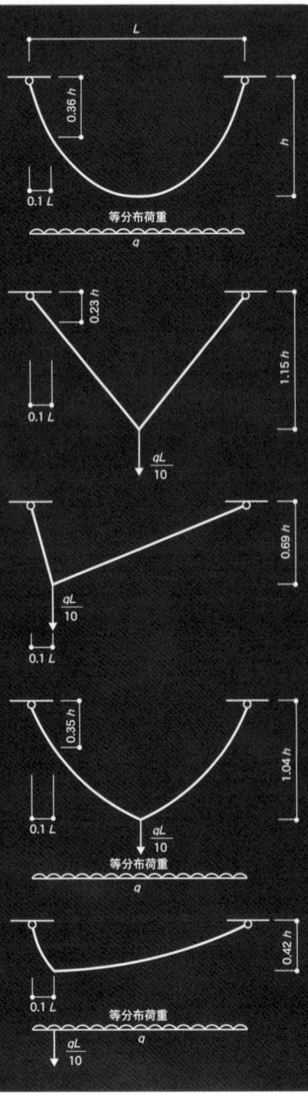

サスペンション構造

サスペンション構造は，荷重と引張力の釣合いが前提である。そのため，荷重の大きさや位置が変化した時には一挙に図のように形態が変化する。

PCサスペンション構造の場合は，PCそのものの剛性が働き，引張に対してはケーブルが効き，断面の剛性が高いので荷重の変動に対して有効に働く。ただし，水平反力が大きくなるので，プレストレスで安定させる必要がある。

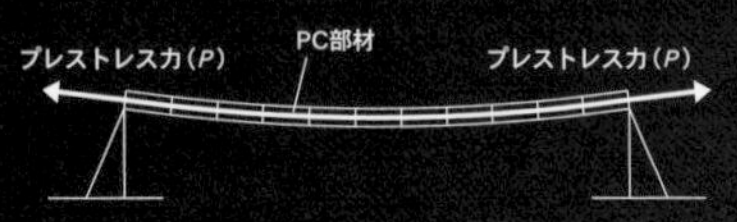

張弦梁

張弦梁の原理は，トラス構造とサスペンション構造との一体型である。基本はベクトルシステムで単一な応力で分解可能なもので，初期張力の導入による変形制御を簡易に行うことができ，応力と部材量の比では極めて秀逸した構造である。

PC構法に準じた考え方でいえば，アウターケーブル方式であり，一般的に使用されるインナーケーブル方式に比較して構造材の使用量を減少させる効果は得られるが，ケーブルまでの高さは大きくなる。

張弦梁の発生応力は，下弦材の緊張力と上弦材の床荷重などによる応力がシステム上，釣り合うことになる。

図のような各荷重による応力の組合せにより，部材断面の検討，安全度の検討を行う。特に風の吹上げでケーブルが圧縮にならないように初期緊張力を加えておくことが重要である。

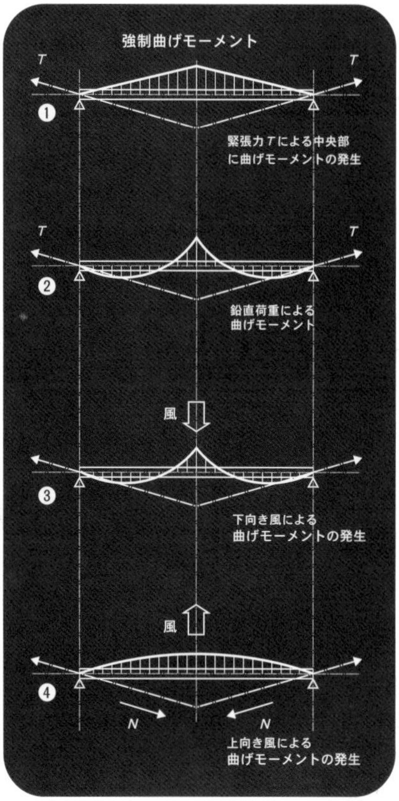

第4章 構法から工法へ

第2章の作品群は，さまざまな要素と構造の融合により実現されたものである。本章では，これらを実現するために，どのような手順を踏めばよいかを解説する。
美しいPC建築は，秩序ある構成から創造される。それは，建築計画における創造力，構法計画における立案力，工法における合理的な構成力の三位一体である。

長谷川一美

1 システムからの創生

「PC建築は，高度にシステム化した組立建築」であり，そのシステムは**図01**のような項目からなる。

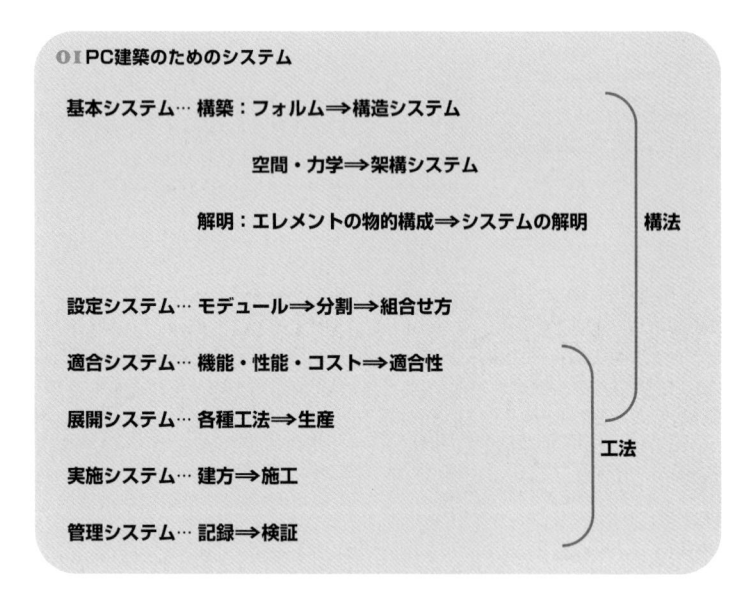

01 PC建築のためのシステム

基本システム… 構築：フォルム⇒構造システム
空間・力学⇒架構システム
解明：エレメントの物的構成⇒システムの解明
設定システム… モデュール⇒分割⇒組合せ方
適合システム… 機能・性能・コスト⇒適合性
展開システム… 各種工法⇒生産
実施システム… 建方⇒施工
管理システム… 記録⇒検証

構法（基本システム〜展開システム）
工法（適合システム〜管理システム）

最初にフォルム（形態）を構造システムに構築するためには，まず空間や力学から導き出される架構システムを設定しなければならない。基本となる架構システムは，

フォルム系（単一応力主体）
ベクトル系（軸方向応力主体）
曲げ系（曲げ応力主体）
面系（面内応力主体）

の4つに大別される。

この4つの系は，分類上のもので，固有のフォルムに合わせて，これらの系を最も合理的に組み合わせた複合（ハイブリッド）化が，さまざまな空間に適合する。

架構システムは，空間を構成する構造要素が，力学に忠実であることを前提として，最終的には設計者が好ましいと思うものが選定される。その過程ではさまざまな架構システムの検討が行われ，空間的な広がり，造形美などの価値が付加される。

02 架構システム例

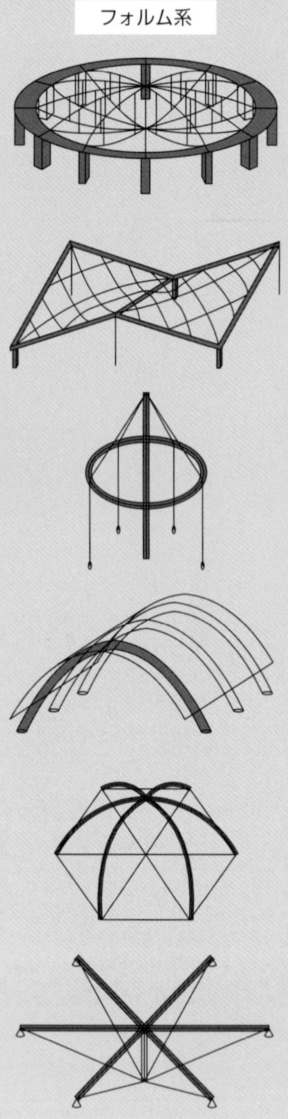

＊フォルム系

単一応力を主体とする系である。各部材に存在する応力は軸方向のみで，引張応力または圧縮応力である。基本的に，圧縮部材をPCで構成すれば効率がよいことは明らかだ。存在圧縮力がプレストレス力の代わりを果たすからである。

この系の中で，引張部材を中心に形づくる場合（サスペンション構造）は，境界部（エッジ）には圧縮部材が必要になり，ここにPC部材を用いることができる。圧縮部材のみで形づくる場合（アーチ構造）にもPC部材を用いる。

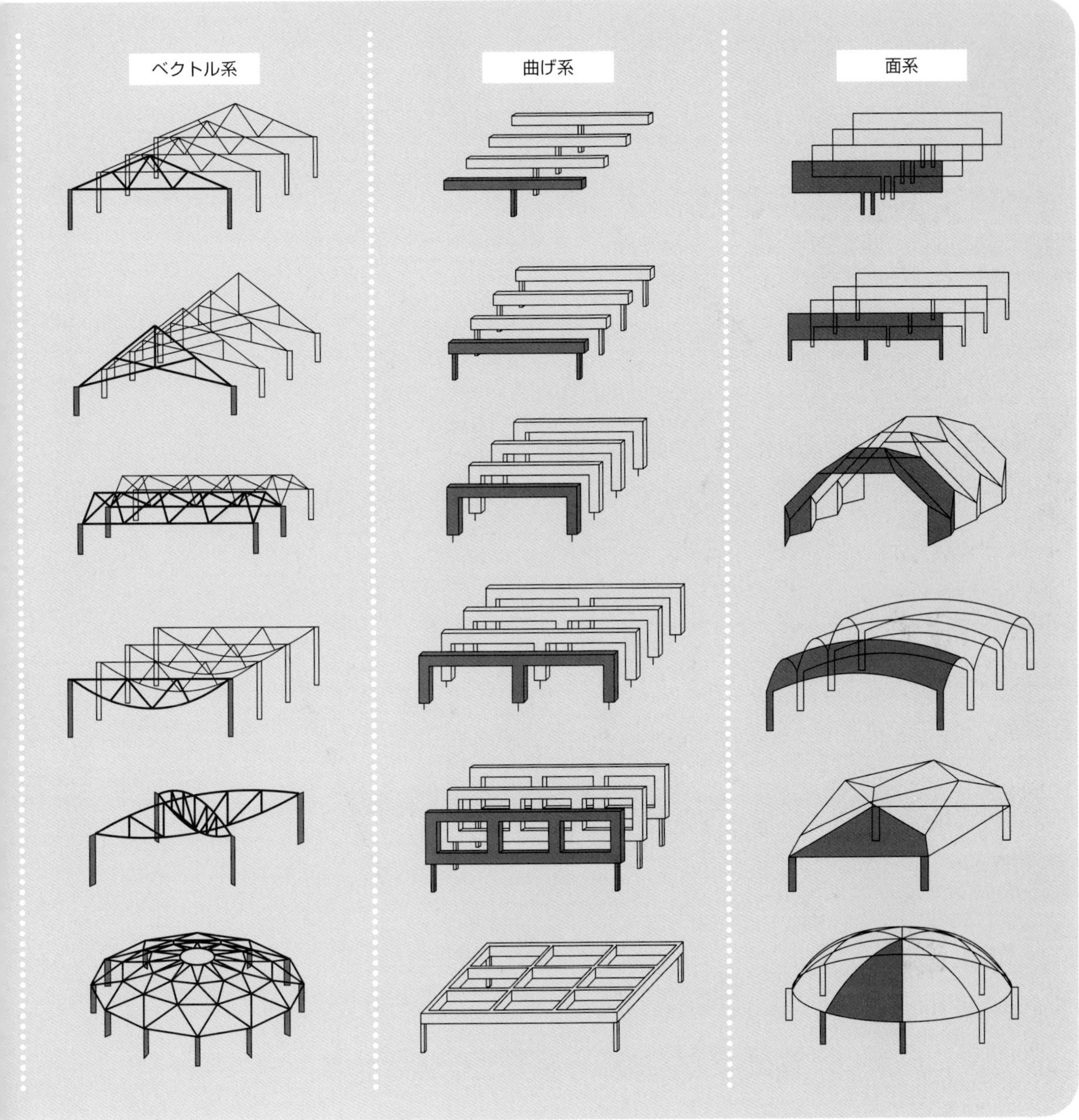

＊ベクトル系

基本的には，フォルム系に準じているが，この系は直線的な部材配置の平行弦トラスから立体トラス，または曲面トラスなどに展開される。

床版または屋根版を兼用する上弦材に，PC版を用いることが一般的である。また，ラチス材および下弦材にもPC部材を用いる場合，あるいはここには鋼材を用いたハイブリッドトラスも考えられる。いずれの場合も各部材交差部の接合法に工夫が必要となる。

＊曲げ系

曲げが主体応力であり，最もPCに順応した系である。多くのPC建築は，この系を基本に構成されている。片持ち，ラーメン，フィーレンデールの架構システムとグリッドシステムがこの系に属する。

プレストレス力を導入した部材は，最適な配線計画のもとに軸方向力のみではなく，曲げ応力に対しても有効に対処できる。

＊面系

面によって構成される系であり，面内応力が中心になり，面内せん断力で力が伝達される耐力壁構造と膜応力のシェル構造がその範疇に入る。ユニット分割が容易でバリエーションも豊富である。

耐力壁構造は，平版のみで構成できる。ドーム型構造は，角度分割またはジオデシック型・ラメラ型など幾何学形状に沿った合理的な分割で空間を構成できる。

2 アッセンブル構法から工法へ

架構システムが決まると次は，部位ごとの分割方法，および組合せ方をイメージすることが必要である。それは「エレメントの構成の仕組み（材料・部品の組合せ方）」を解明し，それらの相互関係の設定が行われた後，どのように生産手段へ展開するかを考えることである。つまり「建築に求められる機能・性能・コストへの適合」および「生産方法・生産のための組織，さらに維持管理の方法」を検討することである。前者を構法計画，後者を工法計画と呼ぶことができる。

I 構法（組合せ方）から工法へ

合理的な計画案は，「機能・性能・コスト」に適合したものである。特にコストには，部品製造計画から運搬・建方計画，および仮設計画に至るまでの計画性が大きく反映する。つまり，構法を現実化するために工法が必要となり，構法と工法は表裏一体となっている。構法から工法へのフロー（PC建築の具現化までの道のり）を図03に示す。このフローで重要な段階のひとつは「有効な分割」にあるので，図04に具体的な分割例を示す。これは同じ架構システムでも，分割構成が異なる例である。

03 構法から工法へのフロー

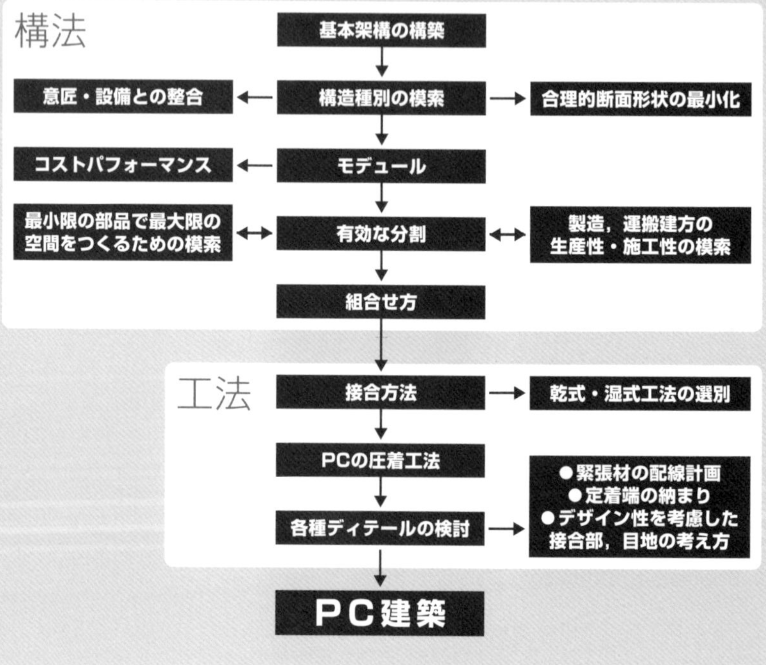

2 構法

構法の解明には，以下のような重要な着眼点がある。

【モデュールの設定】

最初にモデュールの設定が重要である。モデュールは近代建築では，生産の合理化を目的に建築各部（建具，構造体，設備機器）の寸法を関係づけるために導入されている。同時にプロポーションを決定する手がかりにもなる。

一方，モデュールの設定によっては，伝統的な木造構造に近いものを考えることができる。空間構成に最も有効なモデュールは，モデュラーコーディネーションとして二次部材（日本建築では畳や襖，欄間などが該当）の寸法を決定する方法と，逆に主要部材寸法（京間や江戸間に代表される）によって決定する方法とがある。

代表的なモデュールは，尺をモデュールとするもの，メートルをモデュールとするものがある。

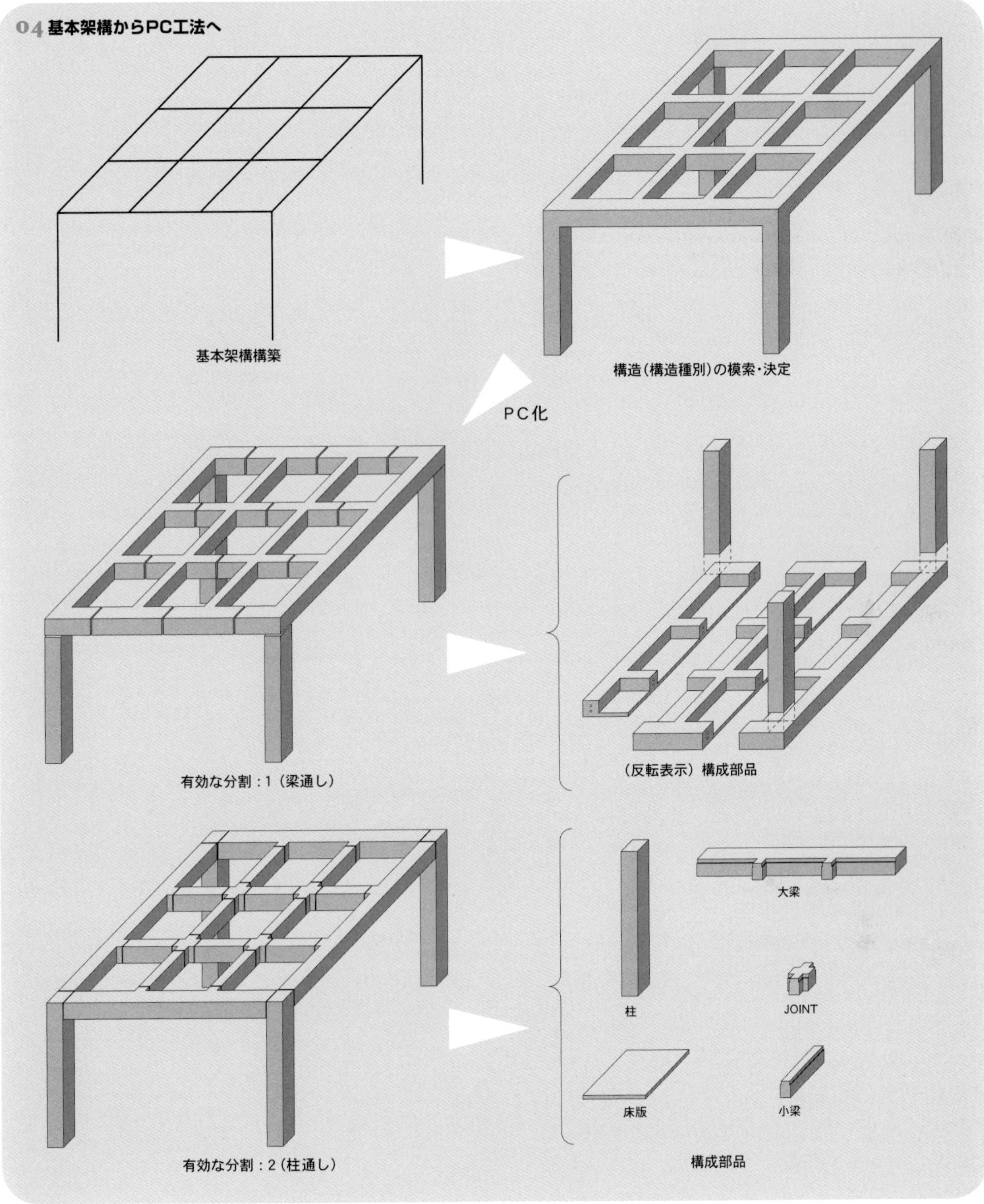

尺モデュール

455mm	910mm	1,365mm	1,820mm
480mm	960mm	1,440mm	1,920mm

メートルモデュール

600mm	1,200mm	1,800mm	2,400mm
900mm		1,800mm	
1,000mm	2,000mm		

このようにモデュールは，わが国の木造建築の木割りのような伝統的な手法として，また，合理性（既製品を多用することで可能）や生産性を高める新たな手法として用いられる。したがってモデュールはPC構法と深くかかわる。
この手法のめざすべき方向は，統一性の追求である。この統一性は，あくまでも画一性，すなわちモデュールを用いて単純に同じものを生産する姿勢とは一

線を画する必要がある。統一性は，モデュールを用いて新たな発想を模索する姿勢である。
したがって，ここでは画一性の追求ではなく，統一性の追及のために，モデュールを用いることを推奨する。
モデュールの設定は，次の段階であるエレメント分割へと進展する。

＊木割り

木造建築における柱・組物などの部材の大きさ・割付をいう。
日本では柱間・柱の太さ，さらに柱の面が基準となり，各部材の大きさを求める体系が少なくとも中世以降，様式・建築の種別ごとにつくられてきた。例えば，江戸時代の『匠明』では，住宅の長押せいを柱の太さの8/10にしていた。

＊京間

京を中心とする近畿や瀬戸内，山陰地方などの建築に使われてきた柱間基準尺。
柱の芯心間を基準とする柱割りの場合は1間を6尺5寸としている。基本は畳割り寸法。
内法寸法で決定づけられるものであるため，近代では，オープンシステムに合致している。構造寸法に影響されない畳・サッシ・タイル割りなどが当てはまる。

＊江戸間

江戸を中心とする関東地方の町屋に使われている柱間基準尺で，柱芯心寸法を6尺とする。
京間に対して，田舎間ともいう。基本は柱割りが構造芯間の分割であり，オープンシステムとは合致しない。

05 モデュールとPC分割

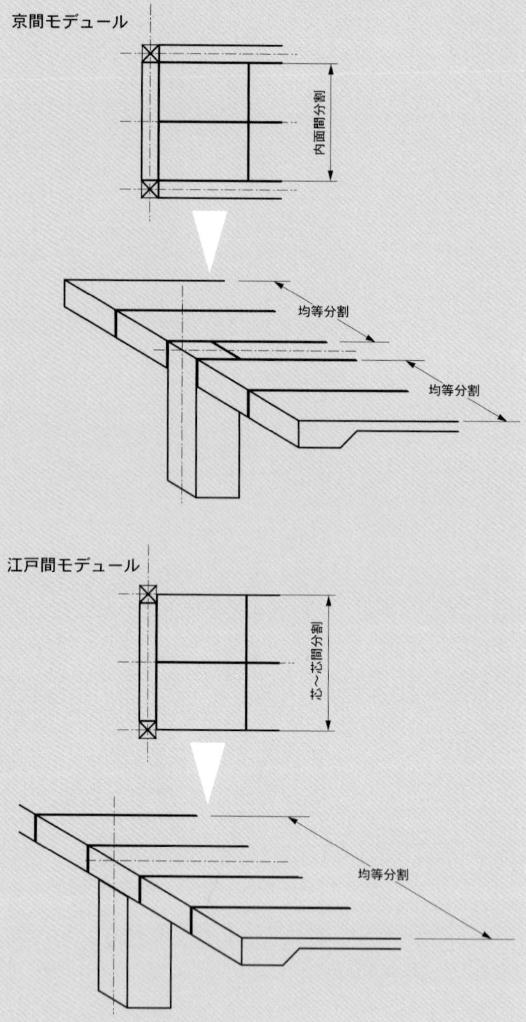

【部品分割とその組合せ方】

エレメント分割は，空間を構成する部材群の整理から始める。これらの部材の集合体が空間を形づくるので，そこにモデュールを設定することで，空間と部材との関係が統合できる。
居住空間は，柱，壁の鉛直面エレメントと梁や床の水平面エレメントとに分割される。基軸を鉛直・水平面と考えたからである。それに対し，ドームのような場合には，幾何学に基づいた任意の形（空間の特徴をつかむ）で，角度や周長など形状による分割を基本とするエレメントを選択する（**図08**ではドームの角度分割例を示す）。このようにモデュールは，寸法だけでなく基軸をどう設定するかも重要である。

〈組合せの基本形と合成形〉

各部材には，構造的使命（役割，機能的意味）があり，その役割に応じた形状がある。この部材の基本的な形を，それぞれ独立型としたもの（柱・梁・壁・床など）が組合せの基本形である。
この基本形をいくつかの方式にしたがって，組み合わせたものが合成形で，**図06**に示すように床・根太一体型（ジョイストスラブ），梁・壁一体型（桁梁と壁および基礎も一体化する場合がある），柱・梁・壁一体型（柱・桁梁および壁も一体化する場合＝周囲

06 部品の組合せ方

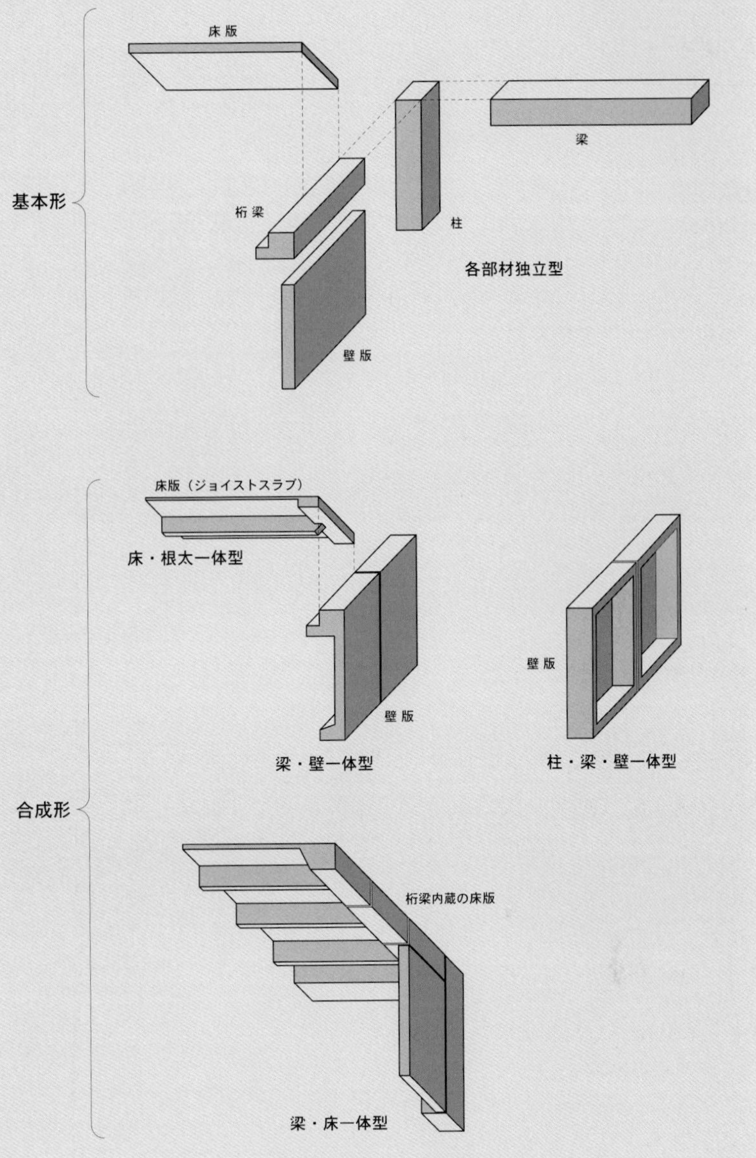

リブ付壁），梁・床一体型（桁梁内蔵ジョイストスラブ）がある。

組合せの合成形の例を**図07,08**に示す。組合せの合成形は，多様な形状の構造に応用できる。この例では，直線的連続性および曲線的連続性を表現した，最もPC建築に適した形状を示している。

さらに，合成形を発展させた発展形がある。発展形は，一意的な分割・組合せ方ではなく，エレメント分割・組合せが思わぬ方向に展開できる広がりをもったものである。**図09**は，平板の平面形状とともにその水平切断面も等脚台形とすることで，たった1型枠で製造された平板のみで構成されている。

分割したものは，必ず組立手順を念頭においた組合せ方を考える。この段階は，まさしくプラモデル的感覚で自由な発想が必要であり，その面白さは格別の感を伴う。以上のように，空間に適したエレメントの分割と組合せ方がある。

基本形・合成形・発展形の形は，分割の仕方や組合せ方を検討することで得られる。

07 合成形 1

モデュールを用いることで金太郎飴のように同一形状の連続で構成することが可能で，最もPC工法に適している。そして連続した均一性は，「美」を表現することにかけては最良のものである

ヴォールト

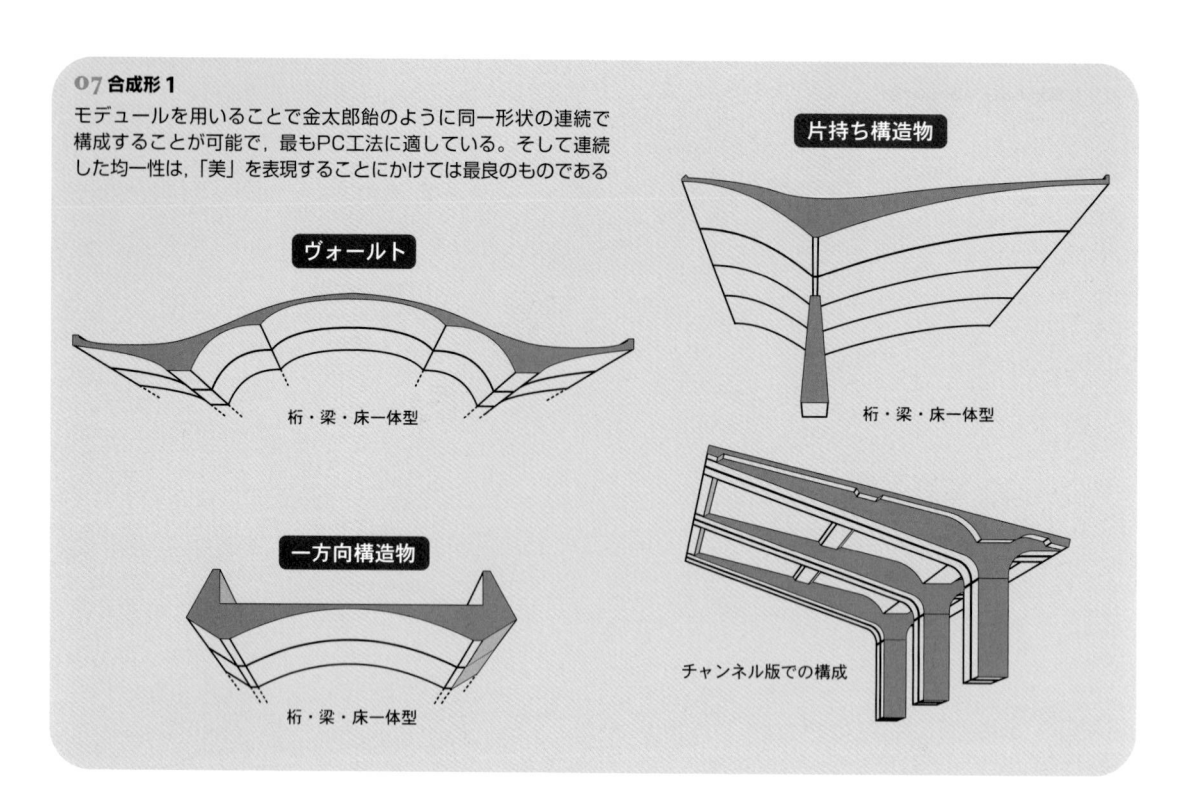

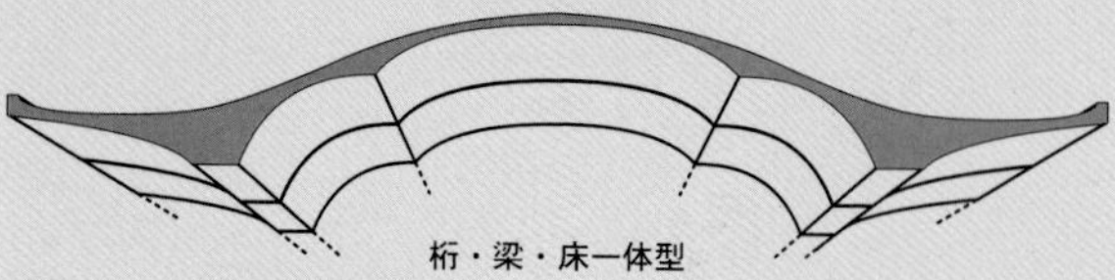

桁・梁・床一体型

片持ち構造物

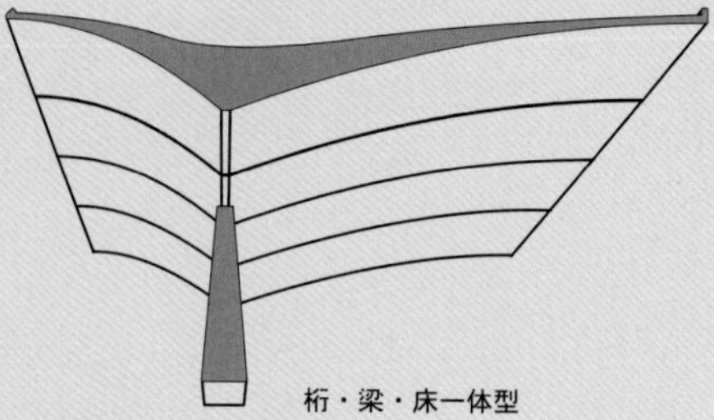

桁・梁・床一体型

一方向構造物

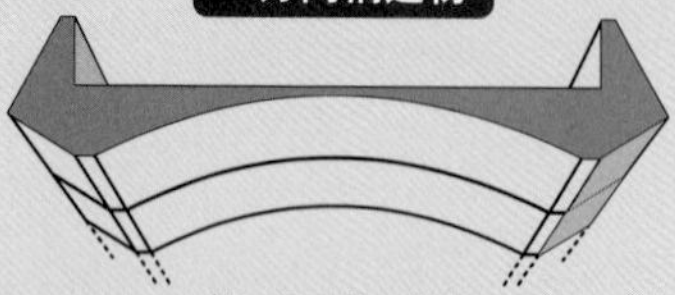

桁・梁・床一体型

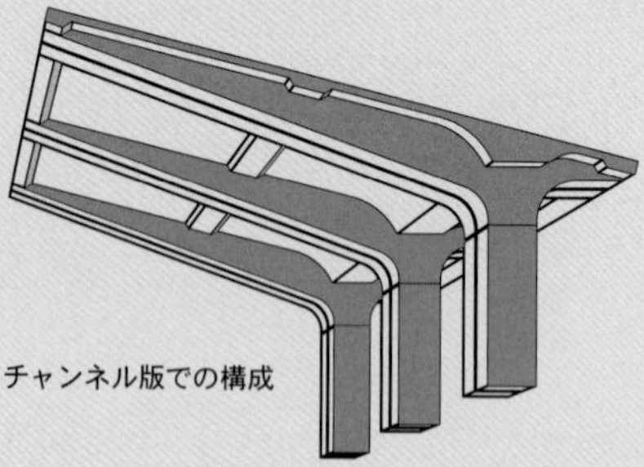

チャンネル版での構成

08 合成形 2

直線的な連続性に対し，曲線的な連続性も同様に「美」を表現している

ドーム

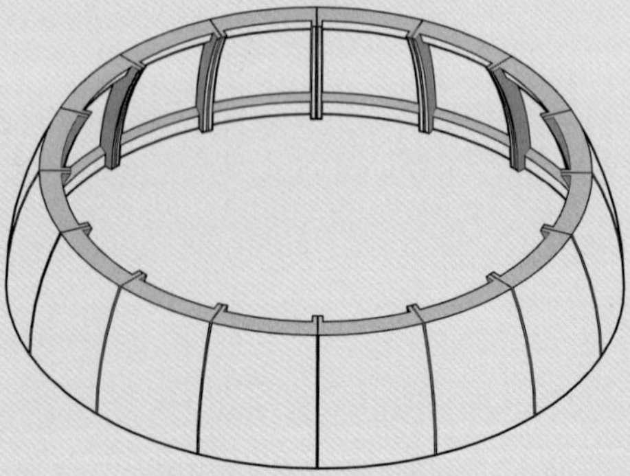

ドームの分割（角度分割）

山形フレーム

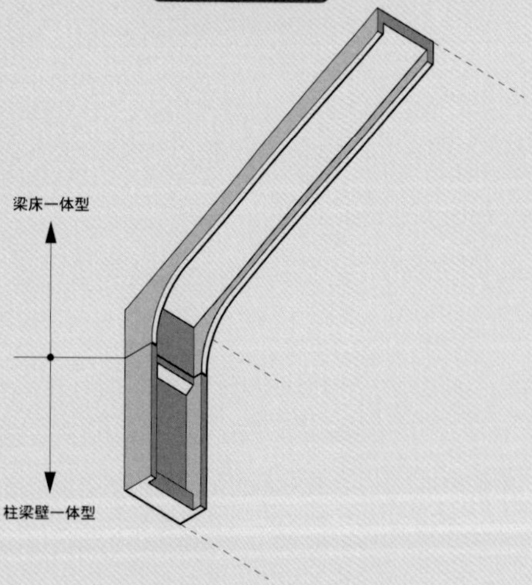

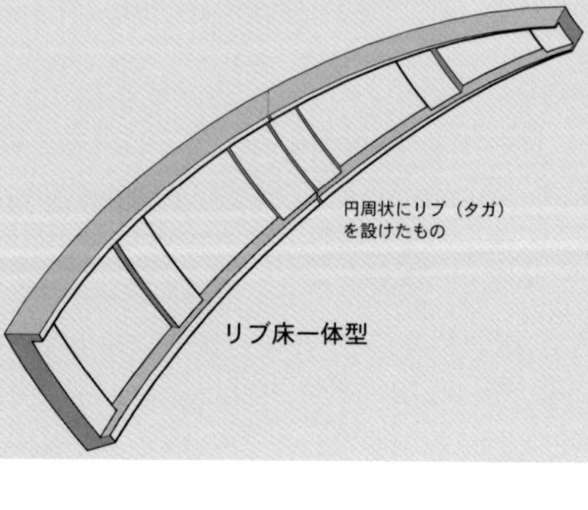

リブ床一体型

09 発展形「武蔵学園守衛所」

1型枠で製造された平板を上下，表裏反転することで自由な屋根を構成している

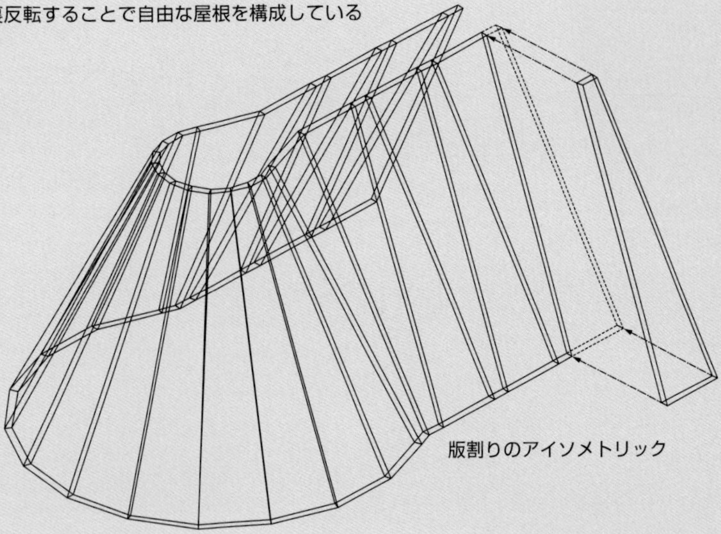

版割りのアイソメトリック

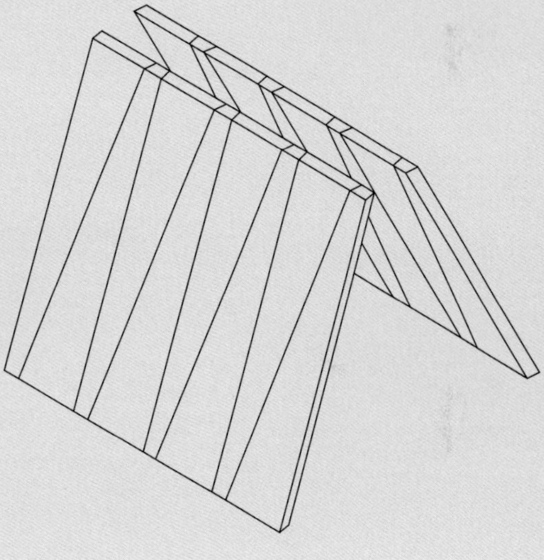

10 柱と梁の接合部

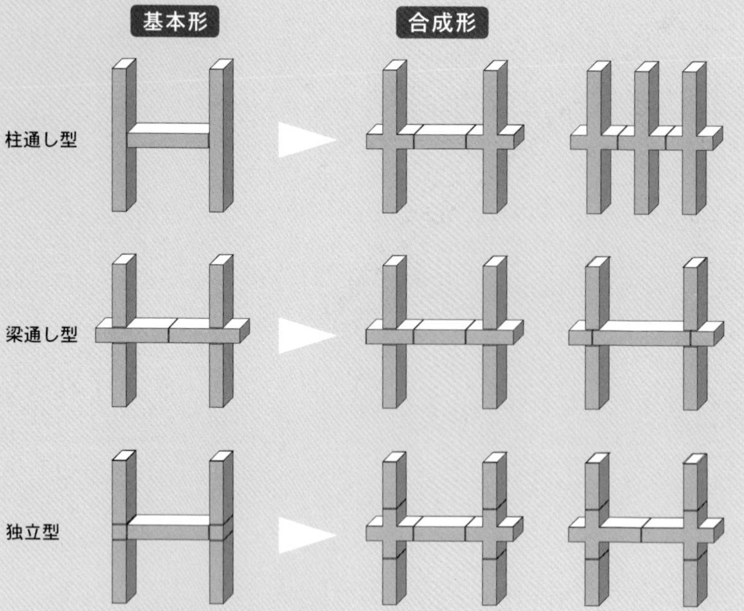

11 PC鋼材による剛接合部の一体化例

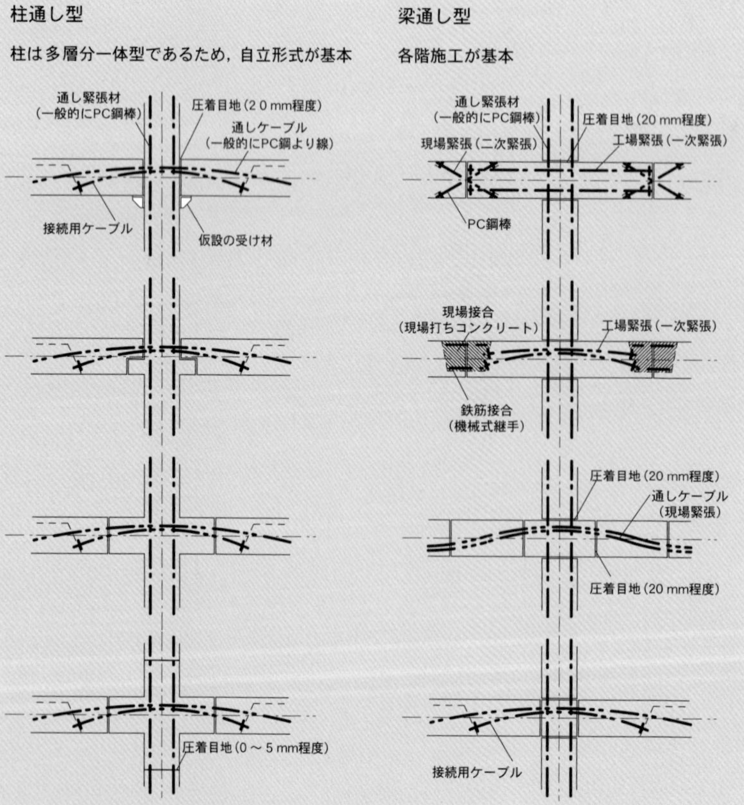

【接合部】

一般的な接合方法には，ピン接合，ばね的な接合，そして剛接合がある。接合部には特殊なコネクター（接合具）を用いることもある。PC建築には剛接合が適しており，圧着工法が採用される。

〈接合部の基本形と合成形〉

接合部の考え方も，基本形と合成形に分けられる。基本形は，エレメント間をすべて独立したコネクターで構成する。接合部の合成形は，コネクターに依存するもの，またはコネクターをすべてエレメントに内蔵するものである。

図10は，柱と梁の接合部を，柱通し型，梁通し型，独立型の基本形から，合成形に展開した例である。柱通し型では，パネルゾーンは柱に内蔵されており，梁通し型は，梁に内蔵されている。独立型は，柱・梁・パネルゾーンが独立したものである。

図11は，PC鋼材による接合部の一体化例である。この一体化は，PC鋼材を緊張することにより，その反力をプレストレス力として，部材へ導入することで成立している。**図10**の柱通し型および梁通し型を例として，各々どのようにPC鋼材を配線して一体化するかを示している。

12 接合工法

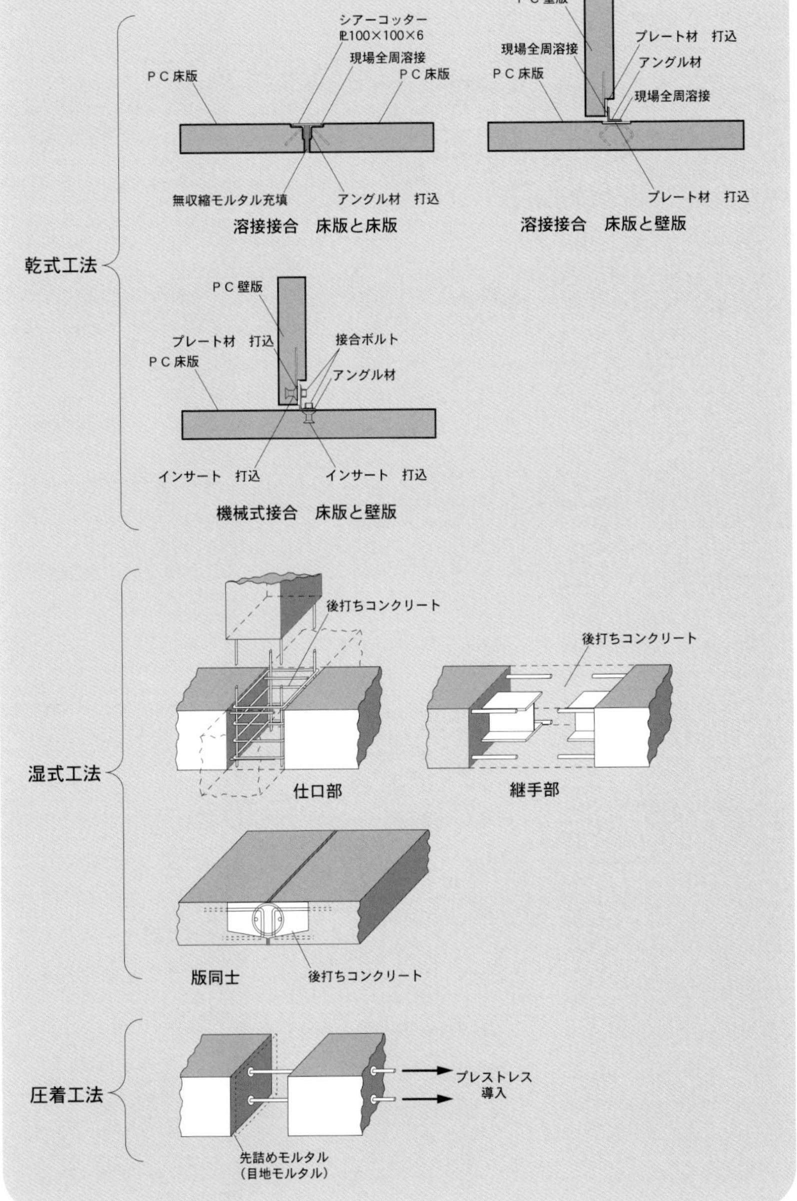

【接合部の乾式・湿式工法】

乾式工法は，金物を主体とした接合方法で，湿式工法は，鉄筋と後打ちコンクリートによって接合する方法である。一般的に，乾式工法はPC版を取り付けるとほぼ同時に，アジャスターボルトで鋼板を締めつけるか溶接で接合するもので，短工期で施工が可能である。湿式工法は，複雑な取合いや大きな力の伝達が必要な場合に有効（鉄筋による補強が必要）であるが，コンクリートの打設に時間がかかることと耐久性に難がある。

これらの工法の選択は，必要な条件（建設計画地の環境条件，コスト，または技術的なレベルの有無）を整理し，耐力的にも工期的にも何が一番重要な問題であるかを見極めたうえで決定する。

PCの特異な接合方法として，圧着工法がある。乾式工法であるが，両工法の優れた部分を兼ね備えたものである。**図12**は，各工法の具体的な例である。

【PC圧着】

PC構造は，引張に弱いコンクリートに，あらかじめ圧縮力（プレストレス力）を与え，さまざまな力に対抗し，コンクリートに引張応力を発生させない（フルプレストレッシング）もので，コンクリート全断面が有効に働く構造である。

この原理は，コンクリート部材がバラバラでも有効で，プレストレス力を与えてひとつにすることができる。この状態を圧着されているという。

圧着工法は，プレキャスト部材間に目地幅20mm程度を確保（製作施工誤差および建入れ誤差の吸収を目的とする）し，無収縮モルタルを充填した目地とする場合，または幅0〜5mm程度とした接着剤目地とする場合があるが，ともにこれらの目地を介してPC鋼材を緊張し，一体化するものである。プレキャスト部材間を連結するので，施工的にも安定した工法である。しかし，目地にはシアーコッターなどの特殊な細工をする場合もある。例えば，大きな部材相互の位置決めのための凹凸金物や地震時のせん断力が著しく大きい

13 圧着の例「ブラノフ湖の吊橋」（チェコ）設計者:ストラヴィンスキー

同一形状のセグメントを，サスペンションケーブルを仮設的にも利用したローコストで建方が行われた例である

14 プレストレス力の原理

プレストレス力の導入により大きな力に対してもひび割れは生じにくい

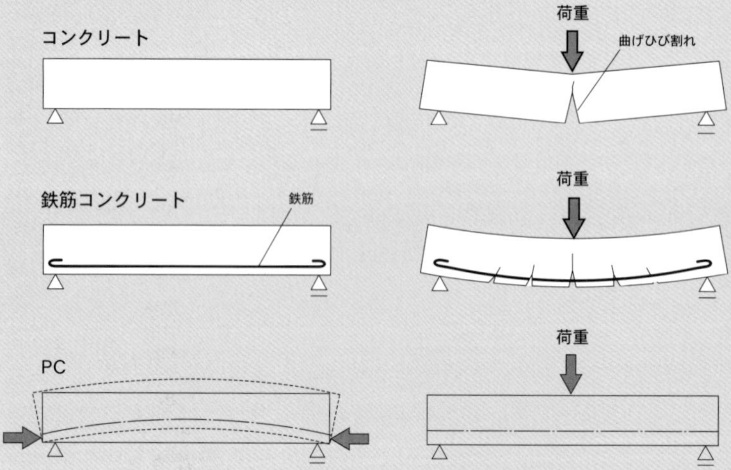

場合の鋼棒などによるだぼ補強がある。

さらに圧着工法は，版同士，梁同士の継手および柱同士の継手，そして柱と梁の仕口部の接合にも有効で，軸方向（引張）力，曲げ応力およびせん断応力の伝達が可能である。PC工法にとって，この接合方式は万能といってもよい。

目地の強度は，プレキャスト部材の強度と同等以上を確保する必要がある。

圧着接合では，少なくとも目地部で20kg/cm^{2}以上の圧縮応力度を常に作用させることが望ましい。通常の鉄筋コンクリート構造と同程度の引張性能（導入プレストレス力の量と同等の引張耐力がある）を確保し，柱および梁部材では50～80kg/cm^{2}以上の圧縮応力度が導入される。したがって，圧着接合部からの漏水は，良好な施工が行われる限り考えられない。

目地は圧着接合にとって生命線といえるもので，慎重に施工することが必要である。

＊圧着

圧着接合は，プレストレス力による摩擦力により，部材間または，部材を分割したブロック間での界面において，せん断力の伝達を可能にするものである。

圧着目地部分は，フルプレストレッシングとしなければならない。

3 工法

【工業化工法】

計画的な生産システムを用いること（工業化工法）は，部品生産と現場の組立作業効率を向上させる。また，工場などで部品の集中管理を行うことは，高品質でより信頼性のある部品の提供を可能にする。

例えば，現場打ち鉄筋コンクリートの品質は，天候不順や職人の手配や技術レベル，現場監督者の意識レベルの差異など，不確定な要素が多いため，100%保証することができない。これに対し，工業化工法では，部品製作の集中管理によって，この問題を克服することができる。このように工業化のメリットは，高品質化，集中管理化，合理的な効率化にある。そして，工業化は，いかにしてシステマチックに分解し組み立てるかという，構法の考え方によって進めるものである。品質管理および精度管理基準の設定，効率化のための準備など1つ1つ協議し，解決していく必要がある。これが工業化の基本であり，PCの基本である。

【PC工法】

まず，PC工法の選別を行う。PC工法は，プレキャスト化，プレストレスト化の範囲によって分類され，「生産方法」「組立方法」「接合方法」を現場周辺の環境問題，工程の問題，運搬および建方の問題，コストの問題を実質的に検討して選別する。

ノンプレストレストのPC工法は，接合部以外の工場製作したRCまたはSRCのプレキャスト部材を現場接合する工法で，ラーメン形式，壁形式のものがある。具体的には，

- 最近の超高層建築（図17）
- 公団型集合住宅
- 短工期での組立を要求される建物（図18,19）

などに採用されている。

また，二次部材に関してはハーフPC工法（合成床版・壁版など）がある。

プレストレストを用いた工法は，接合部を含めて工場製作したプレキャスト部材相互をプレストレスによる接合のみで組み立てる工法である。最近では免震や制震技術との併用例もある（図16）。

15 PC工法を用いた海外事例

ロンドンのウォーターフロント，Canary Wharf駅の歩廊の屋根

ベルリンのICC（国際会議センター）

パリの新凱旋門

さらに，現場打ちコンクリートにPC鋼材を配線し，緊張する以外はRC造と同様の手順で施工する工法もある。この工法は，部材搬入や揚重機を用いた建方が困難な敷地の場合や，構造計画上プレキャスト化が難しい場合などでもプレストレスを導入することで，

- 大スパンを必要とされる部材，または，有効階高を大きくする目的で用いるフラットスラブ
- 比較的高層な建物の耐力向上（**図20**）

などを可能にする。ひび割れ制御のためのPRC工法もこの範疇に入る。PCに近いものから，RCに近いものまで，設定によって対応が可能な工法である。**図20**は，PRC工法の例であり，PC鋼線をどの部位にどのように配線するかを示したものである。両サイドのコアでは，集中的に慣性力を負担することになるため，材軸方向に対する耐力増強を目的とし，大スパン部材では，変形制御やひび割れ制御を目的としてプレストレスを導入するものである。

【ハーフPC（一部プレキャストコンクリート）**工法】**

ハーフPC工法は，PC版を本設（耐力，剛性保持）に用いるとともに，型枠兼用とし，現場打ちコンクリートの耐力および剛性を向上させる目的で使用する工法である。

この工法は，床版に用いられることが多いが，壁版にも用いられる。壁版として用いる場合は，特にタイルなどの打込み仕上げが施されたPC版と後打ちコンクリートを，コッターで一体化させることで，仕上精度の向上および工期短縮ができる。この工法は，仮設が不要なので，高層建物の外壁にも適している。

ハーフPC柱およびハーフPC梁の採用は，主に工期短縮が目的である。部材間の接合はRCで行われ，運搬・建方時の重量が低減でき，現場の仮設は最小限に抑えられる。現在，大手建設会社主導で「Hi - RC建築」として，高層住宅に多用されている。

薄型のプレキャストコンクリート部材には，フェロセメントと鉄線を用いた吹付工法が有効である。この工法は，複雑な形状のものでも製作できる。第2章の最初に紹介したピエール L.ネルヴィは，この工法を多用している。

16 PC工法と免震の国内事例「シマノ本社ビルウエストウイング」

免震装置部

免震装置部

施工状況

竣工後

17 最近の超高層建築「キャナルタウンウエストO地区」

18 短工期での組立PC建築「エムズゴルフクラブクラブハウス」

19 短工期での組立が要求される郊外型大規模店舗の例

竣工後

施工状況

20 大スパン部材および比較的高層な建物のPRC工法

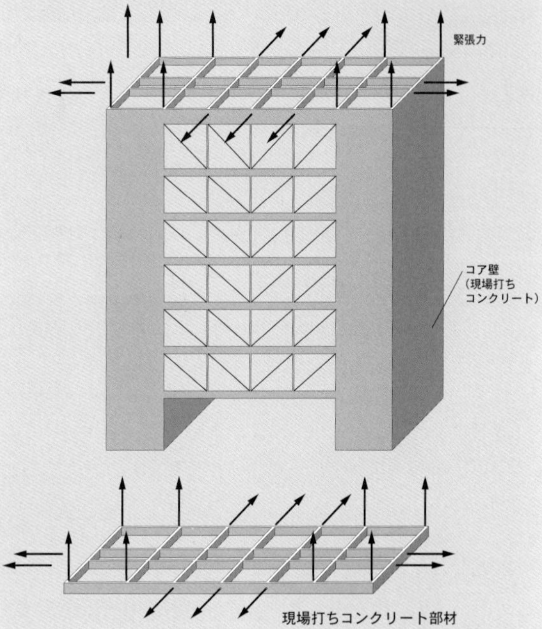

21 ハーフPC工法

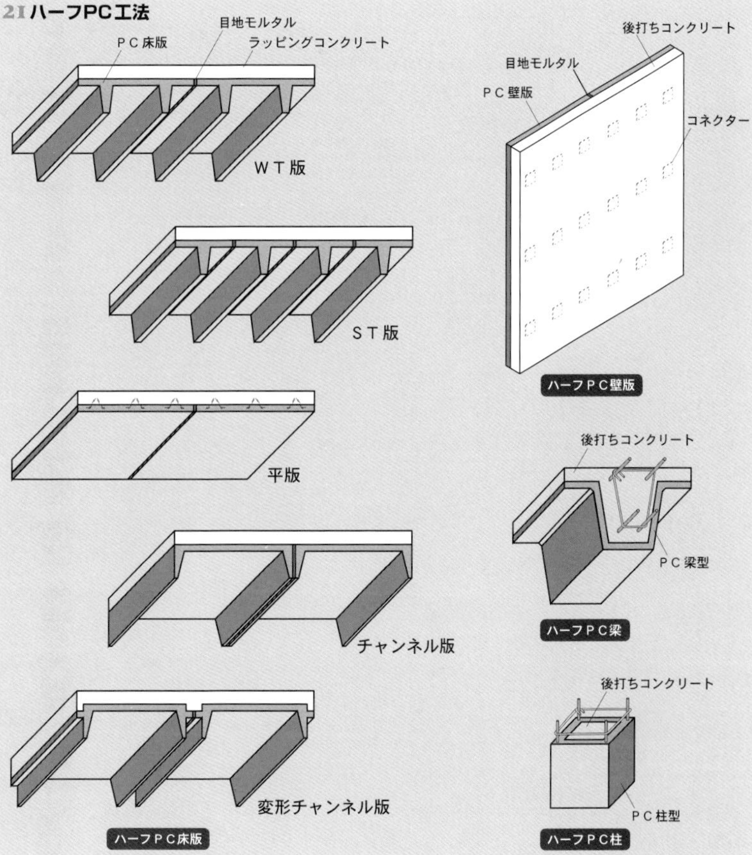

22 高強度PCを採用した「酒田みらい橋」

ウェブ側面

桁内部

23 ビニロン繊維入りコンクリート

ビニロン繊維を混合することで強度が向上する

ビニロン繊維なし

ビニロン繊維あり

＊将来性のある高強度コンクリートＰＣ

現在，シリカフュームと高性能減水剤との組合せにより，低水セメント比（20%程度）を維持しながら，粘性および高強度を得られるコンクリートが開発されている。このコンクリートに補強繊維（炭素繊維，ビニロン繊維，スチール繊維など）を混合することで，圧縮性能，曲げ性能，引張性能，せん断性能を向上させることができる。薄型のPC部材を製作することが可能で，ほとんどスチール同様な感覚で使用することができる。

【ＰＣの製造計画】

設計者が計画段階で考えなければならないPC製造計画は，部材の製作可能な形状および製作のための概略工程である（運搬まで考慮した詳細計画までは至らないまでも概略がつかめる程度のものは必要）。

現場に入ってからのPC製造計画は，設計者だけでなく，建設会社，PC製造会社が一体となって計画されるものである。

計画の進め方で大切なことは，まず，設計者の意図する建築の特徴，PCに対する考え方（施工手順を含む）を提示し，製造にあたっての注意点を相互が共有することである。

PC部材の形状およびテクスチャーをデザイン的に表現したい場合は，型枠のつくり方がより重要になる。できあがる部材と型枠は，1対1の相互関係にあるため，当然であるが鋼製型枠同士の継ぎ方ひとつをとっても，如実にその形跡が残ってしまう。したがって，型枠製造者の技量レベルチェックは，特に大切である。また，蒸気養生計画も，養生の仕方によっては，色むらや表面の細かいヘアークラックの原因になる場合があるため重要である。

脱型後の表面仕上り状況によっては，モルタルのしごき処理（空気あばた隠し）が必要になる場合があるが，これは一般的な手法と考えない方がよい。仕上がりに関しては，コンクリート打設時の注意事項を関係者全員が認識することで，十分な対応が可能である。

また，ストック時は，雨水および結露によるエフロレッセンス対策として，シート養生が必要であるが，直接PC面に密着しないようにする。

24 PC製造計画フロー

1. 設計者の意図する建築の特徴
   PCに対する考え方（施工手順を含む）の提示
   ↓
2. PC製造会社として，施工手順と粗工程の立案
   ↓
3. 建設会社が計画している全体工期での位置づけ
   ↓
4. 所定工期内への当てはめ，本工程の策定
   ↓
5. 【PC製造会社】部品数および部材数を算出し，型枠数量を設定
   ↓
6. 【PC製造会社】製作工程の提示
   ↓
7. 【PC製造会社】施工図工程の提示
   ↓
8. 【PC製造会社】埋込み金物の決定時期の設定
   （建築用金物，設備用金物：インサート，スリーブなど）
   ↓
9. 【設計者およびPC製造会社】PC部材形状，配線確定 → 型枠製造
   ↓
10. 【設計者】PC製作図承認
   ↓
11. PC製造（← 型枠製造）

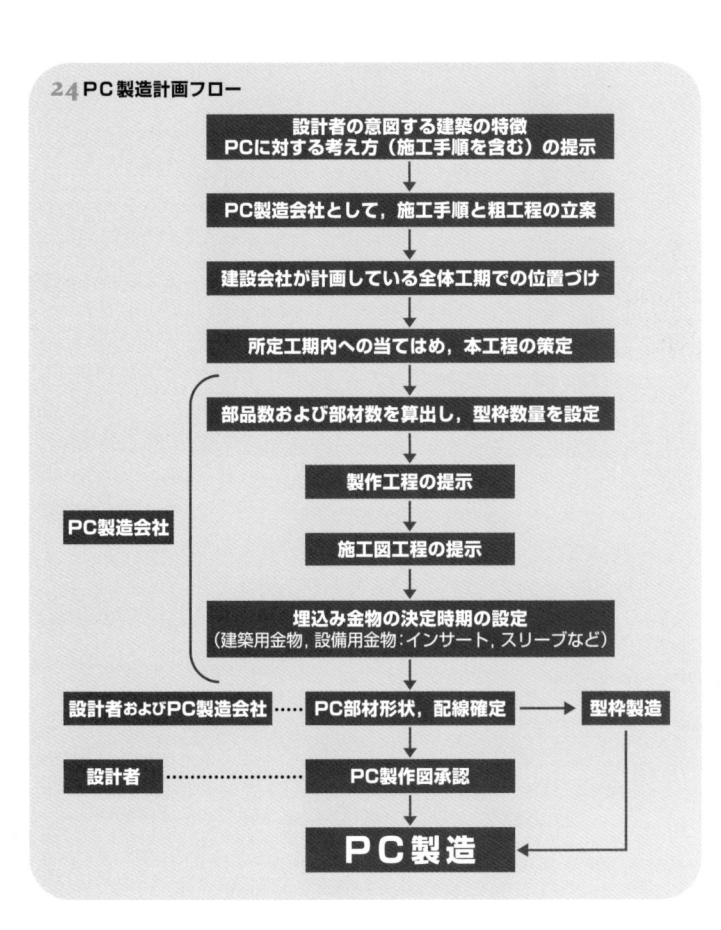

25 PC部材の形状の決定から施工まで

クレーモデル

アッセンブルモデル

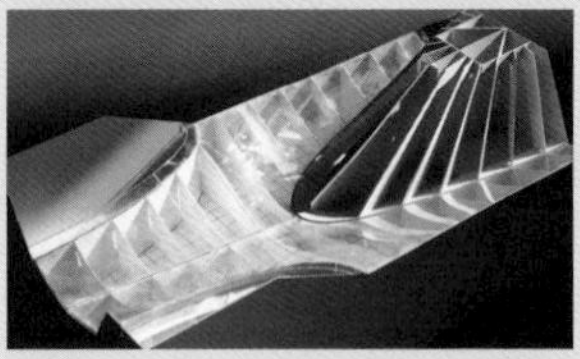
型枠モデル

製品検査

インナーケーブルと形状モデル

鋼製型枠

研磨された鋼製型枠表面

＊PCの表面仕上げの種類

PCの表面仕上げには，以下の種類がある。

- 型枠に遅延剤を塗布し，脱型後水洗いを施して，骨材を表面に露出させる洗い出し仕上げ（骨材の粒径および色合いの選定が必要）
- グラインダーによる研ぎ出し仕上げ（使用するグラインダーの目の粗さにより，表面の仕上り具合が異なる）
- カラーコンクリート打込みによる着色仕上げ
- 鋼製型枠のベット面に模様を施したゴムラバーを貼り，コンクリート面に模様を転写させる模様仕上げ
- 表面をガスバーナーで焼いたバーナー仕上げ
- その他

＊タイルおよび石パネルの打込み仕上げ

鋼製型枠のベット面に，付着性能を高めるために毛足の長いタイル，だぼを備えた石パネルを貼り，配筋後，コンクリートを打設する。配筋およびコンクリート打設の作業は，丁寧に行うことが肝要である。通常，非構造部材であるカーテンウォールとして用いられることが多いが，構造部材として用いられることもある。この際，プレストレス力の大きさによっては，打込材への割れおよび剥がれなどの悪影響を及ぼすことがあるので，十分に検討して使用する。

26 PCの表面仕上げ（テクスチャー）

27 タイル打込みPC版の製作過程「境港市みなとタワー」

【ＰＣの建方計画】

建方計画は，構造設計段階から設計者自らが設定して行う必要がある。なぜなら，建方を考慮した各段階ごとの施工時応力に対する検討が，部材形状の決定および配線・緊張計画に大きくかかわってくるからである。

この組立構造の面白さは，建方手順によって，意図する応力状態を設計者自らがつくることができることにある。つまり，部材分割の仕方，接合および緊張手順は，意図的な応力操作を可能にする。

参考として，**図28**に実施施工段階の建方計画を示す。

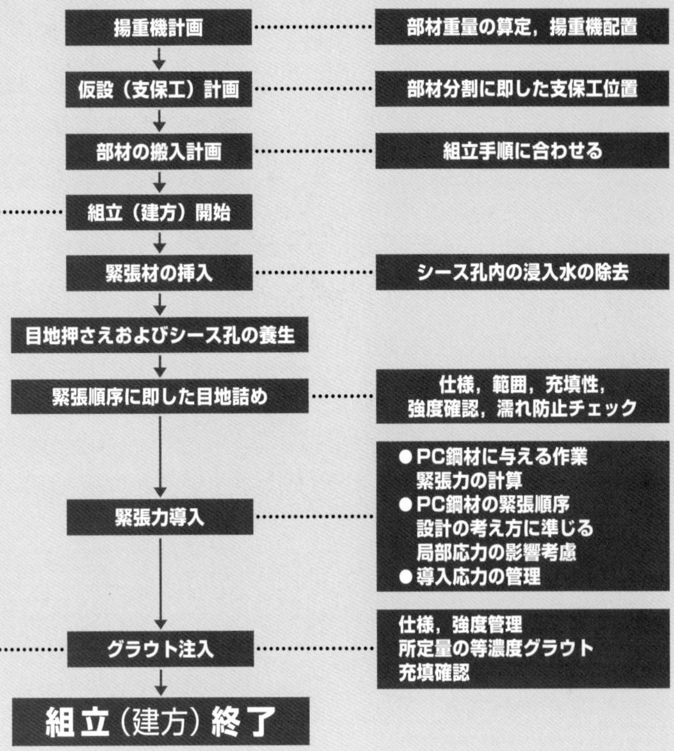

28 PC建方計画フロー

【緊張力導入】

緊張力導入は，ジャッキによる圧力値と，鋼材の伸び量で管理する。導入緊張力値の決定には，設計段階における有効プレストレス力に準じ，現場では，施工前にシース管との摩擦損失および緊張端におけるくさびの食い込み（PCストランドケーブルの場合が該当）を考慮し，緊張ロス率をファクターとする有効緊張力を検証する。有効緊張力が設計値を下まわる場合は，導入時の緊張力を最大0.9 P_yまで上げることができる。配線が長い場合は，両引き緊張もあり得るが，通常は片引き緊張である。配線が短い場合，くさびによるロス率が甚大で，設計段階で考慮しておく必要があるが，再緊張による方法もある。ただし，定着金物が大きくなるので，事前の納まりの検討が必要である。

柱・梁には複数のケーブルが配線されることが多く，緊張順序によっては，部材にねじれが生じたり，面外曲げが生じたりする場合があるので，事前に十分な検討が必要である。平面的に架設されるフラットスラブや格子梁などの場合は，緊張順序によってひずみが残ることもあるので，緊張順序を中央部から両端部に振り分ける。

【グラウトの施工】

グラウトとは，PC鋼材が配線されているシース内に注入されるモルタルのことであり，PC構造の生命線である。

グラウト施工には，防錆効果とボンド効果（PC鋼材の降伏点強度まで有効に発揮させることができる）を得るという2つの目的がある。安全性と耐久性を左右する重要な施工である。

昨今，本来あってはならないことではあるが，グラウト充填不良が大問題になるケースが見られる。

流動性のよいグラウトの注入方法は，圧入による強制注入が一般的であるが，必ず注入できるという安心感から，充填度合いの確認が不徹底だった問題が第一に挙げられる。充填不良の原因は，グラウト注入出ホースの潰れ，およびシース内に目地モルタルが混入し動脈硬化を起こしてしまったこと，また，柱脚部シース内に溜まった雨水除去が不徹底だったために鋼材が錆びてしまったことなどが挙げられている。

充填不良の原因をつくらないことはいうまでもないが，さらに入口からの圧入と出口からの吸引を同時に行う，徹底したグラウト施工方法が好ましい。

29 PC建方計画の実例「日能研関東本部ビル」

建物全景

柱・ブレース・梁の接合部

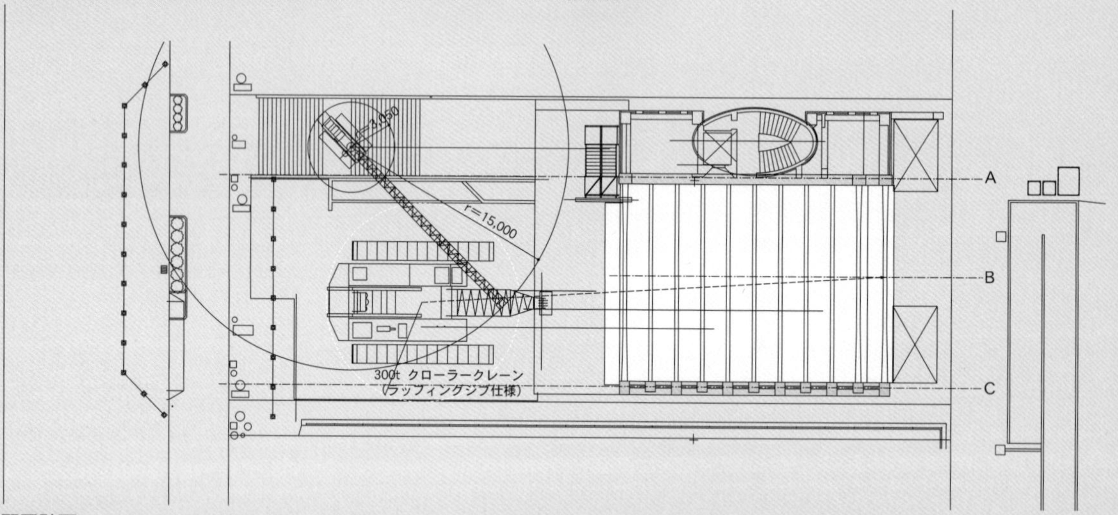

配置計画

敷地に十分な資材置場がないため，前面にクローラクレーンを配置し，現場搬入後，直接架設するように計画した

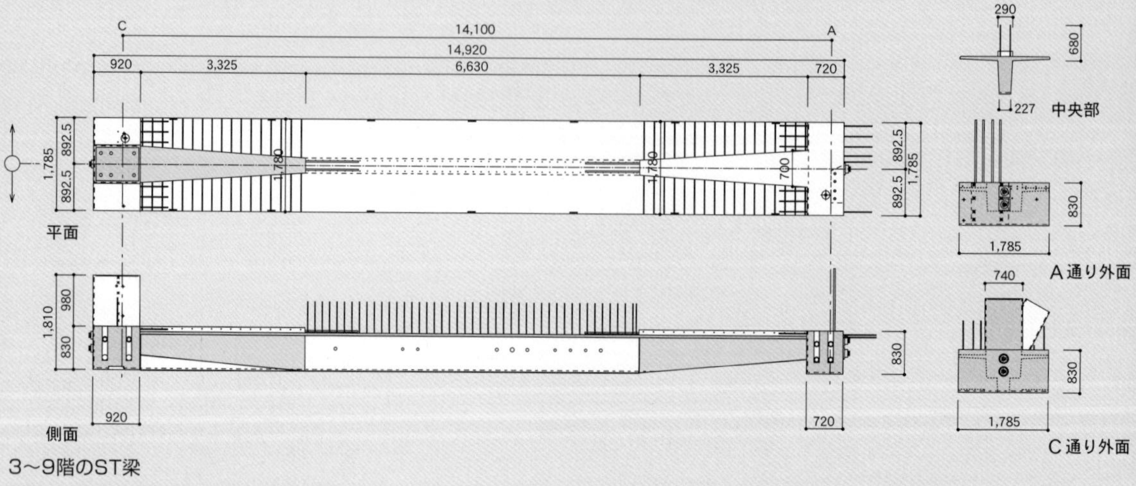

3〜9階のST梁

形状はスパン方向ST梁に桁方向の梁を複合する構成とした。梁通し型にすることにより，プレストレス導入に伴なう不静定二次応力の発生をなくしている

設計工程および施工工程

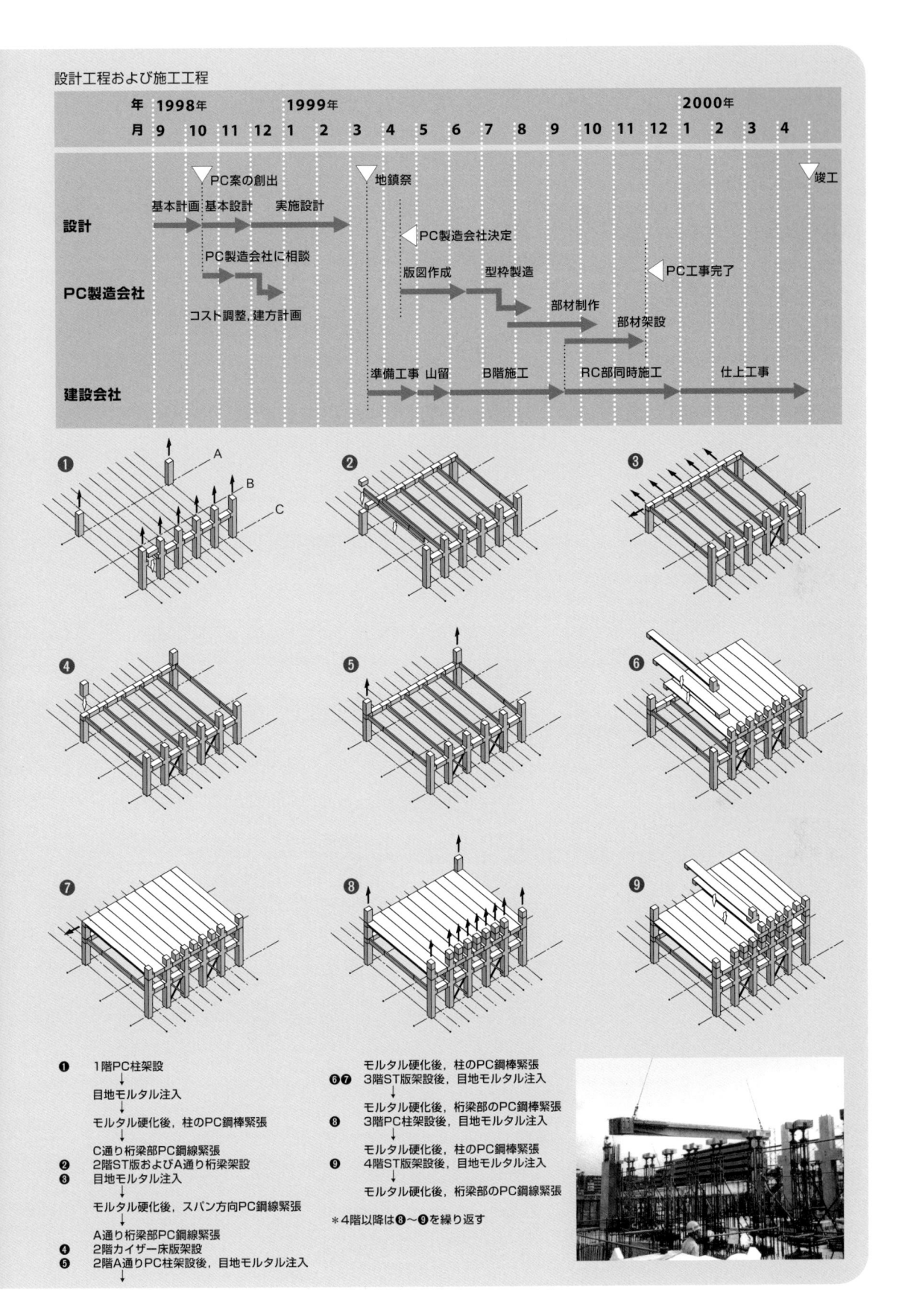

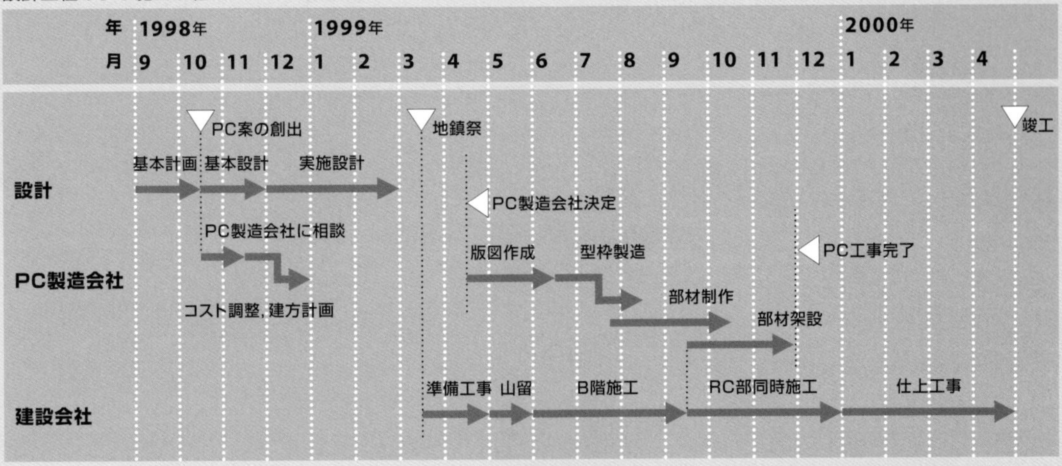

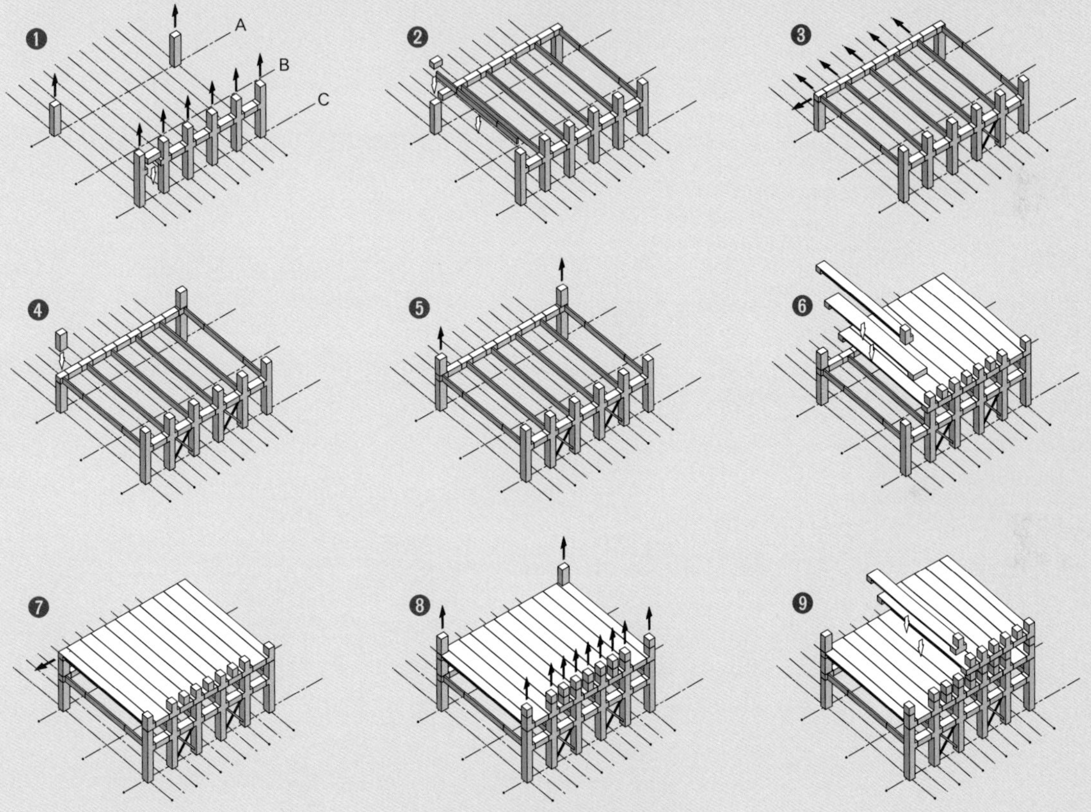

❶ 1階PC柱架設
↓
目地モルタル注入
↓
モルタル硬化後，柱のPC鋼棒緊張
↓
C通り桁梁部PC鋼線緊張
❷ 2階ST版およびA通り桁梁架設
❸ 目地モルタル注入
↓
モルタル硬化後，スパン方向PC鋼線緊張
↓
A通り桁梁部PC鋼線緊張
❹ 2階カイザー床版架設
❺ 2階A通りPC柱架設後，目地モルタル注入
↓
モルタル硬化後，柱のPC鋼棒緊張
❻❼ 3階ST版架設後，目地モルタル注入
↓
モルタル硬化後，桁梁部のPC鋼棒緊張
❽ 3階PC柱架設後，目地モルタル注入
↓
モルタル硬化後，柱のPC鋼棒緊張
❾ 4階ST版架設後，目地モルタル注入
↓
モルタル硬化後，桁梁部のPC鋼線緊張

＊4階以降は❽～❾を繰り返す

3

具体化への道程

Ⅰ 顕本寺

木造のつくり方で構成したPC

構造躯体の高品質化をめざした，PC造の本格的な組立構造である。主要部材だけでなく，二次部材（非耐力壁など）もすべてプレキャストコンクリートとしている。

ここで採用した架構システムは，曲げ系のラーメン構造である。このラーメン構造を成立させるために1つ1つの部品をどのように分割し，接合し，組み立てるかが，この構工法のポイントになっている。また，主要部材は，効率的な部品化を図り，接合はプレストレス力による現場圧着としている。

このシステムは，木造のつくり方を源に確定していった。

【エレメントの構成】

全体の構成は図のように，軸組みの柱・梁と寄棟形式の屋根，付属施設の下屋からなる。各エレメントはそれぞれの性質を表現するために，単一な部材構成ではなく，合成された形（合成形）で組み上げられている。

平面プランは，960mmのグリッドモデュールで計画され，分割の基本もこのモデュールに沿っている。

【柱および梁】

柱の構成は，水切り用の台座と柱本体，それに頭つなぎ（扁平）梁の台輪からなる。台座を柱の建方の際のレベル出しのため，そして，頭つなぎ梁を屋根版の建方の際の定規代わりとして用いる考え方は，計画当初から施工まで踏襲されている。また，このつなぎ梁と屋根版に内蔵されているリブをシアーコッター（だぼ）で一体化することで桁梁を構成し，より大きな剛性をもたせている。地中梁にアンカーさ

全体構成アイソメ

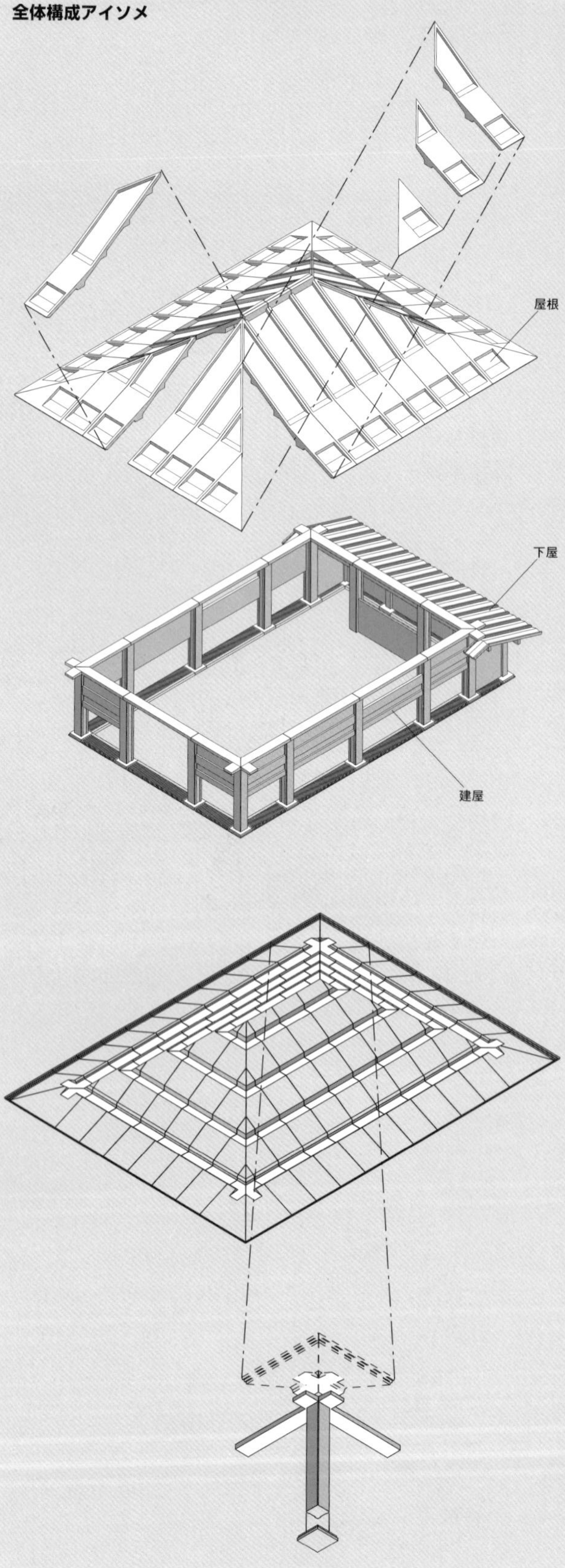

側面ファサード

下屋の屋根

軒先

下屋の軒先

下屋の構成

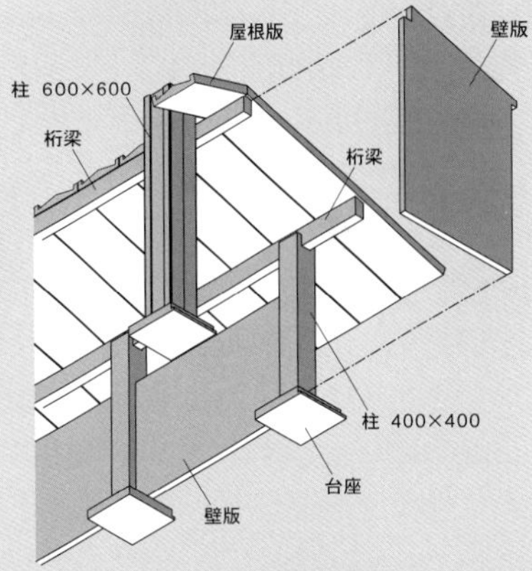

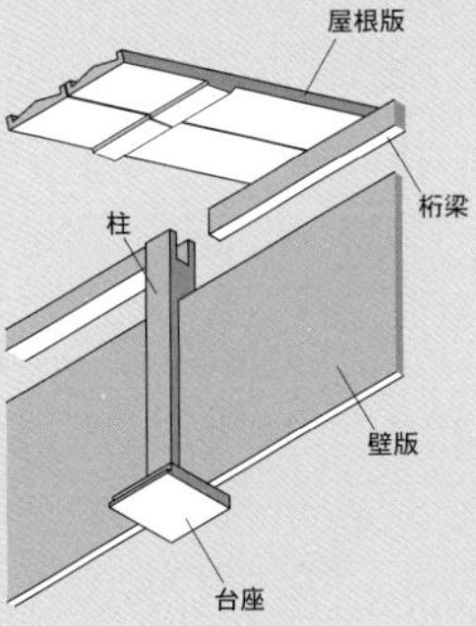

れた4本のPC鋼棒は，台座，柱本体，台輪，屋根版を通し，プレストレス力により圧着され一体化している。

【屋根】

屋根は，2つの勾配（4.5寸と7寸）をもつそり表現で，本瓦葺きの勾配に合わせている。勾配の変わり目が桁梁上部近くにあり，応力が一番大きくなる部分なので，スラブの厚みを増し，配線・配筋の納まりを工夫している。また，厚みを増した部分でも水勾配が確保されるように法の勾配に気を配っている。

屋根の分割は，版幅1,920mm（基本モデュールの2倍）の1方向のジョイスト形式とするが，周辺にたがをまわすことで2方向応力に対処している。また，軒天をフラット仕上げとする反面，瓦下地受け兼用のリブ構造にしている。

したがって，外部は1,920mmピッチの垂木のように，内部からは周状のたがリブが段状に，その交差部に定着端の納まりを見ることができる。

【下屋】

下屋では，かなり大胆な木造的納まりを実践している。建物全体の構造バランスを考えると，この下屋には大きな応力が発生しないので，この納まりが可能となった。内側の桁材は柱側面に，外側の桁材は柱頭部を頭貫させる納まりとし，ともにPC鋼棒を通しボルトと同様に扱い，プレストレス力により圧着接合している。屋根を形成する“ヘ”の字型のジョイスト版はこの桁材上に載せ掛けられ，桁材とはコネクターのみで結合させている。ジョイスト版同士は，目地詰めを行わず，相互がバラバラに挙動しない程度のコッターで連結している。

【壁】

通常の場合，非耐力壁とフレームとの取合いは，水平変位に対し，逃げのあるディテールを採用するものだが，そのディテールは3次元的に対応しなければならず，かなり手のこんだものとなる。

この建物は，平屋で安定した立平面形状なので，簡易なディテールとすることができる。そこで，丸鋼の小さな曲げ剛性に着目し，水平挙動に見合う変位に追従できるディテールを考えた。

各部の取合いディテール

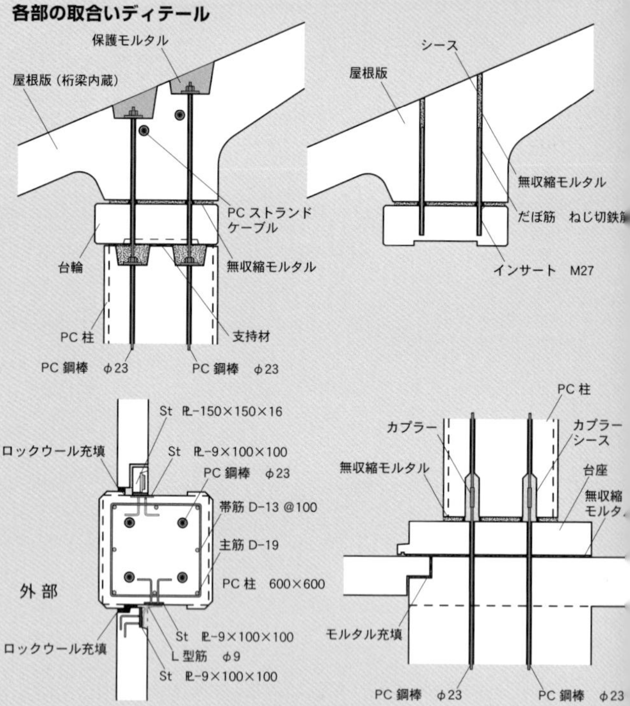

屋根版の運搬から建方

【PCの製造】

モデュールの設定で，部材寸法の統一を可能にしたので，型枠の転用・効率化を図ることができた。屋根版は，勾配に沿って長さが変化するので，端部の位置を変えることで対応し，1型枠で全ピースの製作ができた。

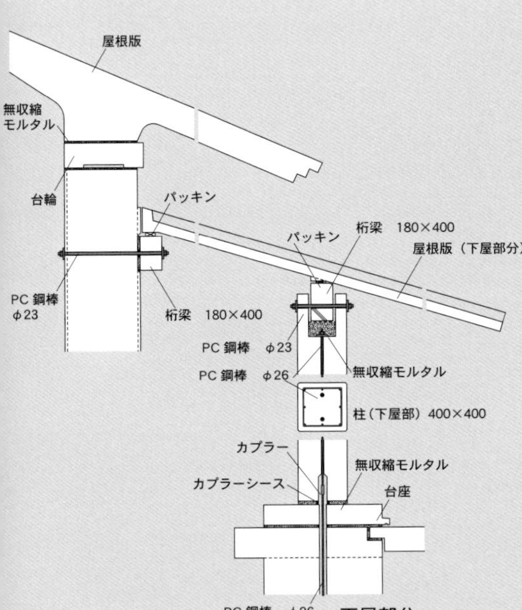
屋根版
無収縮モルタル
台輪
パッキン
PC 鋼棒 φ23
桁梁 180×400
パッキン
桁梁 180×400
屋根版（下屋部分）
PC 鋼棒 φ23
PC 鋼棒 φ26
無収縮モルタル
柱（下屋部）400×400
カプラー
カプラーシース
無収縮モルタル
台座
PC 鋼棒 φ26

下屋部分

各部位の基本構成

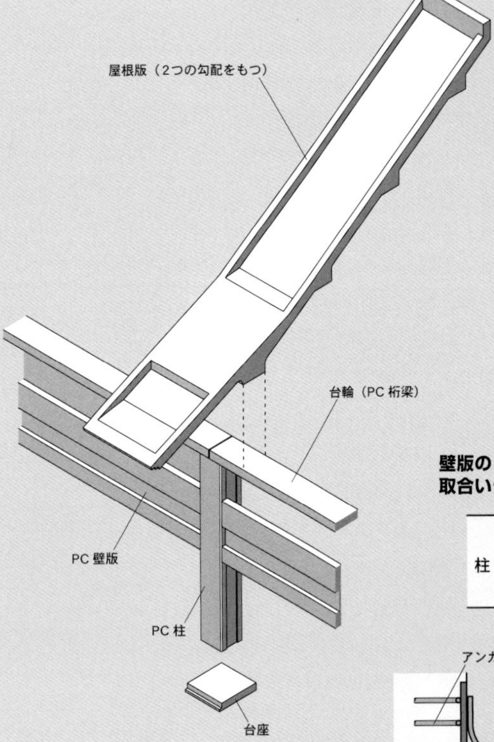
屋根版（2つの勾配をもつ）
台輪（PC 桁梁）
PC 壁版
PC 柱
台座

壁版の取合いディテール

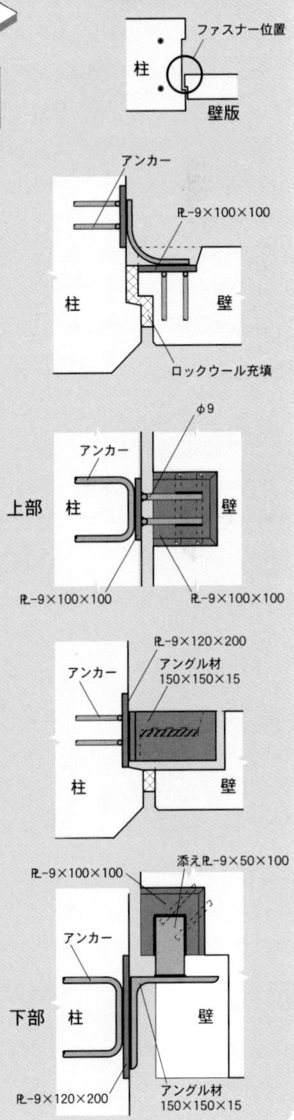
ファスナー位置
柱
壁版
アンカー
PL-9×100×100
柱
壁
ロックウール充填
φ9
アンカー
上部
柱
壁
PL-9×100×100
PL-9×100×100
PL-9×120×200
アンガル材 150×150×15
アンカー
柱
壁
PL-9×100×100
添えPL-9×50×100
アンカー
下部
柱
壁
PL-9×120×200
アングル材 150×150×15

矩計

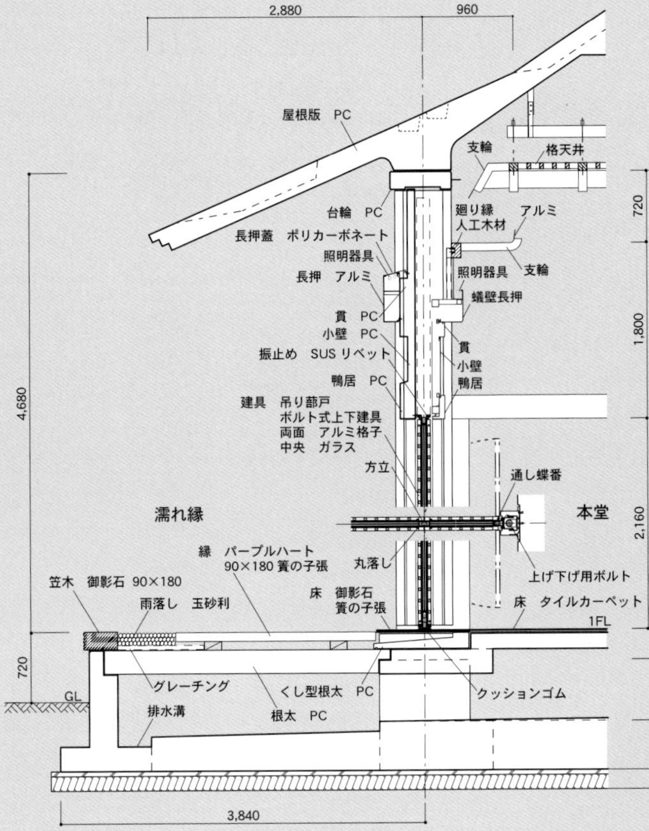
2,880
960
屋根版 PC
支輪
格天井
台輪 PC
長押蓋 ポリカーボネート
照明器具
長押 アルミ
貫 PC
小壁 PC
振止め SUS リベット
鴨居 PC
建具 吊り蔀戸
ボルト式上下建具
両面 アルミ格子
中央 ガラス
方立
廻り縁 アルミ
人工木材
支輪
照明器具
蟻壁長押
貫
小壁
鴨居
通し蝶番
本堂
濡れ縁
上げ下げ用ボルト
縁 パープルハート
90×180 簀の子張
丸落し
笠木 御影石 90×180
雨落し 玉砂利
床 御影石
簀の子張
床 タイルカーペット
1FL
グレーチング
くし型根太 PC
根太 PC
クッションゴム
GL
排水溝
4,680
720
720
1,800
4,680
2,160
290
630
500
200
3,840

2 武蔵大学8号館

システム化と連動するPC

限られた階高と床面積で最大限の内部空間を確保し，「内部空間のフレキシビリティー」と「納まりの標準化」を実現することが，この建物の命題であった。
最終的には，スケルトン・インフィルの考え方に結び付く「内部空間のフレキシビリティー」は，架構システム選定の重要な条件となる。また，「納まりの標準化」は，仕上材（内外装材，家具，建具などを対象）に限らず設備・構造材をシステマチックに構成し，かつ品質も確保するものである。
構造は組立構造を考え，高品質化（耐久化も該当）も考え合わせると，水セメント比が少ない高強度のコンクリートを用いた工業製品に行き着き，PC構造にしたものである。

【架構システム】

空間構成は，閉鎖的なコア空間（EV，階段，設備導線，便所）と開放的な無柱空間（事務室，教室，講堂など）の2つに分けられる。
コア空間は面系である耐力壁を，無柱空間は曲げ系であるフレームを主体構造としたハイブリッドな架構システムを設定した。
上部構造は，およそ95%をPC造にしている。フレームの設計では，建方手順を考慮した施工時応力を反映させている。大スパン架構と中高層建物の常として，梁端部に発生する応力と中央部に発生する応力比を是正（自重に対しては単純梁，仕上げと積載荷重に対しては通常ラーメン）することを試みている。梁断面全長に対して，有効な断面形を設定することができるとともに，柱断面も長期応力（曲げモーメント）の実質的減少を考慮した断面形に設定することができる。また，二次応力の発生を防ぐため，緊張手順を操作している。

【エレメントの構成】

プランを構成している基本グリッドは，4,500mmだが，エレメント分割を考慮して設定したモデュールは2,250mmである。このモデュールは，主にフレームのエレメント分割に用いている。
一般階を構成する柱，桁梁，スパン梁および床は，単独（基本形）でバラバラに製造することも考えられ，この場合は各エレメントが，小さく・軽く・つくりやすく・扱いやすいというメリットをうむ。しかし，同時に部品やジョイントの数が多くなり，建方が複雑になる。そうすると組立精度が低下し，現場作業が増加するというデメリットも大きい。そこで，図のように基本形を組み合せた合成形は，各エレメントが大きく・重く・つくりにくいが，部品の数が減り，現場作業が減るため，建方精度が向上する。工場では技術レベルの高い作業が増える。集中管理下で行われる工場作業量が増えることで，品質が確保できる。

建物全景

断面図

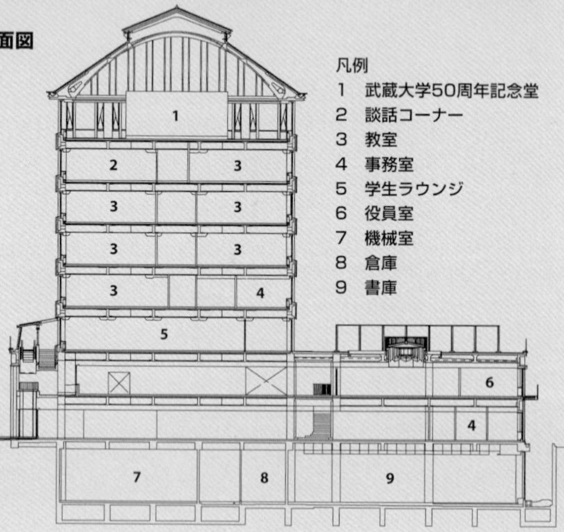

耐久性のある構造体である。
大スパン架構22.5×27mの無柱空間化，スケルトン・インフィルの導入，外部への適切なクラウディング。徹底したシステム化が図られている

標準階見下げ

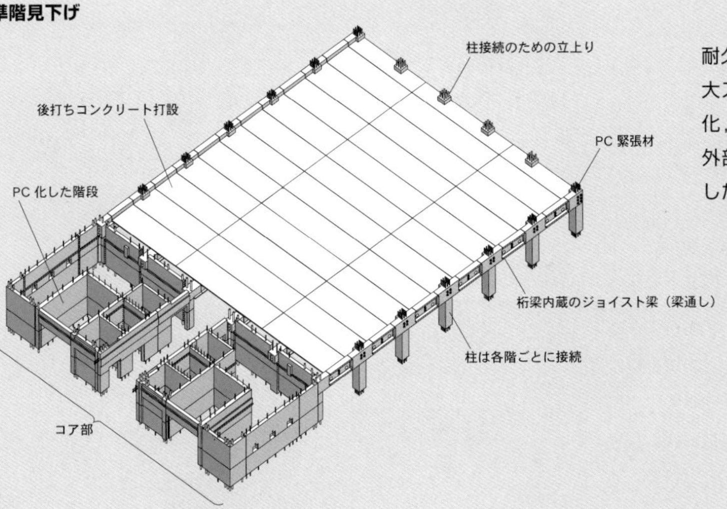

3階見下げ

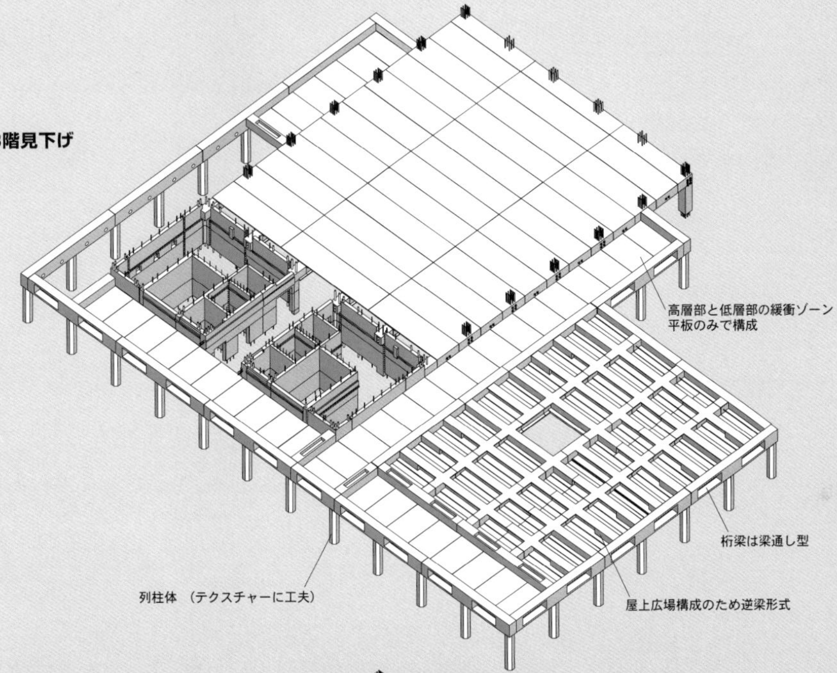

標準階見上げ

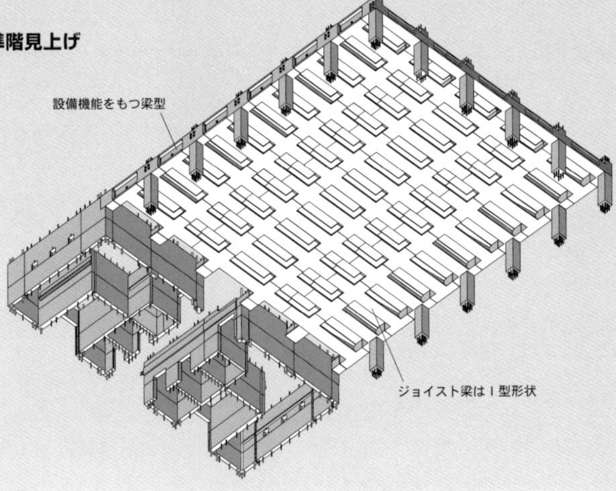

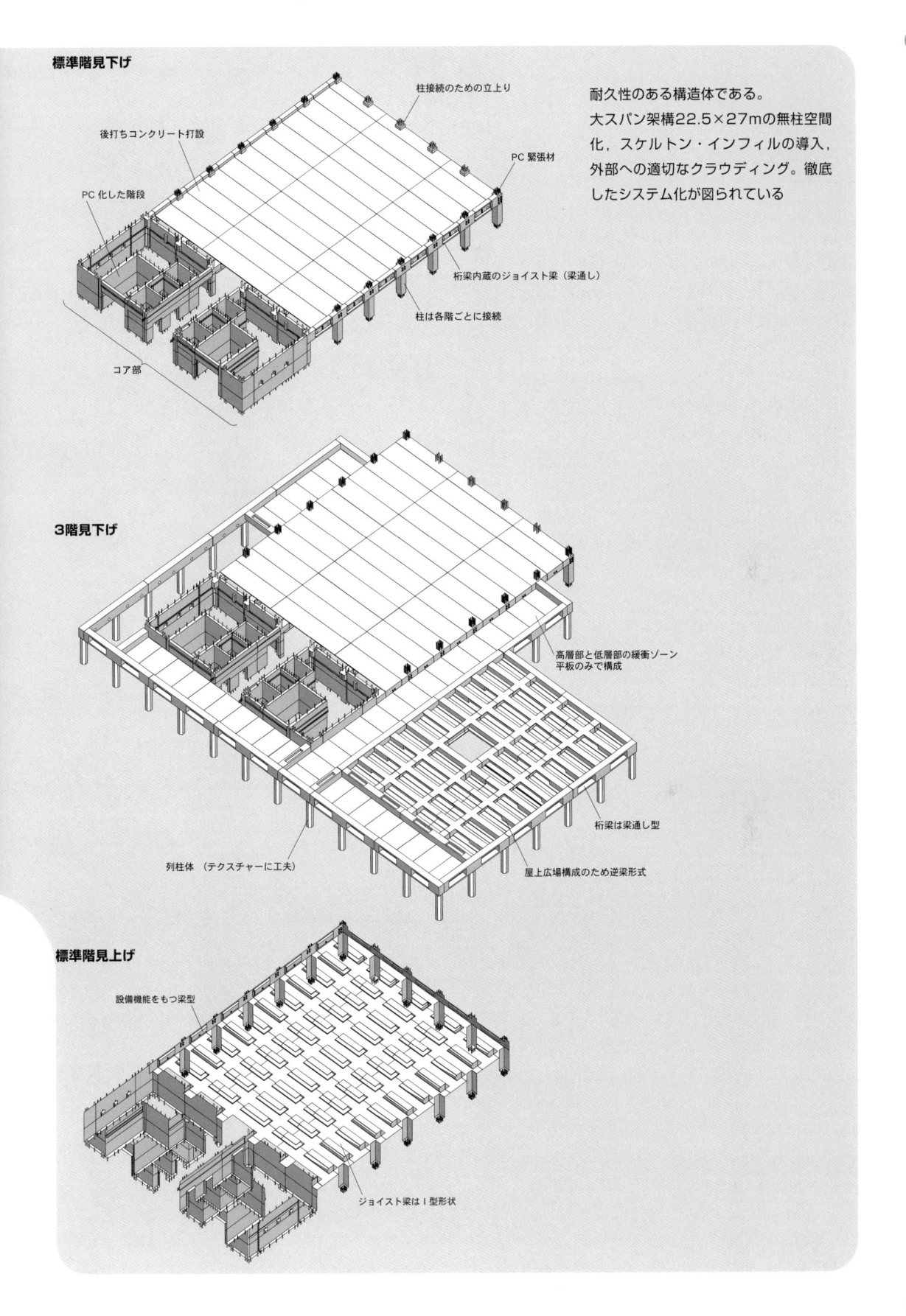

【コア壁】

1階以上のコアは，独立コアで，コア間は基本的に床のみで連結している。平面的な分割は，部材製作上支障が起きない大きさとし，階高方向は各階2分割している。また，隅角部は壁版に内蔵した柱型にしている。図に示すように分割して，縦方向はＰＣ鋼棒で圧着接合している。横方向は各ピースから鉄筋を出しておき，現場で目地部（幅150mm）にスパイラル筋を挿入した後に，コンクリートを打設し一体化している。このコア壁は，1階脚部に回転ばねを計画的に負荷させている。具体的には，隅角部周辺に配置されたPC鋼棒脚部のアンボンド化である。高さ700mmの範囲でPC鋼棒にコーティングして，グラウトが付着しないようにする。ＰＣ鋼棒の弾性伸びを許容する方法として，脚部に大きな回転ひずみ（回転ばね）を与え，この曲げ剛性低減効果を考慮した。

【筒状フレーム】

フレームの構成は梁通しで，柱は各階分割している。梁は，短手方向に2,250mmピッチで輪切り状に分割した桁梁内蔵型のジョイスト版で，部材方向4,500mmごとにリブを設けている。このリブ内にもＰＣケーブルを配線し，平面上の2方向の応力に対応できるようになっている。この梁せい770mm（後打ちコンクリート厚80mmを合わせると850mm，桁せいは1,270mm）のジョイスト版と，外周柱700×700mm（4,500mmピッチ）で構成された22.5×27mの無柱空間は，限られた階高を有効利用するのに十分なものである。

【50周年記念堂屋根】

勾配が6.75寸の山形形状の屋根である。スパンが22.5m，軒高さが8階床レベルから3.85m，最高構造高は同じく約10.5mである。

上下（上面は端部のみ，下面は変化）にスラブをもった3分割した幅2,250mmのWT版は，材軸方向に一次緊張して放物線をなしている。その放物線状の架構を金太郎飴のように連続させ，二次緊張することで一体化させるヴォールトシステムである。山形状のリブに対し，放物線状にスラブ（フランジ）を取り付けている。これは，山形との形状ギャップを起こし，端部に設備ダクト用の開口を設けるのに大変都合がよい。決定した放物線アーチ（平均部材せい：400mm）に発生するスラスト（施工時がほとんど）は，幅2,5mの庇（厚：一般部170mm，中央部300mm）を水平梁として活用することで対処したものである。その際，水平梁へのねじり応力および8階柱に面外曲げ応力を発生させないために，以下の施工手順とした。

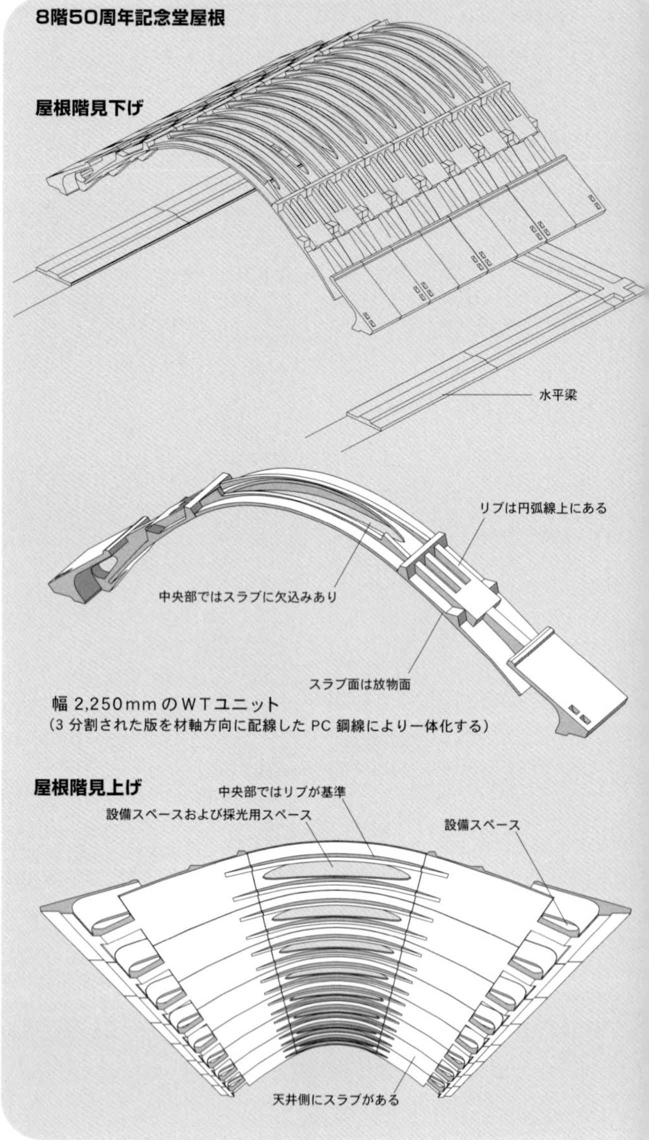

❶柱を架設し，上下に仮緊張して自立
❷水平梁および屋根の仮設ベント設置
❸水平梁を架設し，本緊張して一体化
❹屋根を架設し，本緊張で水平梁と一体化
❺柱と水平梁を本緊張して完成

コア壁の構成

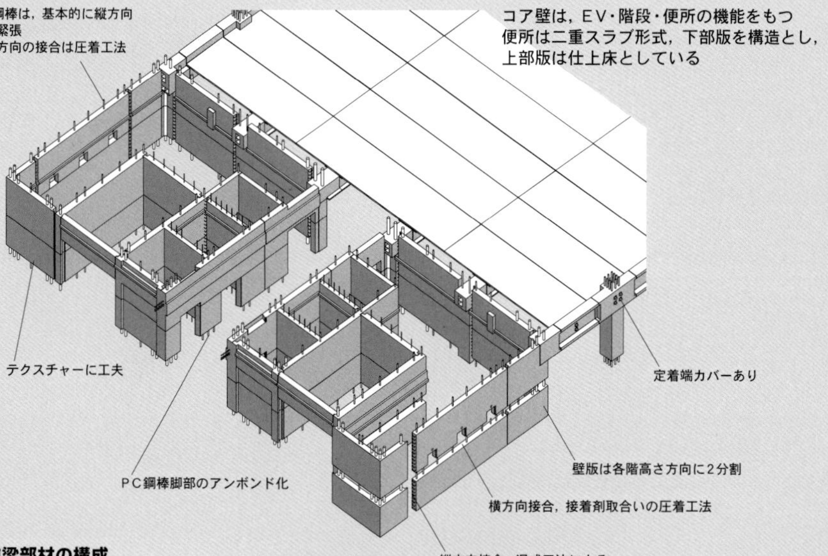

コア壁は，EV・階段・便所の機能をもつ
便所は二重スラブ形式，下部版を構造とし，
上部版は仕上床としている

3階逆梁部材の構成

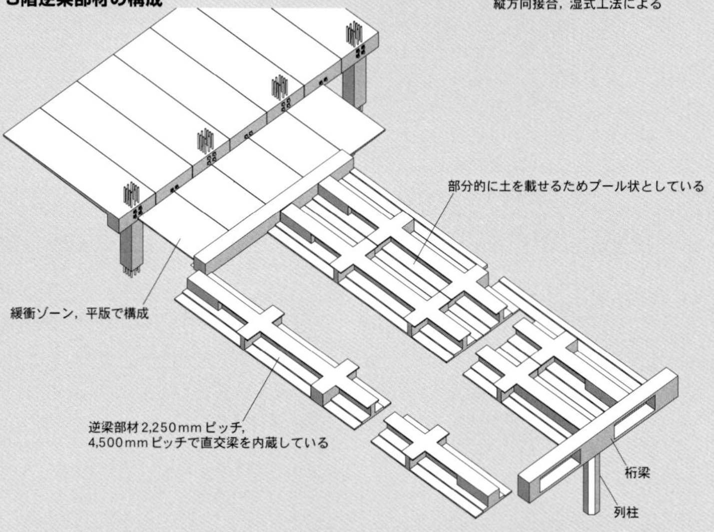

標準階PC部材の構成

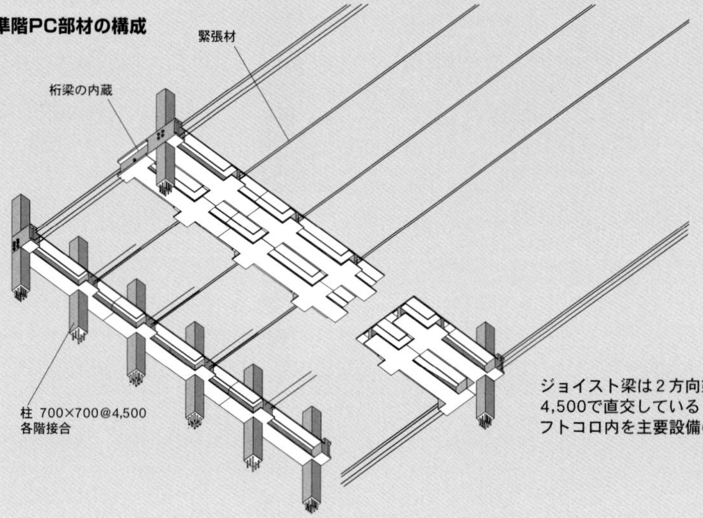

ジョイスト梁は2方向梁とする
4,500で直交している
フトコロ内を主要設備の配管スペースとしている

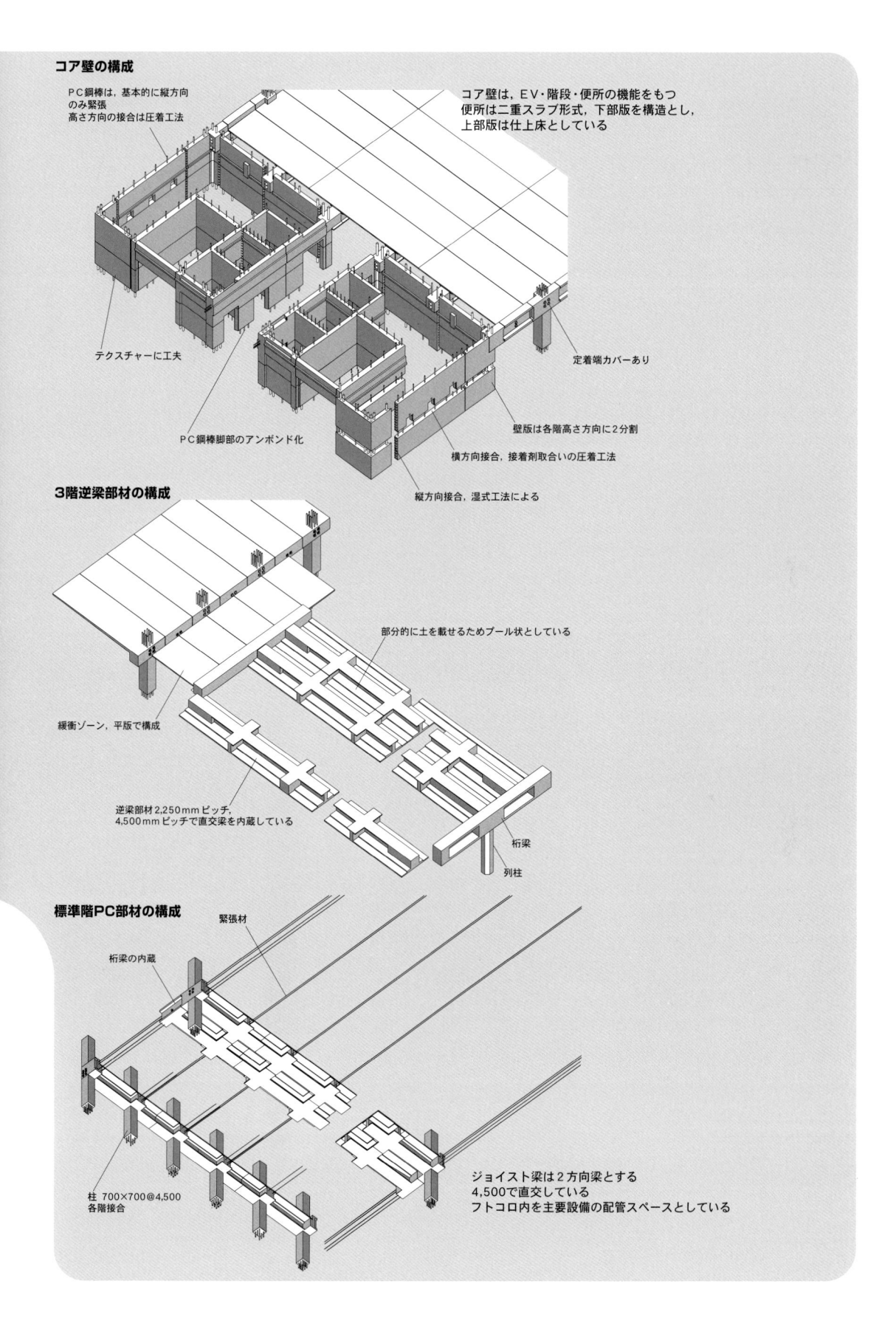

3 Ance For Dise

システム化された壁版と床版で構成されたPC

集合住宅にも，最も効率がよい合理的なPCが利用された。縦動線を別にすると，主要空間は徹底して壁版と床版のみで構成することができる。この建物では，壁版と床版を現場で圧着接合し，構成部品の種類を最小限に限定した。このシステムは，簡潔で平面的な増殖の容易さを含んでいる。ディテールも，簡潔で洗練されたものである。このような耐久性のある住宅建築は，個人の財産としての付加（資産）価値を高める。

【架構システム】

構造は，1方向壁構造（面系），他方向薄肉ラーメン構造（曲げ系）である。したがって，床版へのプレストレス力の導入は，ラーメンを構成する短手方向の1方向のみである。この緊張は，床版と壁版および床版同士の一体化の条件でもある。また，壁版はその性能上，鉛直方向と水平方向の縦横にプレストレスを導入することで，一体化した版の性能を発揮できる。所定の面内，面外の応力を伝達するのに必要な量のプレストレスを導入する。

【エレメント分割】

1住戸の大きさは6.2m（短手方向）×約20m（廊下・ベランダを含む）で，各階このプロトタイプで構成されている。当初，平面の分割は，長手方向の両端約2mの跳ね出し部分の解決を優先して，短手方向3分割，長手方向2分割であった。しかし，分割する各セグメントが大きくなり，製作的にも運搬・建方的にもうまく合わなかったため，長手方向の分割も検討され，最終的に両端の跳ね出しを含んだ部分は短手方向3分割，両端以外は長手方向のみ5分割する計画になった。

1階住戸に連続する駐車場

PC躯体全体図

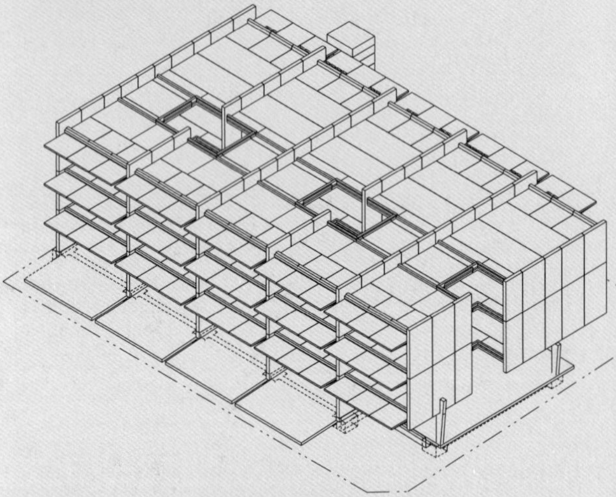

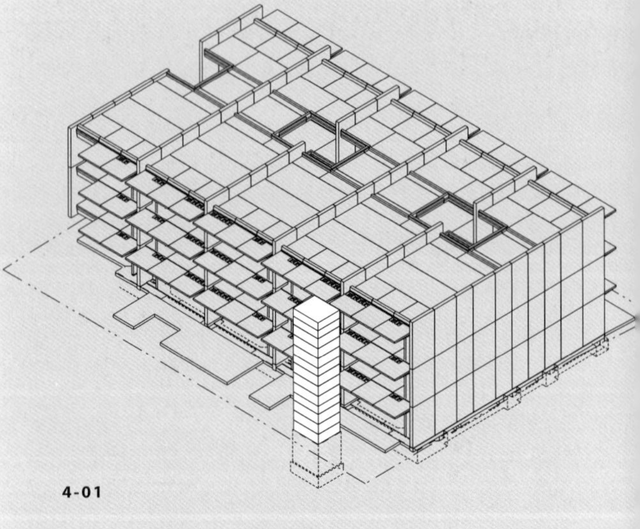

4-01

建物東側正面

PC躯体全体見上図

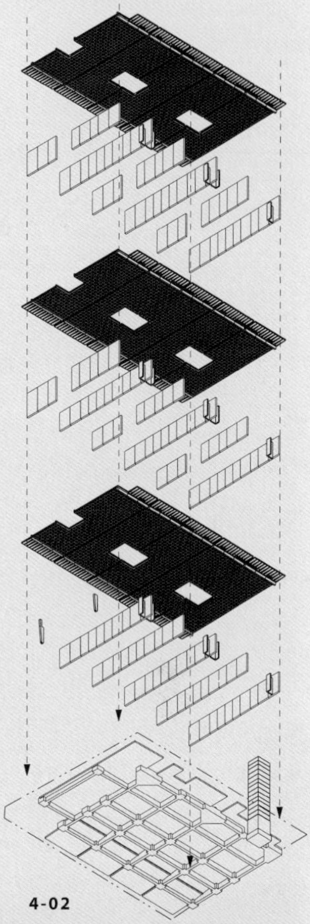

4-02

東側道路より南側壁を見る

【モデュールの設定/床版ワッフルスラブ】

500mmグリッドで平均リブせいが300mmのワッフルスラブは，内部空間の間仕切りのモデュールと一致している。分割される各版の端から1つ目のリブには，必ず緊張材（7本よりPCストランドケーブル）を配線し，全体的に2〜3リブごとに配線されている。緊張は，現場緊張なので，短手および長手方向とも，脱型，運搬および建方時の施工時応力にはRCで対応している。跳ね出しを含む床版には，補強のために通常リブよりひと回り大きな断面の桁梁を内蔵している。そして，隣接する床版とは，面外方向応力の伝達機能も備わったシアーコッターを設けた。

床版の緊張端は，壁版に欠損を起こさせないよう，露出タイプとし，緊張端保護キャップを取り付けている。

【壁版】

水平面は床版の割付に沿った分割，高さ方向は各階ごとに分割している。ただし，最頂部では，高さ方向の緊張端が露出することなく，壁断面の中（緊張端は箱抜き部分で処理，緊張後に無収縮モルタルを充填）に納めるため，パラペットを兼ねた立上りを設けている。水平方向の緊張端も同様である。壁版への緊張材はPC鋼棒を用いたことで，各階ごと，および水平方向でも一部のエレメントを先行して緊張することができ，建方計画の幅を広げることができた。

フルPCの版-版システム

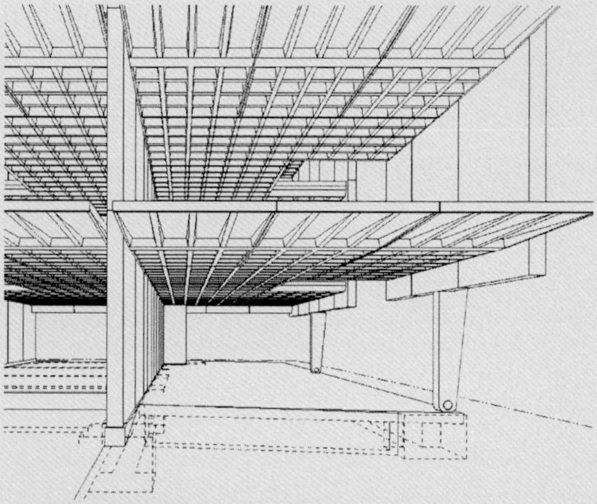

1階北側駐車場パース

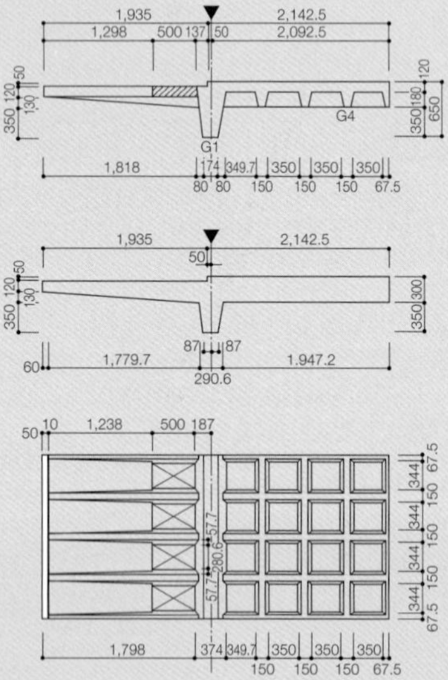

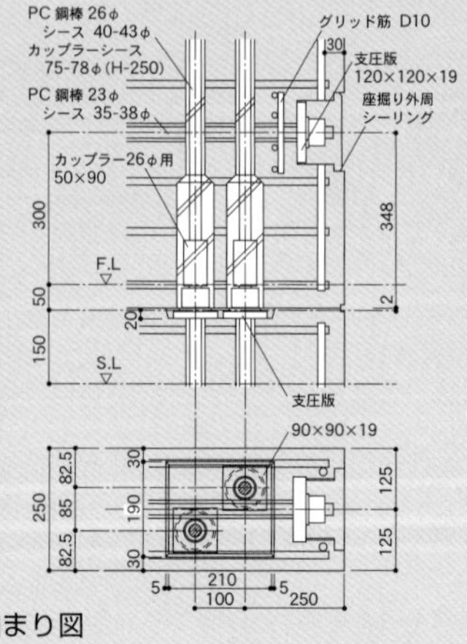

壁柱-壁柱納まり図

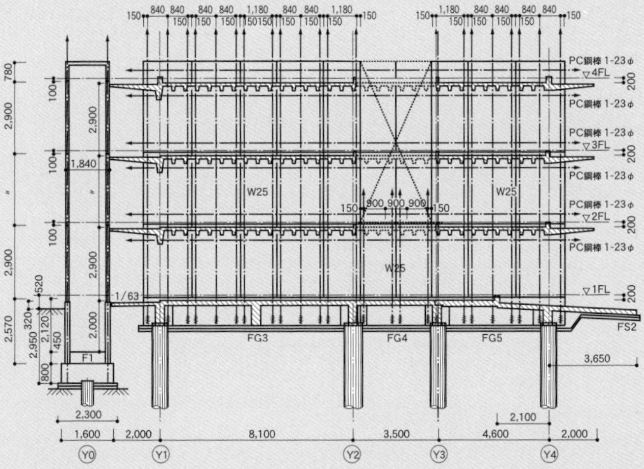

軸組図

	m³	t	ピース数
W1	1.6	4.0	85
W2	1.4	3.4	73
W合計	3	7.4	158
S1	1.5	4.0	45
S2	1.7	4.3	45
S3	1.2	3.1	30
S4	1.5	3.8	45
S合計	5.9	15.2	165
P1	0.6	1.5	1
P2	0.7	1.7	1
P合計	1.3	3.2	2
EV1	0.84	2.0	9
EV2	0.76	1.8	3
EV合計	1.6	3.8	12

PCピースの材積・数量表

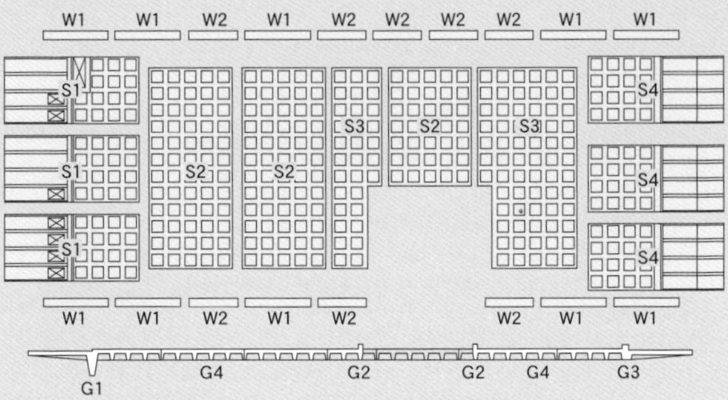

PCピース構成図

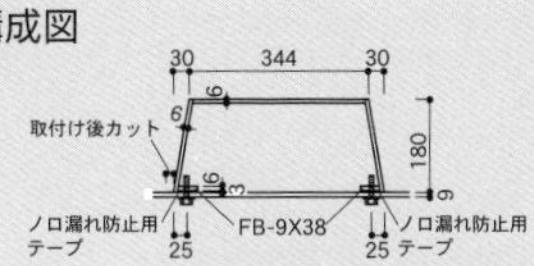

ワッフルを形成する台形型枠

PC版の製作過程

リブコッター内部

床型枠

製品検査状況

PCのジャッキによる脱型状況

駐車場から見る格子リブの連続

4 PCの品質向上のためのチェック項目

項目	細目			注意事項
❶ 使用材料	コンクリート	セメントの種類		普通ポルトランドセメントまたは早強ポルトランドを使用する
		強度（kgf/cm^2）		Fc=350kgf/cm^2～600kgf/cm^2まで使える
		水セメント比（%）		40%未満が好ましい（目標は水和反応に必要な30%前後）
		空気量（%）		通常は4%だが気泡防止のため，2%程度が好ましい(基本的にAE剤は使用しない)
		混和剤		高性能減水剤
		粗骨材	材種	良質な粗骨材を使用する（小断面部材の場合は粒径は20mm～15mmを用いると好ましい）
		細骨材	材種	強度に適したもので，色調に注意する
	鉄筋	鉄筋径		D10～D25とする。部分的に6φも多用される
		規格品	JIS G 3112	規格品が好ましい，材質はミルシートで確認する
	緊張材	材種	PC鋼棒	通常はJIS G 3109 SBPR B種1号を使用するが，ほかも可
			PC鋼より線	通常はJIS G 3536 SWPRを使用するが，ほかも可
	アンボンド緊張材	材種	PC鋼棒	通常はJIS G 3109 SBPR B種1号を使用するが，ほかも可（ポリエチレン樹脂被覆を施したもの）
			PC鋼より線	モノストランドタイプとして使用（一次被覆，潤滑用充填材，および二次被覆で構成されている）
	定着端 	定着部品	PC鋼棒	六角ナット（S45C）・ワッシャー（SS400）・アンカープレート（SS400）を使用。PC鋼棒の継ぎ手にはカプラー（S45C）を使用
			PC鋼より線	アンカーヘッド（FCD900A）・くさび（S45CH）で固定し，アンカープレート（SS400）を使用する
			スパイラル筋	異形丸鋼（JIS G 3112）を使用する
			グリッド筋	
	緊張機器	オイルジャッキ		キャリブレーションを行う。自動加圧機械が好ましい
	シース	シース径		基本的には緊張材に付いている規格径でよいが，必要に応じて径を指定する
		厚さ		スパイラルシースを使用するのが好ましい。厚さとはリブ丈のことである。使用する場所によって，強度および耐力の確認が必要
		材質	JIS G 3141	スパイラルシース
	ジョイントシース	材料		目地部のシースで，プラスチック製，ばね状シースなど各種
	充填剤 	材質		柱，壁版で圧着面で，モルタルではなく2成分型エポキシ樹脂を使用することもできる。ただし，接着面の精度が必要である。緊張手順によっては，滑りを生じる場合があるので慎重な施工が要求される
	目地型枠	材質および形状		押型成型ゴムが既製品であるが，木製型枠その他でも可。耐圧性と止水性が重要
	グラウト材 	混和剤		アルミ粉末入り膨張剤
		セメントの種類		普通ポルトランドセメント
		水セメント比（%）		45%
		ワーカビリティー		J14ロート流下時間　3～7秒
		強度	σ_{28}（kgf/cm^2）	400kgf/cm^2
	目地モルタル	種類		高強度無収縮モルタル材（プレミックスタイプ）
		ワーカビリティー		J14ロート流下時間　8±2秒
		強度	緊張時	450kgf/cm^2
			σ_{28}（kgf/cm^2）	600kgf/cm^2
	目地ライナー	材料		鋼製，ゴム製など。建方時に自重に縮まない材料とする
	定着部保護キャップ	材料		モルタル，コンクリート，アルキャスト，メッキ鋼板，陶器など。各種の工夫が必要

項目	細目			注意事項
❷ 型枠製作	製作手順	製作要領書		型枠製作に先立ち，製作要領書をPCメーカーに制作してもらい，内容を検討する
	型枠	材料		鋼製，木製，コンクリート製，FRP製など各種のものがある
		強度		コンクリート打設時の圧力で変形しない強度が必要。詳細は型枠の回転数で決まる
	治具	精度		型枠強度，寸法精度を得るために治具を考案する
	精度	寸法	縦・横・高さ	型枠製作時の精度は±1mm，20回の打設ごとに寸法を測定し±2mm以上は型枠を補正する
			対角線	型枠のそり，直角度を調べる
		接合部	隅角部	サンダーまたはブラストで仕上げる
		角部の処理		ピン角，面取り，R仕上げを決定する
		ノロ漏れ対策	角部	シール，テープ，パテまたはグリスで仕上げる
❸ コンクリート打設前	型枠	組立精度		打設前に再確認
		清掃		エアーブラシなどを使い，完全に清掃する
		剥離材		配筋前に塗布する。仕様に注意が必要。配筋後に再度，塗布状況を確認する
	鉄筋配筋	配筋量	部位ごと	鉄筋径，間隔，端部の加工，位置，十分な結束を確認する
		被り		
		補強筋		
	緊張材配線（シース）	シース径		ポストテンション工法の場合はシース位置で緊張材の位置が決まる
		位置	割裂防止	緊張材の位置の精度が最も重要で，固定のためのカンザシ筋を要所要所に十分に設ける。緊張配線の曲率半径が小さい場合は，補強の有無の確認が必要
	定着端 	納まり		定着具の納まりが図面どおりか確認する
		補強筋		補強筋の位置がずれると，定着端廻りに亀裂が発生するため，特に注意する
	埋込金物	所定量		インサート，各種埋込金物の所定量を確認する
		位置		位置精度は金物の埋込み目的によって異なるから，一律の精度基準はない
		補強筋	割裂防止	埋込金物の大きさに応じて補強筋を配置する
	打設要領	豆板，空気あばたの防止		打設要領書の作成，特にバイブレーターの使用方法，テーブルバイブレターの有無
❹ 打設後および脱型前後	打設面	処理方法		金こて押さえ，または木こて押さえ，目荒らしなど仕上方法を事前に決める
	養生	養生方法	蒸気養生	コンクリート強度を8時間程度で上げるための養生方法。温度と時間の管理が重要（季節により設定が異なる）
			自然養生	型枠の回転に余裕のある場合は自然養生が好ましい
			養生日数	プレテンション導入強度，あるいは脱型強度が発生する時期
	脱型時	コンクリート強度（kgf/cm^2）		$350kgf/cm^2$かつ脱型時応力の許容できる強度とする
		製品管理	品質精度	部材寸法精度を測定し，型枠寸法と比較する，違いは打設法の良否の判断につながる
			豆板，空気孔	大きさ・程度を観察し，次回打設の参考にする
			割れなどの損傷	大きさ・程度により補修法を立案する
❺ プレテンション	アバット	工場設備の検査		プレテンション工法では工場内に緊張力導入のための反力装置が必要で，アバットと称している
	緊張材	使用材料と配置		アバットに設置した緊張材の種類，径とその位置を検査する
	緊張力管理	張力と伸びの測定管理		張力はジャッキの荷重計の値と緊張端部での伸び量の双方で導入緊張力を管理する
		所定量		プレテンションの場合，緊張材は直線配置が望ましい。折曲線配置の場合は，有効性を検討する
	緊張力の導入	導入方法		緊張材をガスまたはサンダーで切断する。コンクリートとの付着で緊張力が導入される

項目	細目		注意事項
⑥ 工場ポストテンション	緊張力管理	張力と伸びの測定管理	張力はジャッキの荷重計の値と緊張端部での伸び量の双方で導入緊張力を管理する
		所定量　戻り量	導入緊張力は，くさび型定着部のくさびのめり込み戻り量を測定する。ナット型では原則として戻りはない
	定着具	定着具の納まり	アンカーヘッド内のくさびの納まりを検査する
	部材精度	寸法，そり	定着完了時に部材の寸法およびそりの測定を行い，事前の計算結果と比較検討する
	グラウト	充填度	グラウトポンプで充填速度を管理する。同時に所定量であるかの確認が重要
		充填完了	出口のホース孔からのグラウトモルタルの噴出を確認する（アンボンドタイプはグラウト必要なし）
⑦ 製品の養生	養生 	ストックヤード	製品のストックヤードは屋外になる。ヤードの水平性，取出し順序の管理に注意する
		養生方法	木製うまにゴムパッキンまたは発泡スチロールなどを使用し，製品に汚れや傷をつけないようにする
	雨掛り	対策	撥水材の塗布，またはシート養生が必要
	結露	対策	PC面に直接，シートを密着させてはならない
⑧ 脱型時部材応力	脱型要領	型枠の着脱の有無	自然脱型であれば部材に脱型勾配が必要。側型枠を解体しての脱型ではその手順が重要である
	揚重	吊り方	吊り上げるときに2点吊り，3点吊り，あるいは4点吊りかを検討しておく
	部材応力	ひび割れ応力度の検討	部材重量と吊位置の関係で，脱型時にコンクリートのひび割れ応力度以下であることを確認する
	吊金物 	種類・材料	鉄骨材，あるいは鉄筋，鋼線，またはデーハーのような吊金物を打ち込んでおく
		強度	吊る重量に十分な安全率を見込んでおく
	補強	ポストテンションの場合	緊張力を導入する以前の部材は，脱型時にはRC部材であるから必要量の配筋が必要
⑨ 運搬	運搬要領	運搬要領書	工事に先立ち，運搬要領書を作成し，検討する
	車両 	種類	通常はトラックに乗せる寸法で設計するが，低床式トレーラー，セパレート型トレーラーも使用可
	経路	陸上	事前に，長さ制限，重量制限，高さ制限の有無を調べておく
		海上	海上輸送の場合は寸法制限，重量制限がないが，荷物の発着港における制限を調べておく
	製品養生	積載方法	平積みか，段積みか横積みかを決定する。支える位置を決定し，製品の健全性を検討する
		振動対策	ゴム製品を使用する。セパレーター型トレーラーで運搬する場合は，特に上下振動による影響を検討する
⑩ 現場受け入れ	製品の吊り方	運搬時安全性の検討	脱型時と同様に吊位置に対応して，製品に亀裂が生じないよう配慮する
	吊金物	材料と位置	脱型時と吊金物位置を揃えることが望ましい
	製品の品質検査	目視	クラック，割れ，欠けなどを検査し，問題があれば補修法を考案する
		打音	クラックが発生している場合は，軽く叩いて状況を把握する

項目	細目			注意事項
⑪ 建方手順と設計内容との整合性	建方要領	建方要領書		工事に先立ち，建方要領書を作成し，検討する
	導入緊張力	緊張順序		複数の緊張材がある場合は，ジャッキ台数に制限があるから，緊張順序を綿密に検討しておく
		導入力管理	有効緊張力	緊張力管理は荷重と伸びの双方で行う。セット量，クリープ，リラクゼーションを考慮して有効緊張力とする
			摩擦損失計算	緊張材をカーブして配列したときは，緊張したときにシースに接して摩擦損失が発生するので，事前にその量を計算する
		緊張方法		片引きか，両引きかを検討する。片引きの限界目安は50m程度である
		再緊張の有無		他の緊張材を緊張したときに，事前に緊張した材がゆるむ場合もある，その場合は再緊張が必要。緊張材が短く，PC鋼より線を用いる場合は，再緊張可能な機構を有するアンカーヘッドを用いるとよい
	目地モルタル 	材料確認		高強度無収縮モルタルであることを確認する
		注入範囲		確認する
		目地型枠の適正		モルタル漏れがないよう確認する
		注入順序・時期		注入方法および注入時期，養生，初期強度の発生時期などを確認する
	グラウト	材料確認		確認する
	支保工との関係	滑動の有無		緊張力導入時に滑動する必要があるかどうかでディテールが異なる
⑫ 部材の設置	支保工 	位置		支保工の頭部の位置を確認する
		レベル		水平性あるいは勾配を確認する
		強度		支保工の座屈強度および水平力強度，部材設置後の支保工の縮み量を確認する
	基準点	建入規準		基準ポイントの確認と設置位置の養生
⑬ 目地処理	目地	充填完了		完了後の検査
		強度		養生日数
		仕上げ		要求する仕上り程度を確認する
⑭ 現場ポストテンション	緊張力管理 	張力と伸びの測定管理		張力は，ジャッキの荷重計の値と緊張端部での伸び量の双方で導入緊張力を管理する
		所定量	戻り量	導入緊張力は，くさび型定着部のくさびのめり込み戻り量を測定する。ナット型では原則として戻りはない
	定着具	定着具の納まり		アンカーヘッド内のくさびの納まりを検査する
	部材精度	寸法，そり		定着完了時に部材の寸法およびそりの測定を行い，事前の計算結果と比較検討する
	グラウト 	充填度		グラウトポンプで充填速度を管理する。同時に所定量であるかの確認が必要
		充填完了		出口のホース孔からのグラウトモルタルの噴出（水および空気の排除の確認）を確認する（アンボンドタイプはグラウト必要なし）
⑮ 支保工の解体	ジャッキダウン	順序	時期	支保工上の支点の解放（ジャッキダウン）順序を検討する
		盛換え		ジャッキダウン後も必要に応じて仮支点を設ける場合がある
		転用		支保工の転用計画
		変形量	所定量	ジャッキダウン後の部材の変形量を測定し，設計値と比較検討する
⑯ 最終確認	組立精度	建入れ精度	規準値	完成後の建入れ精度を確認する
	養生	緊張材余長部の切断		ガス切断またはサンダー切断
		緊張端		定着端の保護
⑰ 養生	内装工事 外装工事 設備工事	PC以外の工事との関連		インサート，各種埋込金物の位置確認と養生，ピン角の場合の工事中の養生

第5章 PC建築の納まり

「PC建築」の納まりは特殊だと考えられがちだが，特殊なところは部材を現場で組み立て，緊張力を導入し，連結することによって構造の最終形態をつくるところにある。埋込金物や開口部では，現場打ちコンクリートにおける方法を参考にして多くの処理ができる。また，特殊な納め方が必要なときには金物やガスケットを使用するときの納まりを考えるとわかりやすい。

本章では，一般的なディテールを紹介する。デザイン要素の参考としてほしい。

小瀧弘幸

1 ジョイント部の詳細

PC構造のジョイント部には，部材を緊張し一体化するための金物やPC鋼線の定着端ディテールのデザインが必要である。それらを無視してジョイント部の詳細は成り立たない。また，ジョイント部は必ず目地が発生する箇所でもある。構造体をつくるためのさまざまな制約（規制）がある中で，ジョイント部の目地をどのようにデザインとして活かすか，または眠り目地や隠し目地とするかということは，構造的な合理性とともに重要なデザイン要素である。

「すべての納まりは目地で始まり，目地で終わる」，これが「PC建築」の面白さなのだ。ちょうど建築仕上げにとって異種部材・異種素材を組み合わせ，全体の秩序をつくり出すことと同様である。もちろん，高い設計精度と施工精度とが両立すれば，埼玉県立大学（設計：山本理顕）のように目地をスッキリとデザインすることができる。

01 埼玉県立大学の眠り目地

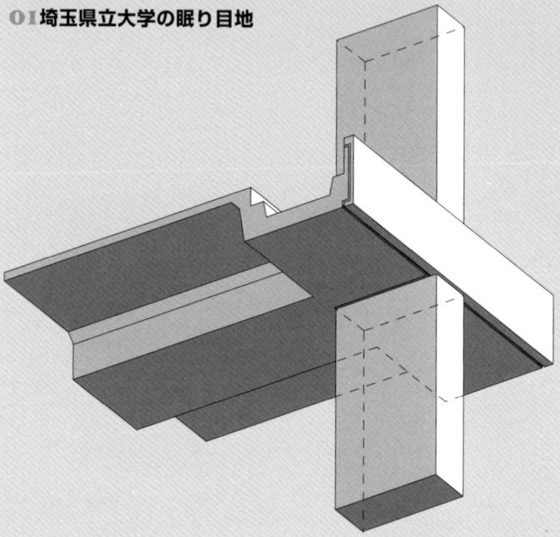

壁版と壁版

耐力壁の納まりは，構造そのものなので強固なものでなければならない。後打ちコンクリートや金物で耐力壁を構成することもできるが，PCの性能をフルに発揮するためにはプレストレス力による圧着方式が好ましい。基本的には垂直にも水平にも緊張すれば，1枚の耐力壁として，現場打ちコンクリート壁のような一体性をもった耐力が期待できる。PC壁の特徴を活かすのであればスリット壁のような性状を示す垂直方向のみの緊張が好ましい。

02 壁版と壁版の基本構成

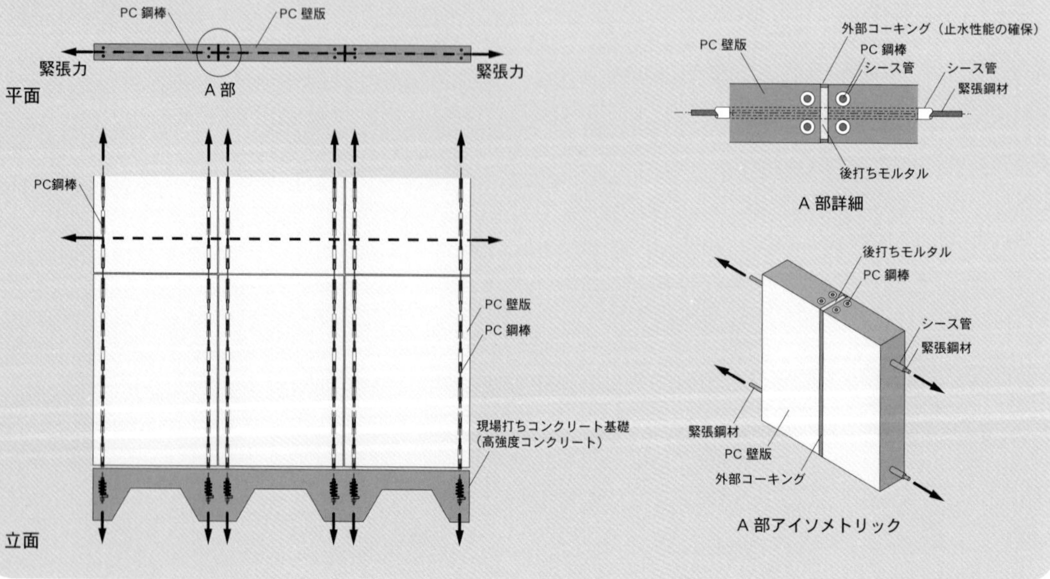

03スリット壁

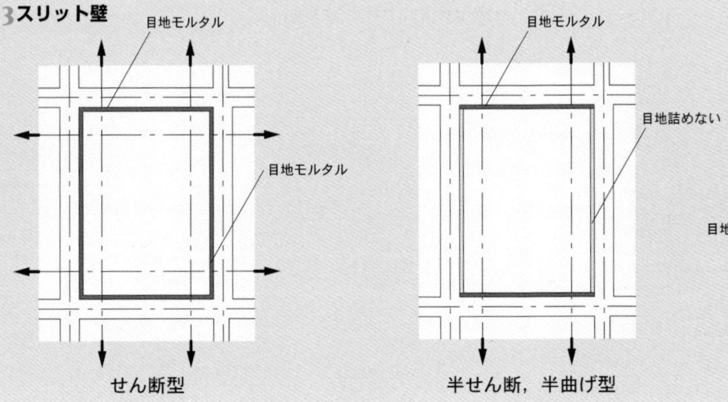

04外壁版の納まり

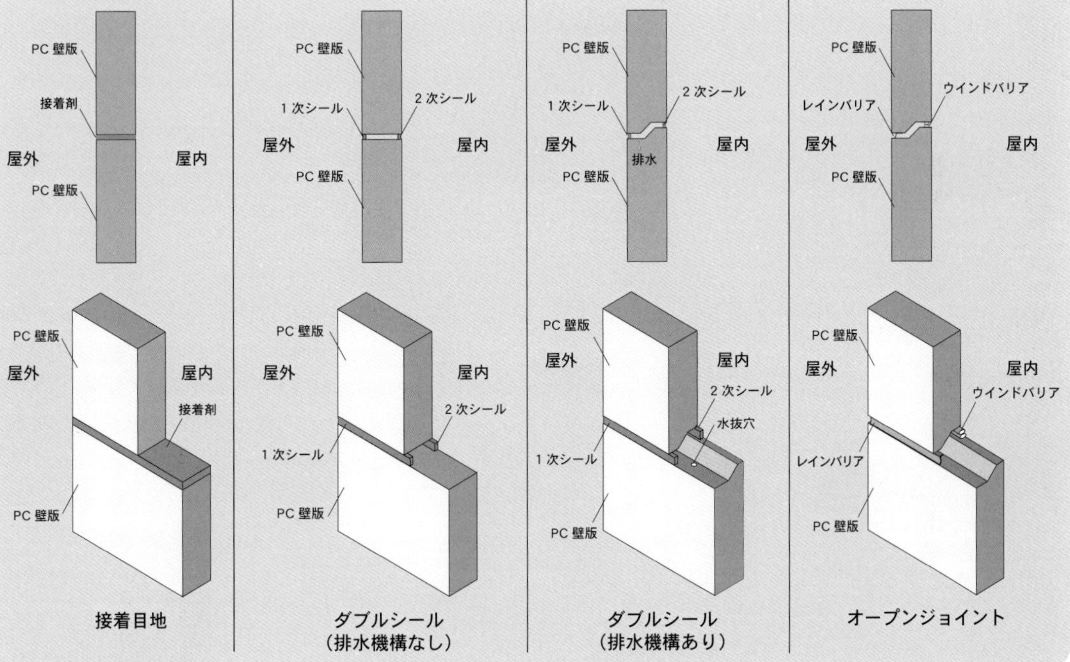

床版と床版

床版そのものを一体化する方法と，現場でPC床版の上に後打ちコンクリートを打設して一体化する合成床版の2つの方法がある。工事中の止水性能や床版のシステムにより，仕様が決定される。

水平部の目地なので，後打ちモルタルの止水性能を確保するため，バックアップ材にコーキングやガスケットなどを用いることが一般的である。

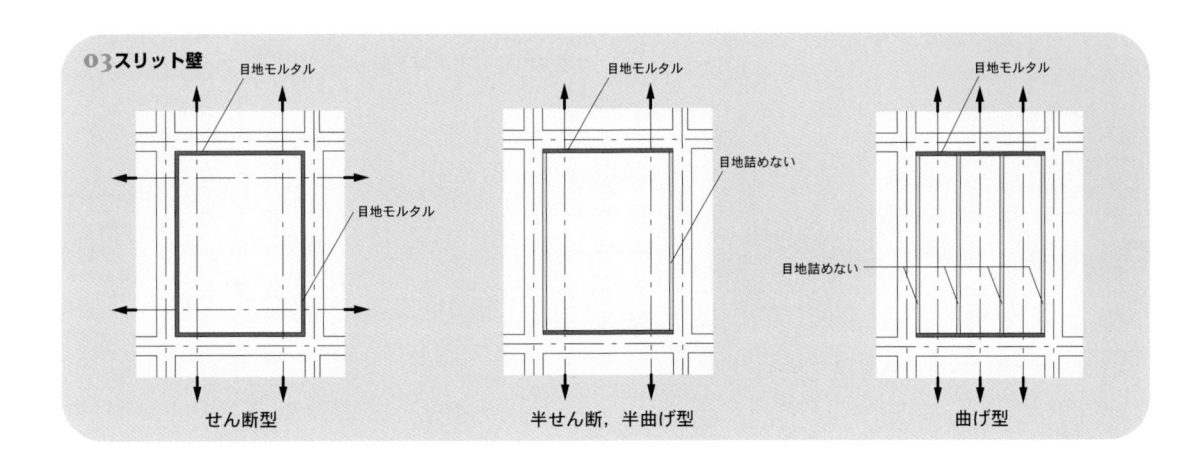

05床版の納まり

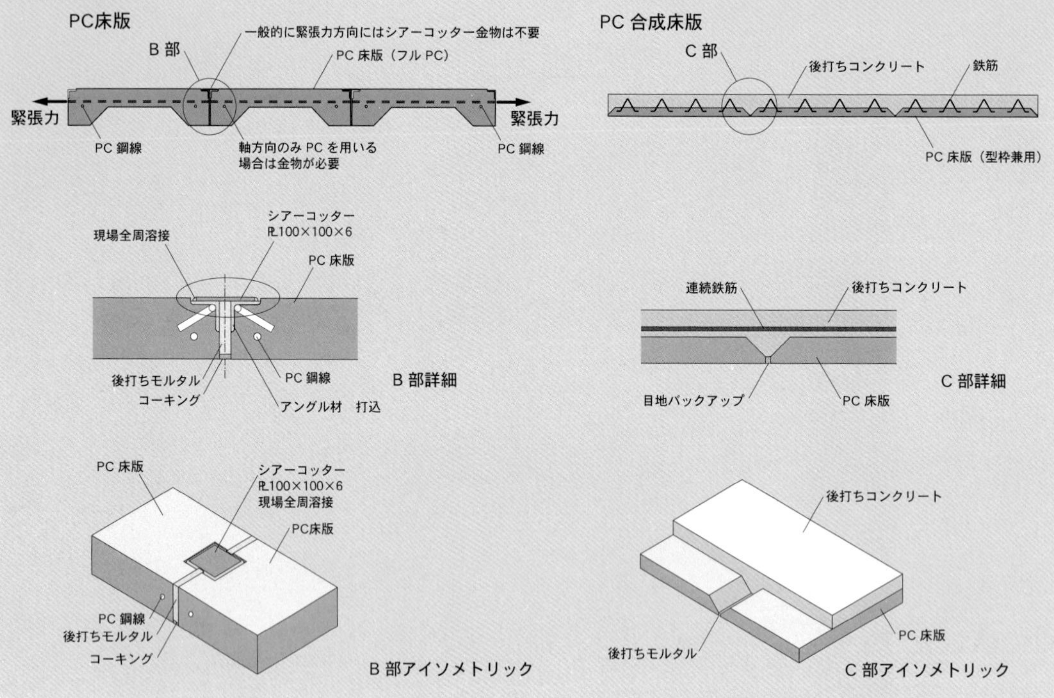

柱と梁

アゴ付型にするとその腰掛けで支保工を兼用することができる。また，アゴ形状を変形にしたり，内蔵式にすることも可能である。

アゴ付型でないときは，仮設支保工を設ける必要がある。緊張力を導入して一体構造とした後，支保工を解体・撤去する。

06柱と梁の納まり

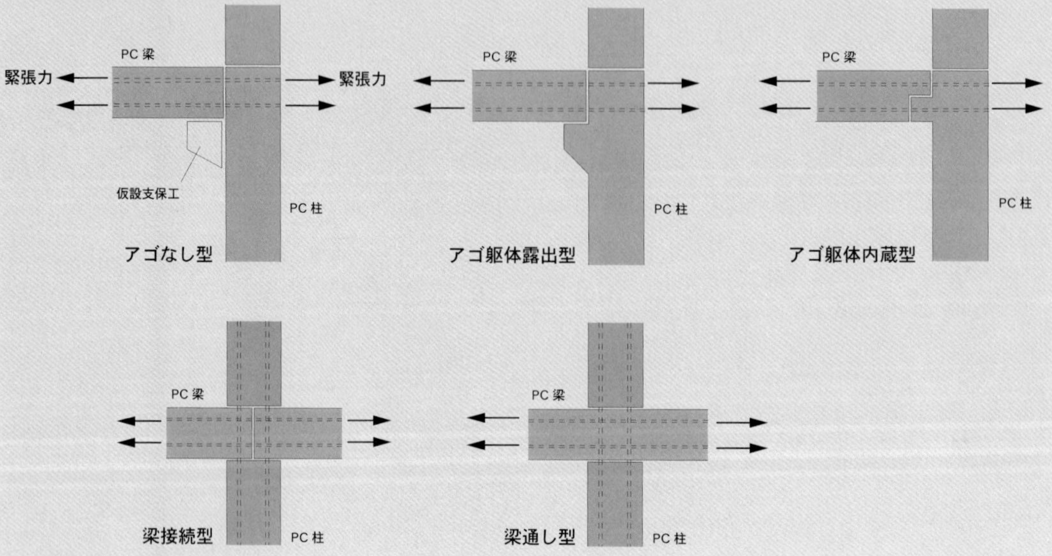

定着端

定着端には，埋込型と露出型がある。これらは，外観のデザインと納まり，その他の総合的なデザイン要素で選択される。埋込型とする場合は，構造体の断面欠損を考慮して設計することが必要となる。露出型とする場合は定着端カバーまたはキャップのデザインが重要である。

07 定着端の納まり

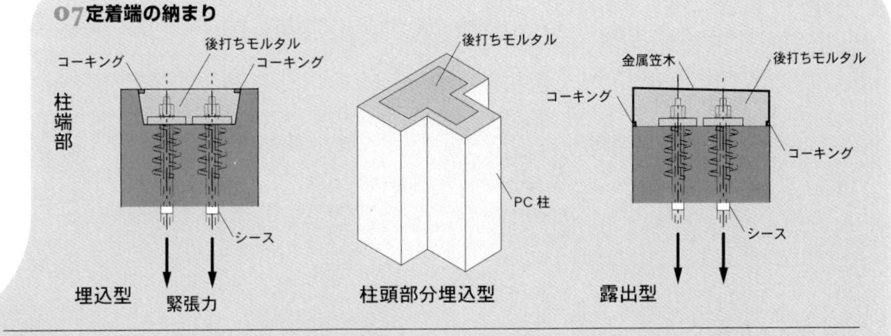

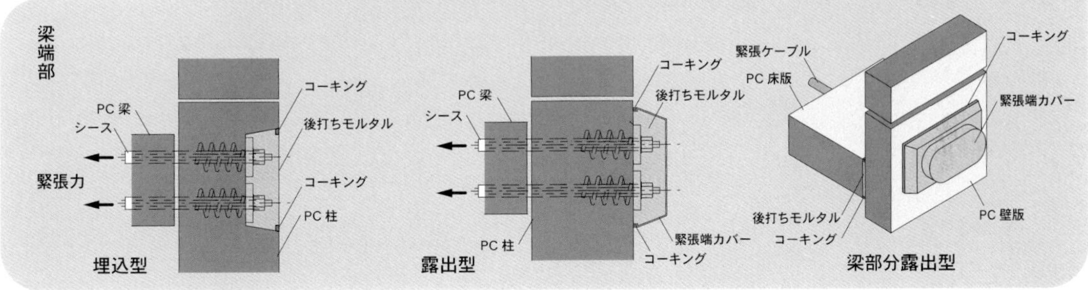

基礎

基礎は，現場打ちコンクリートで打設されることが多く，上部構造体と緊張するために必要な反力処理のため，アンカーを埋込打設する必要がある。その部分の納まりはボリュームが大きくなりがちだが，足元をすっきりデザインするには深めに打設するとよい。

また，柱脚にピン金物を使ってデザイン的に表現することもできる。

08 柱脚部納まり

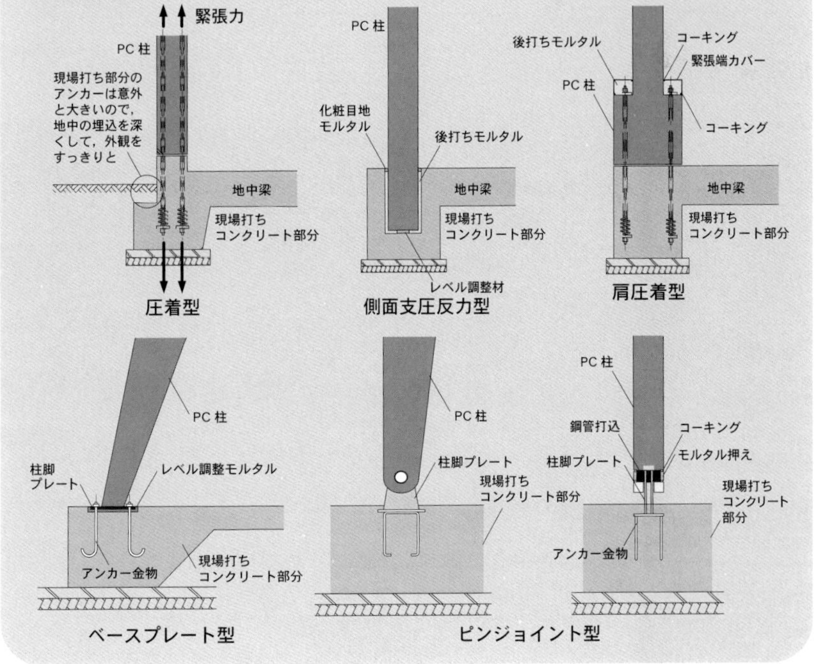

2 外部防水

PCは，工場製品なのであらゆる金物・インサートなどがあらかじめ工場で埋め込まれておかなければならない。これらの各種ディテールを考えるとき，設計図にすべてを書き込むことは不可能なので，納まりをシステム化する必要がある。そのシステムは，できる限り単純明快なもの，あるいは工事上の経験則を共有しているディテール（例えばＲＣ造に近い納まり）にする。

パラペット

基本的なパラペットのつくり方にはPC躯体と一体化したもの，パラペットをPC部品としたもの，後打ちコンクリートとしたものの3つがある。パラペットをPC部品としたものと後打ちコンクリートとしたものの場合は，目地処理をする必要がある。外からの視線を意識して上部を軽くしたいときは，溝型鋼を使用した納まりやパラペット部分を後退させ，下からの視線を避けた納まりがある。また，ユニークなディテールとなる場合は，目地の止水の検討をより綿密に行うことが重要となる。断熱と防水は現場打ちコンクリートと同様だが，PCスラブは薄くなるので外断熱が望ましい。

09 断熱防水の納まり

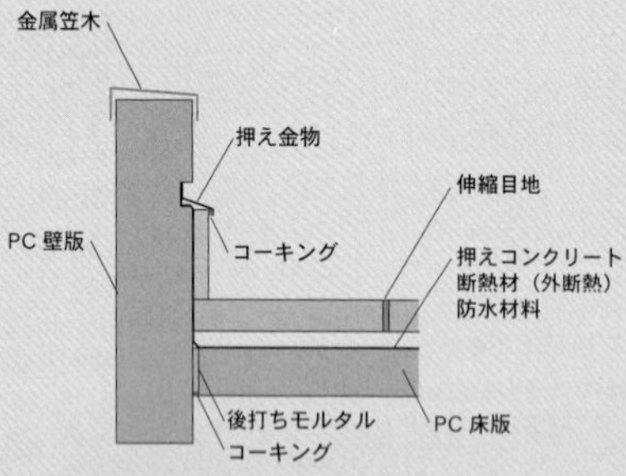

PC 部材によるパラペット

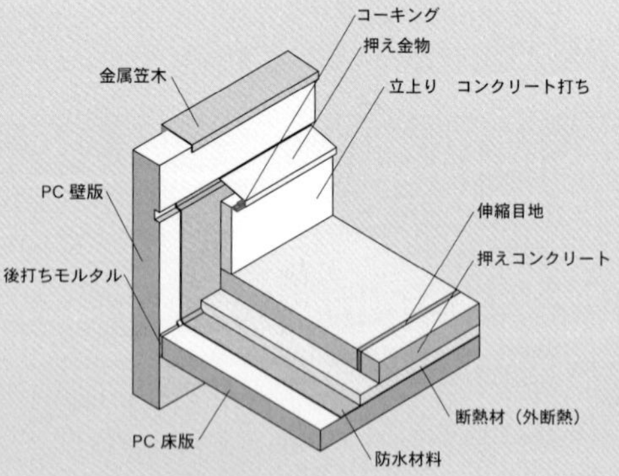

アイソメトリック

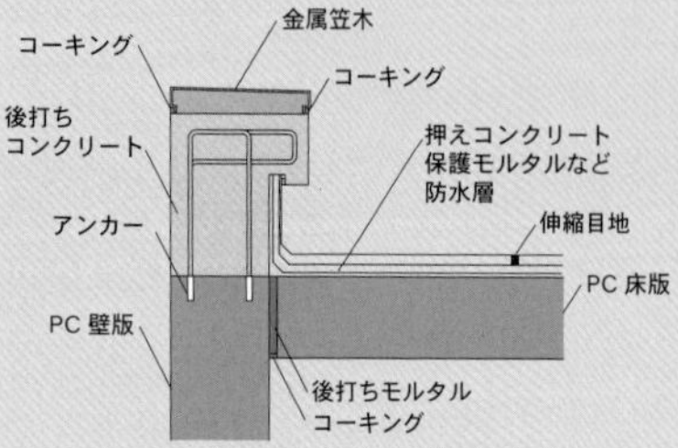

後打ちコンクリートによるパラペット

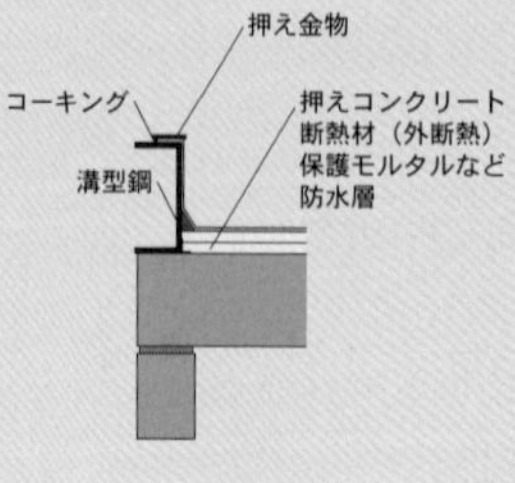

鋼材使用による軒先

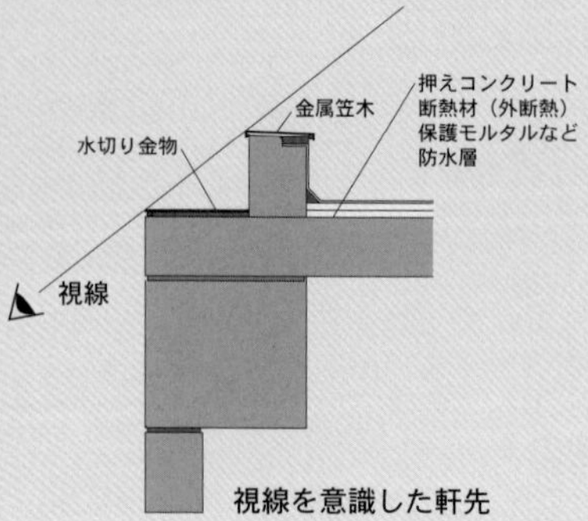

視線を意識した軒先

ルーフドレン

RC造のディテールと同様だが，金物を事前にPC版に埋め込んでおく必要がある。

10 ルーフドレンの納まり

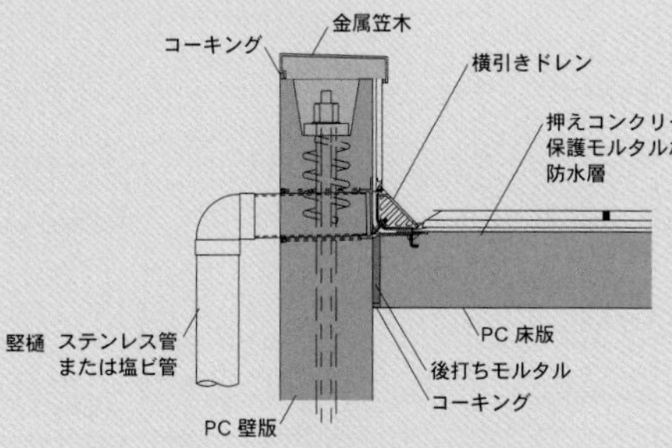

横引きドレン(外断熱型)

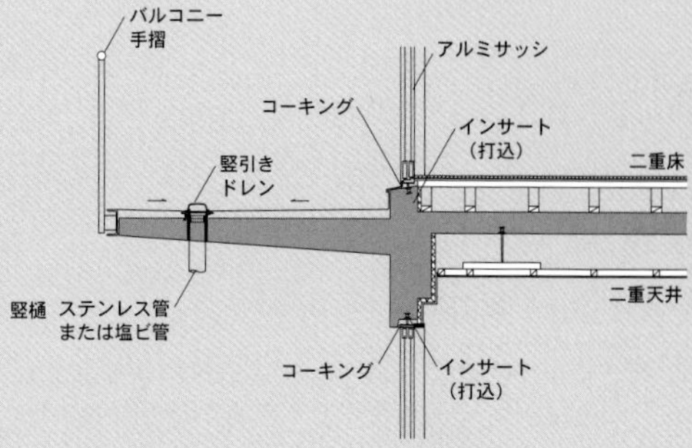

竪引きドレン

開口部

RC造のディテールと同様だが，PC版にあらかじめ欠込みとインサート金物を埋め込んでおく必要がある。

開口部の遮音性能をPC外壁と同程度に維持するためには，ペアガラスの採用が効果的である。また，図のようにサッシレスやフラットバーにサッシを取り付けたりと，いろいろなアイデアが求められる。

11 開口部の納まり

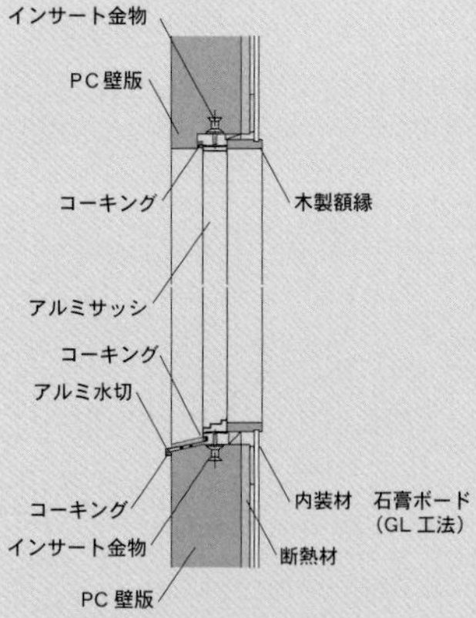

一般的なアルミサッシ（縦方向）

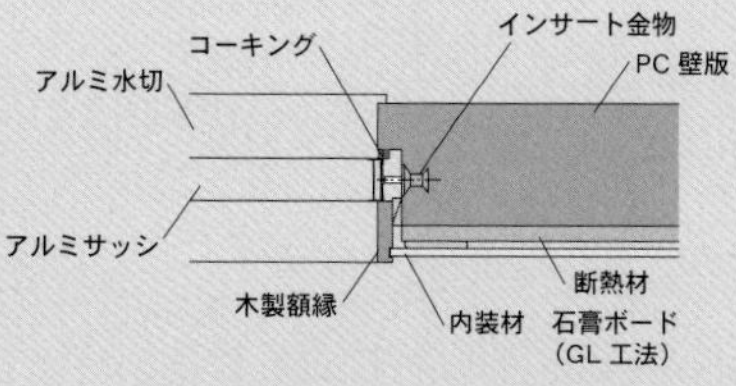

一般的なアルミサッシ（横方向）

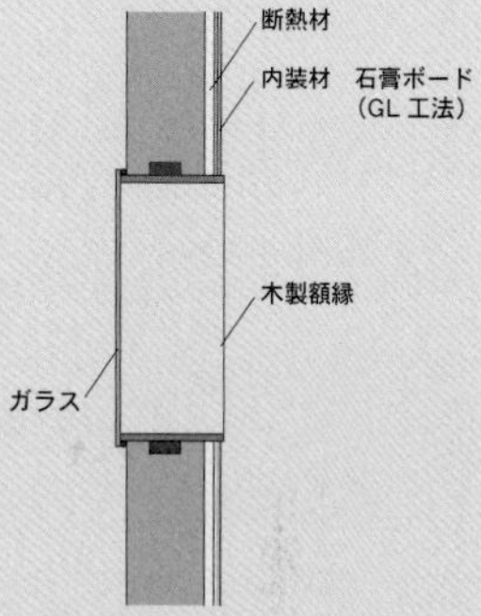

サッシレス

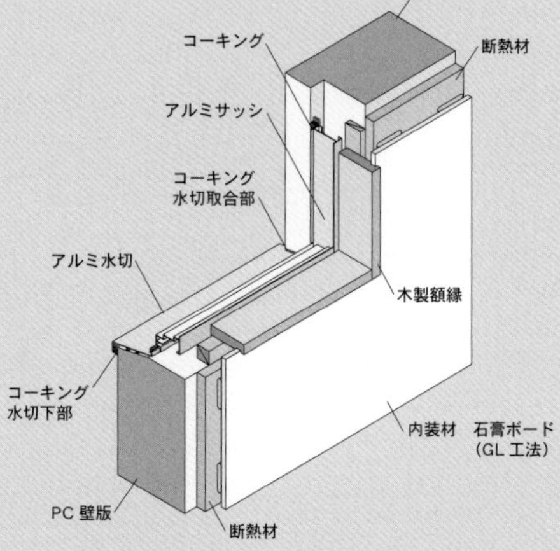

一般的なアルミサッシアイソメトリック

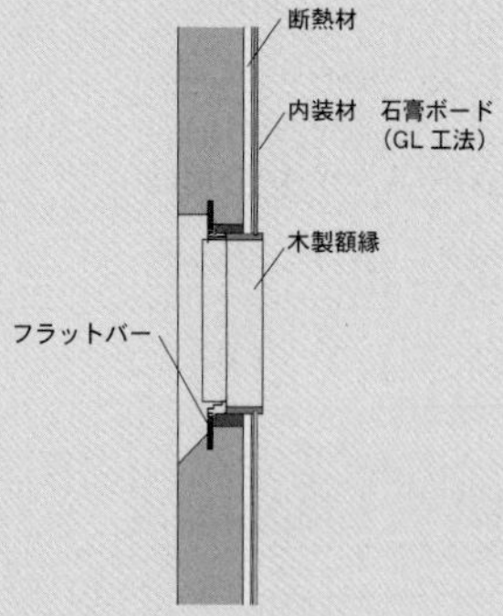

コンクリート絶縁

3 乾式外壁工法

PC壁ではない場合の外壁工法は，施工性や軽量性，および躯体に対する追従性の面から乾式工法を採用することが望ましい。

12 乾式外壁工法の納まり

乾式外壁工法（木軸下地）

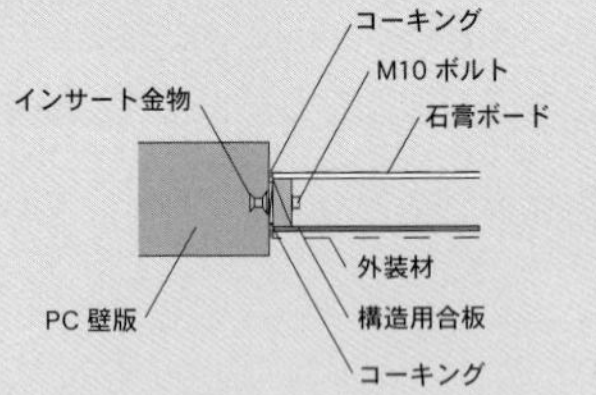

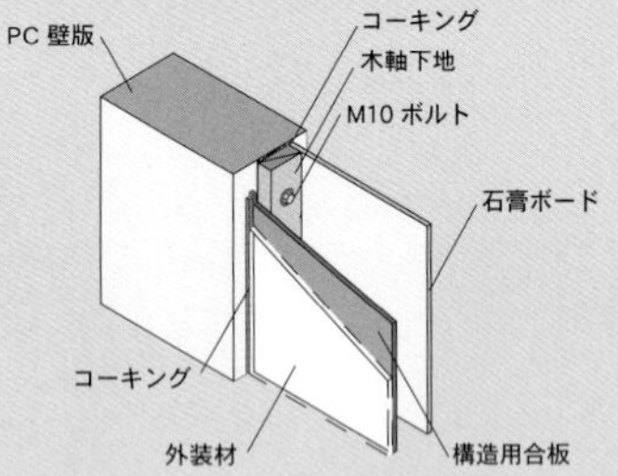

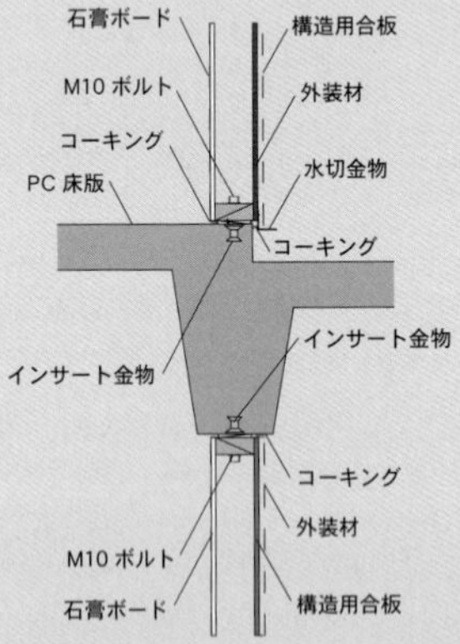

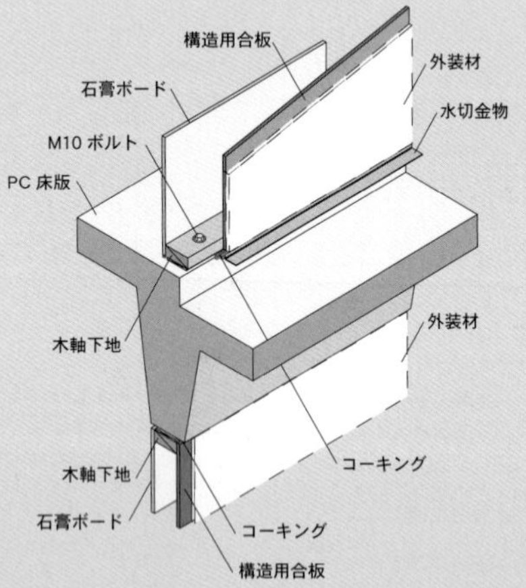

乾式外壁工法（ALC 版） ALC のアンカーを確保し，ジョイント目地をコーキングする

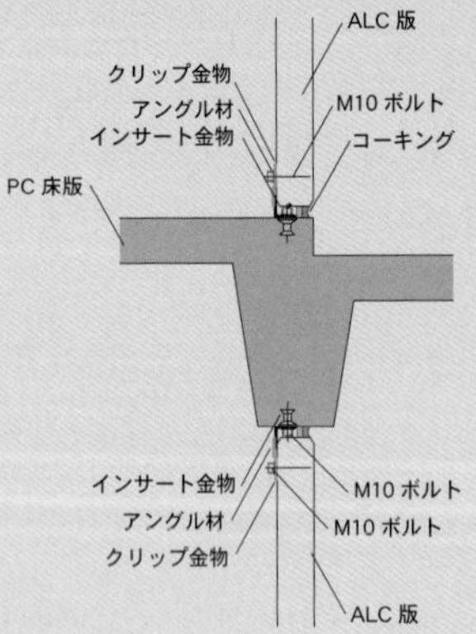

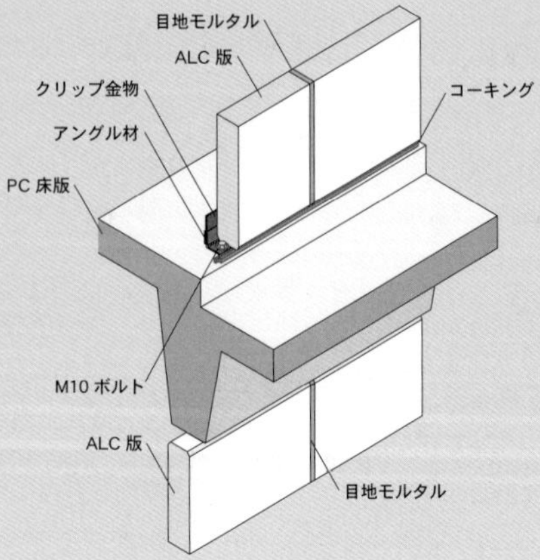

4 設備との納まり

PC建築は，非常に綺麗な躯体表面を製作できるので，天井などは各設備を埋設したい箇所を除き，その躯体形状を露出することでPC独自の美しさを表現することができる。

住居系の水廻りは，二重床や二重天井の空間を利用するのが一般的である。この場合，浴室やバルコニー出入口は，バリアフリー対応もできる。

13 バリアフリーの納まり

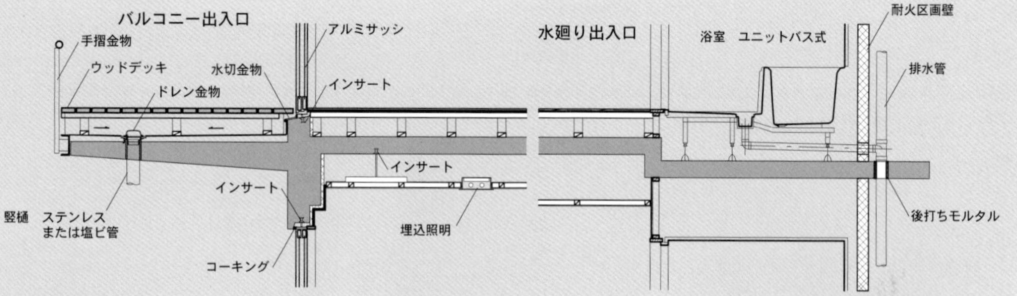

14 二重床の納まり

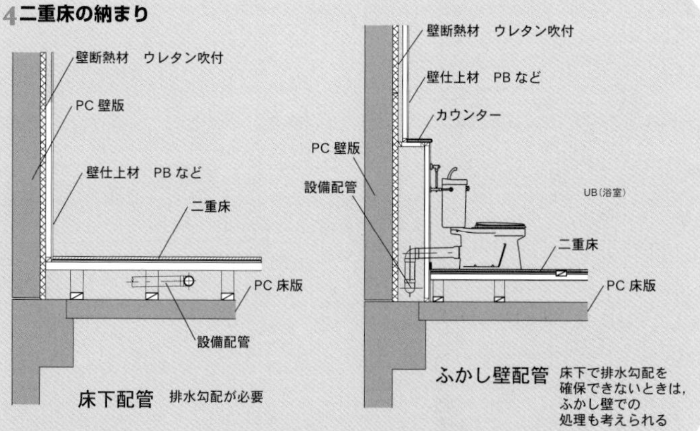

ふかし壁配管　床下で排水勾配を確保できないときは，ふかし壁での処理も考えられる

15 特殊床版の納まり

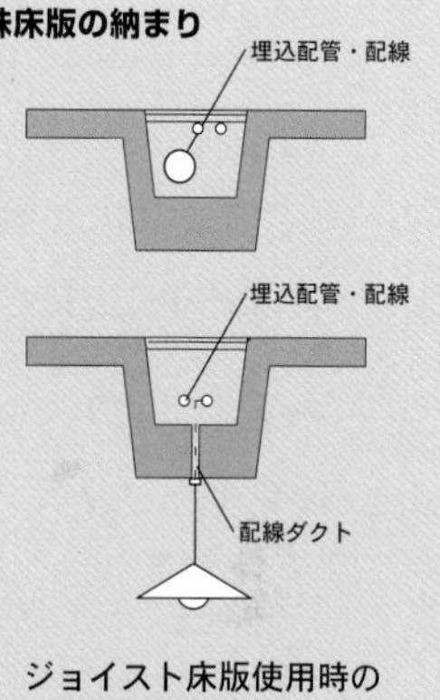

ジョイスト床版使用時の埋設管処理参考図

16 天井の納まり

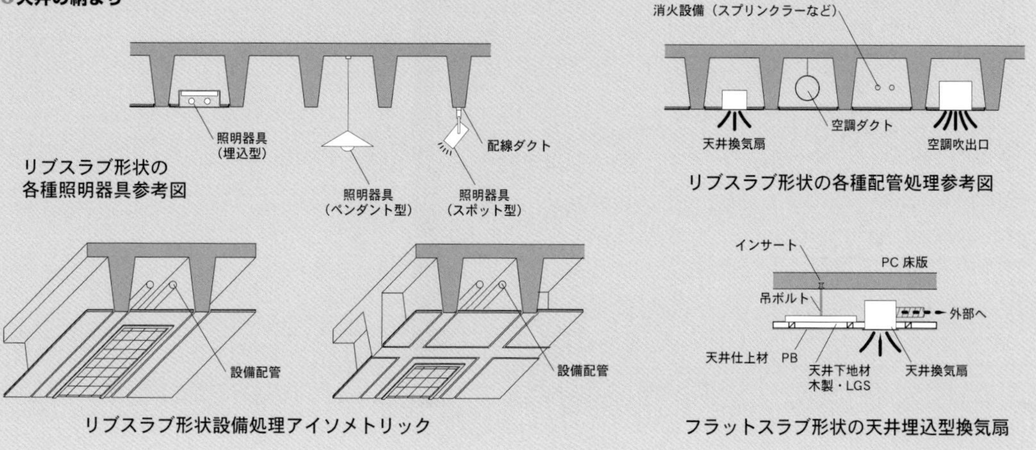

リブスラブ形状の各種配管処理参考図

リブスラブ形状設備処理アイソメトリック

フラットスラブ形状の天井埋込型換気扇

5 矩計図事例

A：建物南側。定着端カバー
B：1階住戸の専用駐車場
C：格子梁天井
D：光庭見下げ。定着端カバー
E：バルコニー手摺
F：1階駐車場の柱脚ピン接合部

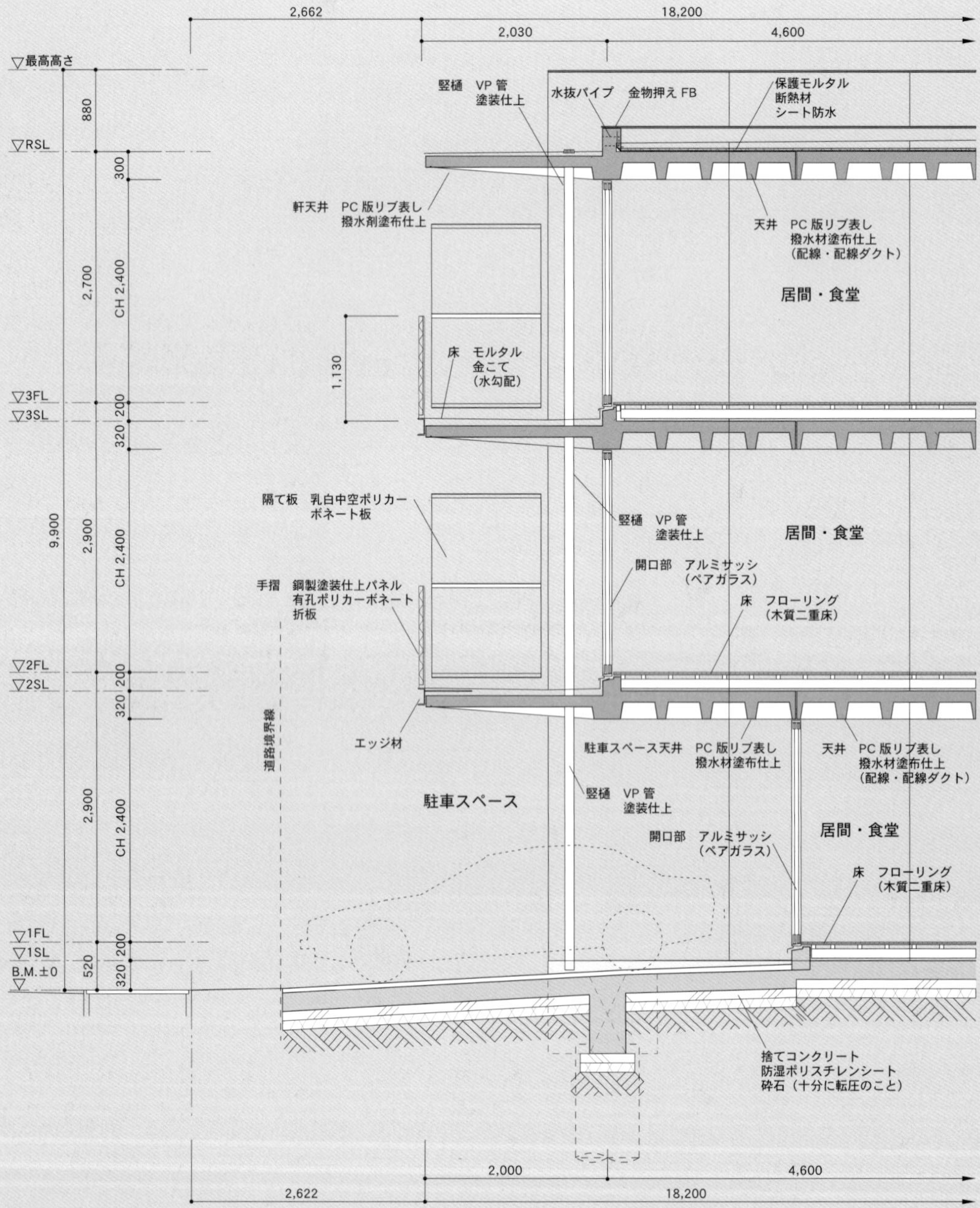

バルコニー側矩計 S=1:80
(Ance For Dise)

A

B

C

D

E

F

第6章 PC構造の計算フロー

PC構造の計算は，プレストレス力を導入して構造を成立させることが第1の特徴である。また，組立工法なので，施工段階の順序ごとに計算を行うことが第2の特徴である。さらにPCの履歴特性は原点指向型であるという第3の特徴がある。
本章では，これらの特徴を踏まえた計算手法を紹介する。

徐光

一般の構造では完成後を対象に構造計算を行うが，PCでは，さらに施工段階の順序ごとの計算が必要である。つまり，建方順序によって発生する応力を解析し，断面を計算しなければならない。また，PC鋼線の緊張力によって架構に発生する二次応力も十分に把握し，断面の検討を行う。

耐震設計に関しては，一般の構造では，中小地震では許容応力度計算，大地震では残留変形を許容する限界耐力のみで計算するが，PCでは，中小地震，大地震いずれも限界耐力のみでなく，復元力を重視した設計を行う。

I 設計用荷重と耐震設計

設計用荷重

架構部材の自重（*DL*），仕上荷重（*FL*），積載荷重（*LL*）による構造架構に発生する応力と，土圧力，水圧力など建物外部から定常的に作用する応力を合算したものを長期荷重時応力（長期応力）という。また，外力（風圧力，地震力）が一時的に作用することにより，架構に発生する応力を瞬間応力という。

各応力に対する架構の設計には，長期応力設計，中小地震設計，大地震設計，巨大地震設計がある。設計スペックによる荷重の組合せは，以下の式で表すことができる。PC構造の場合は，一般的に構造躯体が重いので，風荷重よりも地震荷重の方が大きくなる。

長期荷重時	*GL* ……………………………❶	*GL*：固定荷重（*GL*＝*DL*＋*FL*）
	GL＋*LL* ………………………❷	*LL*：積載荷重
	GL＋*LL*＋*SL*………………❸	*SL*：積雪荷重（多雪地域）
中小地震時	*GL*＋*LL*＋*EL*	*EL*：中小地震荷重
大地震時	*GL*＋*LL*＋α*EL*	α：大地震時の中小地震に対する倍率
巨大地震時	*GL*＋*LL*＋β*EL*	β：巨大地震時の中小地震に対する倍率

耐震設計

PC構造の断面計算は，長期応力ではフルプレストレッシング計算，地震力では終局耐力計算を行う。いずれもすべての断面が弾性範囲内に納まるようにする。

図1aのように，RCおよびSRCの架構強度型の履歴特性は塑性ヒンジを形成し，原点に戻れない。**図1b**のPCの荷重変形履歴は原点附近に復元するという履歴特性がある。

図1cの一般の構造用鋼材の荷重―変形図によると，塑性域が長く明確であり，弾性域より耐力が上がることは確実で，ヒンジが容易に形成される。**図1d**は，PC緊張用鋼材の荷重―変形図で，塑性域の伸びがほとんどない。そのため，弾性範囲内の

みで設計することになる。したがって，大地震時も部材は弾性範囲内である。

中小地震時のフレーム解析の目的は，変形および応力状況を把握することである。このときはフルプレストレストの領域で納めることが好ましいからコンクリート部材のいずれにも引張応力度を発生させないようにする。

大地震時には，コンクリート部材に一部引張応力度を許容する終局耐力計算になる。

図1　荷重変形曲線

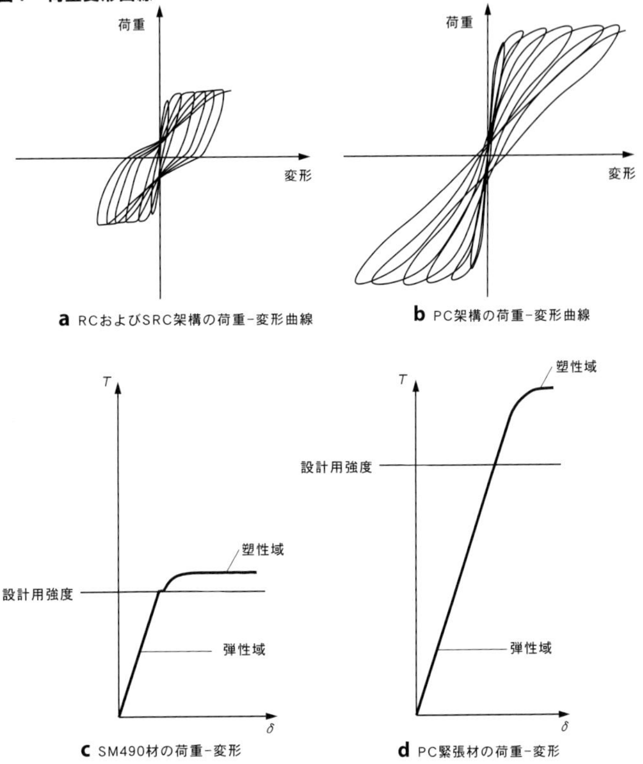

a RCおよびSRC架構の荷重-変形曲線

b PC架構の荷重-変形曲線

c SM490材の荷重-変形

d PC緊張材の荷重-変形

2 主要構造材料の許容応力度

PC鋼材の緊張力とコンクリートの圧縮耐力とが釣り合う原理により，コンクリートの圧縮耐力を高くすればするほど，プレストレスト効果を高く発揮できる。そのため，コンクリート圧縮強度400～600kg/cm²の高強度コンクリートが通常使用される。部材が工場で製作されるため，低スランプのコンクリートを打設でき，高品質の製品を得られる。PCの構造計算にかかわってくる主な構造材料の性能としては，コンクリート圧縮強度とPC鋼材の引張強度がある。部材の計算は，**表1**に示す数値内に納まるようにする。

表1　許容圧縮応力度と引張応力度

項目	施工時の許容応力度	長期応力に対する許容応力度	中小地震に対する許容応力度	大地震に対する許容応力度	巨大地震に対する許容応力度
コンクリート	$\frac{1}{2}F_c$	$\frac{1}{3}F_c$	$\frac{2}{3}F_c$	$\frac{9}{10}F_c$	$1.0F_c$
PC鋼材	$0.85T_y$	$0.5T_y$	$0.7T_y$	$0.9T_y$	$1.0T_y$

F_c：コンクリート設計基準強度
T_y：PC鋼材の降伏点強度

3 PC構造計算のフロー

組立構造なので，PC部材の工場内での脱型や運搬，建方のときに発生する応力度と，建方順序による各ステップで発生する応力度が許容応力度以内であることを確かめる計算が必要である。

ステップ計算フロー

	ステップ
製作時応力	A………部品脱型による応力計算 B………部品ストック時応力計算
運搬時応力	C………運搬時の発生応力計算
建方時応力	D………建方時の発生応力計算
▼	
施工時応力	E………柱・梁自重による応力計算 F………緊張による二次応力の計算 G………床自重による応力計算
▼	
長期応力	H………仕上重量による応力計算 I………積載荷重による応力計算 J………積雪荷重による応力計算
▼	
中小地震	K………中小地震荷重による計算
▼	
大地震	L………大地震荷重または巨大地震荷重による計算

Aステップ（部品脱型による応力計算）

最初に，部品脱型による応力計算を行う。工場内での脱型は，部材のコンクリート強度が設計基準強度に達していないので，吊上げ位置による発生応力は，脱型時のコンクリート圧縮強度F'_{ca}によるひび割れが発生しないように断面を計算する必要がある。コンクリートの曲げひび割れに対する引張応力度は$1.8\sqrt{F'_{ca}}$程度[1)]なので，脱型時のひび割れ検討は，鉄筋を無視して計算すると安全側になる。よって，**図2**の自重による静的な曲げモーメントMに基づく脱型時最大曲げモーメントM_aと脱型時許容ひび割れモーメントM'_{cra}を(3)式で比較する。

$$M'_{cra}=1.8\sqrt{F'_{ca}}\cdot Z \quad \cdots\cdots(1)$$

M'_{cra}：脱型時許容ひび割れモーメント(kg·cm)

F'_{ca}：脱型時コンクリート圧縮強度(kg/cm²)

Z：計算位置の断面係数(cm³)

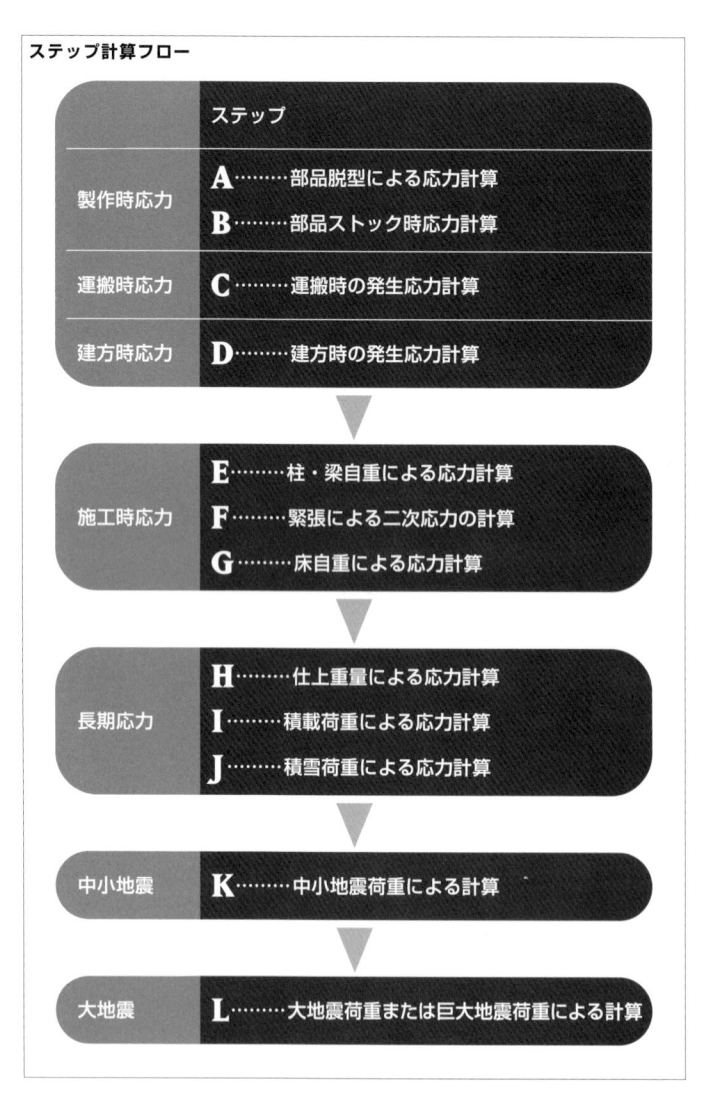

脱型時最大曲げモーメントをM_aとするとき，

$$M_a=\mu\cdot M \quad \cdots\cdots(2)$$

$$M'_{cra} \geqq M_a \text{（必要条件式）} \quad \cdots\cdots(3)$$

μ：脱型時部材と型枠の摩擦による係数（$\mu \geqq 1.0$）

M_a：脱型時最大曲げモーメント(kg·cm)

図2　自重による静的な曲げモーメント

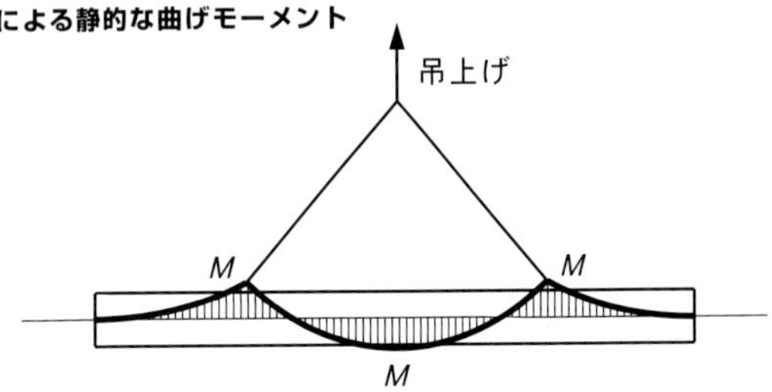

M ：自重による静的な曲げモーメント(kg·cm)

設計した断面が脱型時許容ひび割れモーメントM'_{cra}以内に納まらない場合，以下の対策が考えられる。

❶吊位置を再検討する

❷早期強度を測り，脱型時期の延長，コンクリート強度を十分発生させる

❸部材のコンクリート調合強度を高くする

❹型枠内で一次緊張をかけてから脱型する

❺吊点を追加して発生応力を抑える

❻断面変更など，剛性と強度を高くする

Bステップ（部品ストック時応力計算）

次に，部材ストック時の応力を計算する。PC部材ストック時は，原則として吊位置に枕木を設置することで，発生応力を脱型時と同じ応力にする。もし，ストック時の支点が移動する場合は，その都度自重による応力を検討する。

Cステップ（運搬時の発生応力計算）

部材をトラックに載せ，現場へ運搬している間での部材の載せ方や枕木の支点位置から発生する部材応力の断面計算を行う。トラックに載せるときの支点位置は，原則的に脱型時の支点と同じとすることが有利である。

トラック運搬時の最大曲げモーメントM_bは以下になる。

運搬時におけるコンクリート強度をF'_{cb}とすると，

$M_{crb}=1.8\quad F'_{cb}\cdot Z$ ……(4)

$M_b=v\cdot M$ ……(5)

M_b ：トラック運搬時最大曲げモーメント(kg·cm)

M_{crb}：運搬時における部材のコンクリートひび割れモーメント(kg·cm)

M ：自重による静的な曲げモーメント(kg·cm)

v ：トラックの上下振動係数($v\geqq 1.0$)

必要条件式　$M_{crb}\geqq M_b$ ……(6)

Dステップ（建方時の発生応力計算）

このステップでは，建方時の吊位置，吊金物，吊ワイヤーの角度などから，発生する部材応力の断面計算を行う。

梁の場合は水平状態のままで建方ができるが，柱の場合は，水平から縦に起こすため，応力の検討は重要である。

Aから**D**までのステップ計算は，部品の製作から建方までの間に，ひび割れの発生や破損を防ぐために行う計算で，製作ステップ計算という。特に部品の製作に関しては，各工場によって作業道具や作業法が多少異なるので，設計者および工場技術者が相互にチェックする必要がある。

E～Jステップで用いる断面計算法

Eから**J**までの計算は，施工および設計ステップ計算で，PC部材の組立順序による応力の組合せで計算する。

図3のように，単純梁の断面計算は等分布荷重qに対する発生曲げモーメントMに対して，PC鋼線による有効プレストレス力P，PC鋼線と中立軸との偏心距離eの巻上げ効果による逆曲げ$P \cdot e$の3つの応力組合せになる。梁の断面計算は，上下端の縁応力がいずれも引張応力を発生することなく，かつ圧縮側では許容応力度を超えないことの検討を行う。

上端縁応力度（$\sigma_{上}$）

$$0 \leqq \frac{M}{Z_1} + \frac{P}{A} - \frac{P \cdot e}{Z_1} \leqq f_c \quad \cdots\cdots (7)$$

下端縁応力度（$\sigma_{下}$）

$$0 \leqq \frac{M}{Z_2} + \frac{P}{A} - \frac{P \cdot e}{Z_2} \leqq f_c \quad \cdots\cdots (8)$$

Z_1 ：部材断面中立軸に対しての上端断面係数（cm^3）…（＋）表示

Z_2 ：部材断面中立軸に対しての下端断面係数（cm^3）…（－）表示

M ：単純梁中央部の発生曲げモーメント（kg·cm） … 縁応力度が下端引張の場合（＋）

P ：PC鋼線の有効プレストレス力（kg）

e ：PC鋼線と中立軸との偏心距離（cm）

A ：部材断面積（cm^2）

f_c ：長期応力に対するコンクリートの許容圧縮応力度＝1/3F_c（kg/cm^2）…（F_c＝コンクリートの設計基準強度）

図3　縁応力度分布図

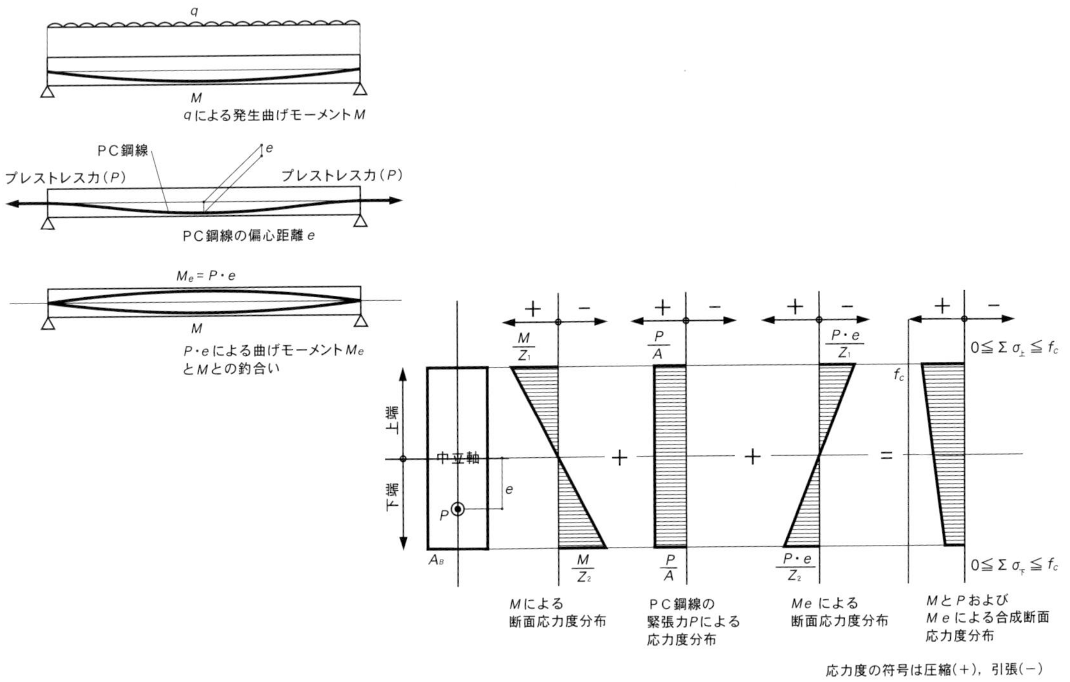

図4　許容曲げモーメントの範囲

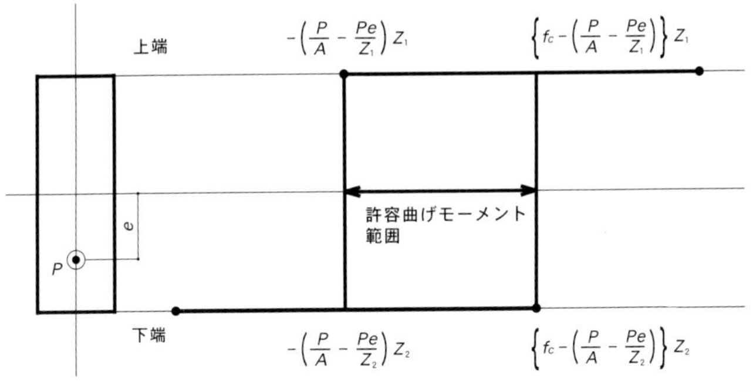

(7)(8)式は，PC部材のフルプレストレッシングの基本計算式である。

(7)(8)式を部材の発生曲げモーメントを中心に置き換えると以下になる。

$$-\left(\frac{P}{A}-\frac{P\cdot e}{Z_1}\right)Z_1 \leqq M \leqq \left\{f_c-\left(\frac{P}{A}-\frac{P\cdot e}{Z_1}\right)\right\}Z_1 \quad \cdots\cdots(9)$$

$$-\left(\frac{P}{A}-\frac{P\cdot e}{Z_2}\right)Z_2 \leqq M \leqq \left\{f_c-\left(\frac{P}{A}-\frac{P\cdot e}{Z_2}\right)\right\}Z_2 \quad \cdots\cdots(10)$$

この式で，部材の断面によって，AとZ_1，Z_2が決まるため，次に有効プレストレス力Pと偏心eの大きさの組合せで，部材の許容曲げモーメントMが算出できる。

これは4つの不等式で定義されるので，**図4**のように許容されるMの範囲を示すことになる。したがって，**E**から**J**までのステップ計算で算出された曲げモーメントの組合せが，この図で示す許容曲げモーメント範囲内にすべて入るようにPとeを決定すればよいことになる。

つまり，PCの断面計算は，唯一の解を求めるのではなく，Pとeとの組合せで断面が許容される曲げモーメントの範囲を求めることである。

Eステップ（柱・梁自重による応力計算）

図5は，1層ラーメン構造で柱脚を固定した例である。建方順の応力によるステップ計算は，以下のようになる。柱を自立させて梁の建方をすると，柱と梁を緊結する前は，梁は単純梁状態になる。この状態が**E**ステップであり，梁自重w_Gによる計算は以下になる。

$$M_G = 1/8 \cdot w_G \cdot L^2 \quad \cdots\cdots (11)$$

$M_A = M_B = 0$

$M_C = M_D = 0$

w_G：梁自重(kg/cm)

M_G：梁自重による発生曲げモーメント(kg·cm)

L　：ラーメンのスパン寸法(cm)

梁受け位置と柱芯位置のずれによる偏心曲げモーメントは，別途検討しなければならない。このステップの断面計算は，(7)(8)式を充足させなければならない。

Fステップ（緊張による二次応力の計算）

PC鋼線によって柱と梁を緊結すると，梁の縮みによって柱頭部と柱脚に強制変形が発生する。柱に強制曲げモーメントと強制せん断力(二次応力)が生じるので，それらをこのステップで検討する。

反曲点が柱の下から$h/2$にあると仮定すると，緊張力Pによる強制応力の計算は以下になる。

柱頭の片側強制変形δは，(12)式で求める。

$$\delta = \frac{1}{2} \cdot \frac{P \cdot L}{E \cdot A} \quad \cdots\cdots (12)$$

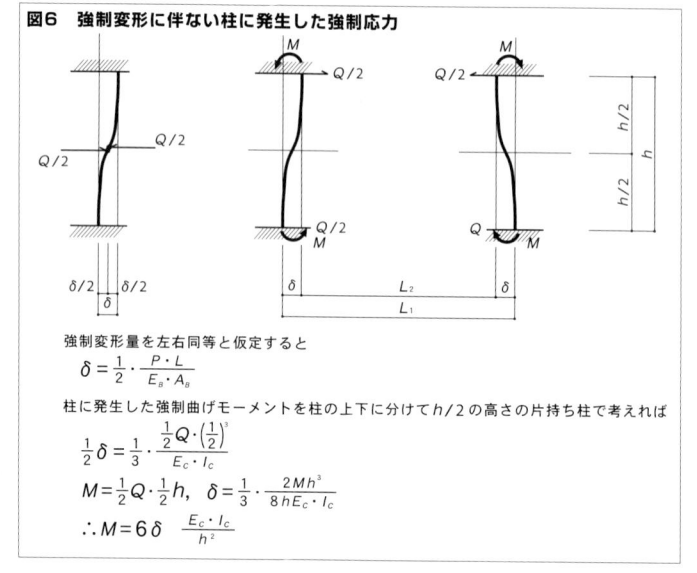

図5　各ステップの応力分布

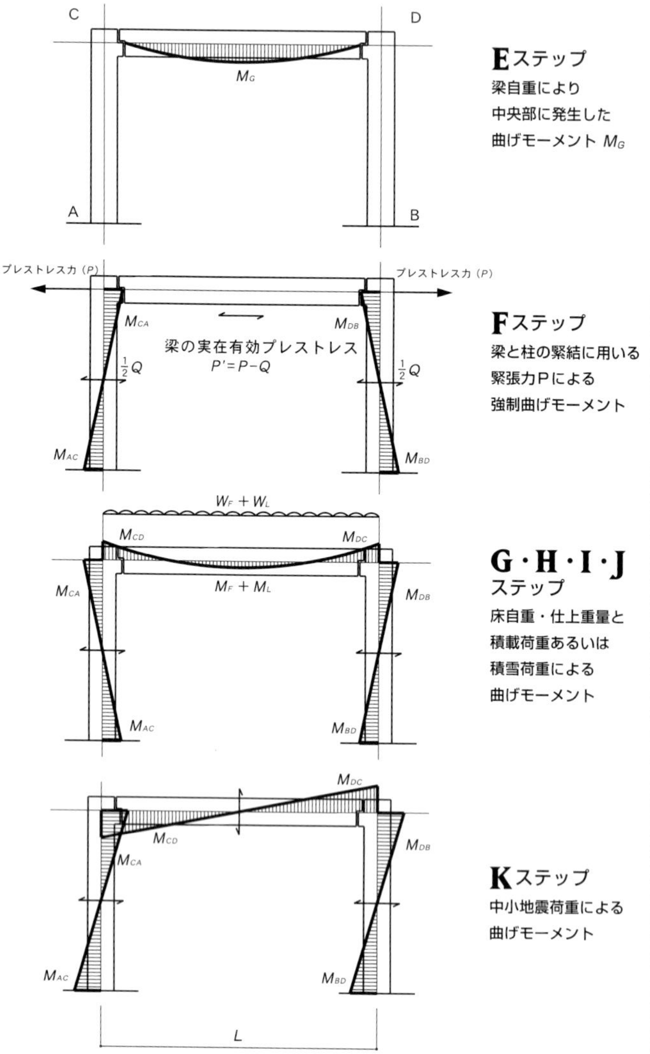

Fステップ
梁と柱の緊結に用いる
緊張力Pによる

図6　強制変形に伴ない柱に発生した強制応力

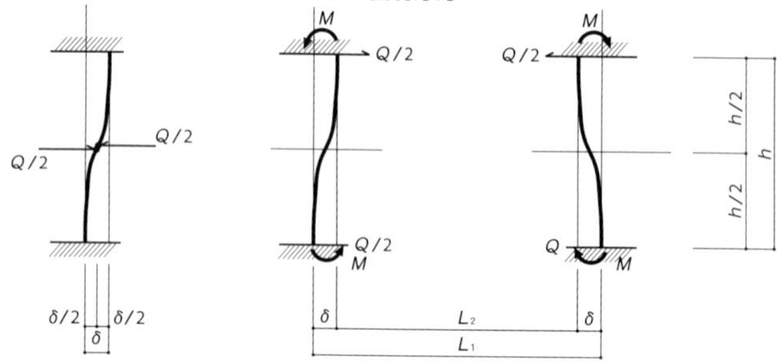

強制変形量を左右同等と仮定すると

$$\delta = \frac{1}{2} \cdot \frac{P \cdot L}{E_B \cdot A_B}$$

柱に発生した強制曲げモーメントを柱の上下に分けて$h/2$の高さの片持ち柱で考えれば

$$\frac{1}{2}\delta = \frac{1}{3} \cdot \frac{\frac{1}{2}Q \cdot \left(\frac{1}{2}\right)^3}{E_C \cdot I_C}$$

$$M = \frac{1}{2}Q \cdot \frac{1}{2}h, \quad \delta = \frac{1}{3} \cdot \frac{2Mh^3}{8hE_C \cdot I_C}$$

$$\therefore M = 6\delta \ \frac{E_C \cdot I_C}{h^2}$$

柱の強制曲げは(13)(14)式で求める。

$$M_{AC}=M_{BD}=6\cdot\delta\cdot E_c\cdot\frac{I_c}{h^2} \quad \cdots\cdots (13)$$

$$M_{CA}=M_{DB}=6\cdot\delta\cdot E_c\cdot\frac{I_c}{h^2} \quad \cdots\cdots (14)$$

δ :梁の材軸方向の縮み(cm)

P :緊張力(プレストレス力)(kg)

h :柱の高さ(cm)

L :梁の長さ(cm)

E_c :柱の材料ヤング係数($kg\cdot cm^2$)

E_B :梁のヤング係数($kg\cdot cm^2$)

I_c :柱の断面二次モーメント(cm^4)

A_B :梁の断面積(cm^2)

図6のように柱の拘束があると, 梁への有効プレストレス力はQだけ減じられる。

柱に発生した強制二次応力は長期応力として存在するので, 断面検討をするときにも長期許容応力度以下に納まらなければならない。

しかし, 梁通し型(第4章参照)で柱を後緊張する場合は, これらの強制変形が発生しない。

また, **図7**のように一次ケーブルと二次ケーブルを計画する場合は, 架構に及ぼす梁収縮長さは二次ケーブルによって決まる。

図7　柱と梁の緊結を二次ケーブルで行う場合

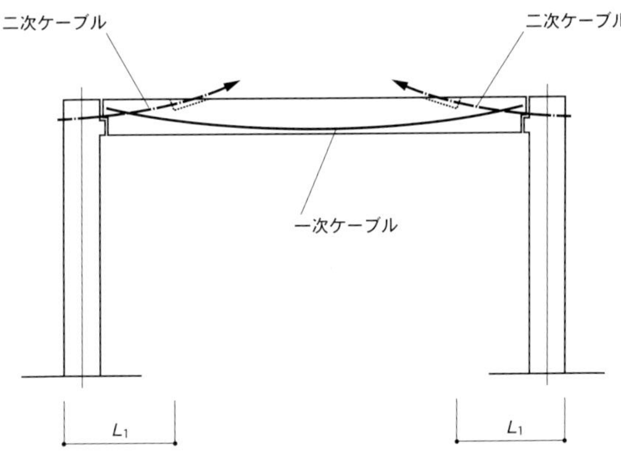

G・Hステップ(床自重による応力計算・仕上重量による応力計算)

このステップでは, 床自重と仕上重量の応力を, 柱と梁がすでに剛になったラーメン状態で計算する。設計によってはEステップの梁と同時に床を設置することも考えられる。

I・J ステップ（積載荷重による応力計算・積雪荷重による応力計算）

このステップは，**G**・**H**ステップと同じ架構条件なので，同様に応力を計算する。このときは，特に偏荷重に対する検討が必要である。

図8　柱は柱軸力とプレストレス力を加えた圧縮力を計算に用いる

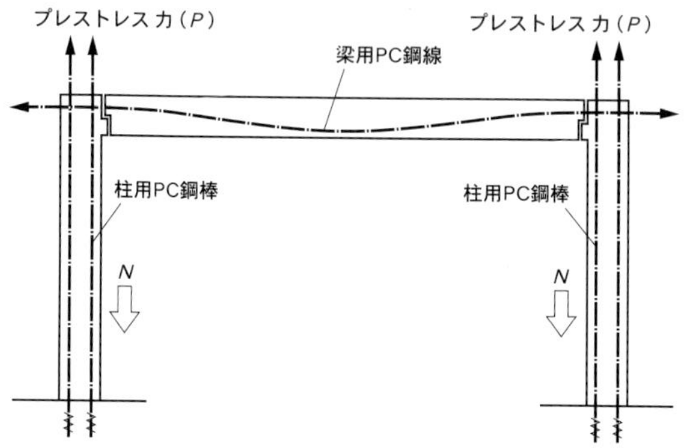

以上が，建方順序に応じたステップ計算である。この組合せ応力を考慮した断面算定が終われば，長期応力設計が終了となる。なお，前述したように，設計用荷重に示した長期時の組合せの3段階（224ページ参照）をステップ計算に置き換えると，

❶は，**E**＋**F**＋**G**＋**H**

❷は，**E**＋**F**＋**G**＋**H**＋**I**

❸は，**E**＋**F**＋**G**＋**H**＋**I**＋**J**

となり，断面計算は（7）（8）式を充足させなければならない。

（7）（8）式は，梁を対象にしていたが，柱には軸力があるのでさらに緊張力Pにこれを加えたものになる。

（7）（8）式で，柱軸力も加えると以下になる。

縁応力度

$$0 \leqq \frac{M}{Z_1} + \frac{P+N}{A} - \frac{P \cdot e}{Z_1} \leqq f_c \cdots\cdots(15)$$

反対側縁応力度（$\sigma_{下}$）

$$0 \leqq \frac{M}{Z_2} + \frac{P+N}{A} - \frac{P \cdot e}{Z_2} \leqq f_c \cdots\cdots(16)$$

N：柱軸力（kg）

K・L ステップ（中小地震荷重による計算・大地震荷重による計算）

Kステップでは，圧縮側は$2/3F_c$まで縁応力度が増加しても，引張側は引張力を発生させないフルプレストレッシングの概念で納めることが望ましい。このとき，柱の応力度は以下になる。

$$0 \leqq \frac{\Sigma M}{Z_1} + \frac{P+\Sigma N}{A} - \frac{P \cdot e}{Z_1} \leqq \frac{2}{3}F_c \cdots\cdots(17)$$

$$0 \leqq \frac{\Sigma M}{Z_2} + \frac{P+\Sigma N}{A} - \frac{P \cdot e}{Z_2} \leqq \frac{2}{3}F_c \cdots\cdots(18)$$

ΣM：長期曲げモーメント＋中小地震時曲げモーメント

ΣN：長期軸力＋中小地震時軸力

しかし，**K**ステップを含め，地震時の安全性を検討するときには，引張力の発生を一部許容する曲げ終局耐力計算を行う場合もある。

$M_S \leqq M_B$ ……(19)

M_S：地震応力を加算した組合せ応力（kg・cm）

M_B：曲げ終局耐力（kg·cm）

図9　引張PC鋼材と圧縮コンクリートとの釣合い（終局耐力時）

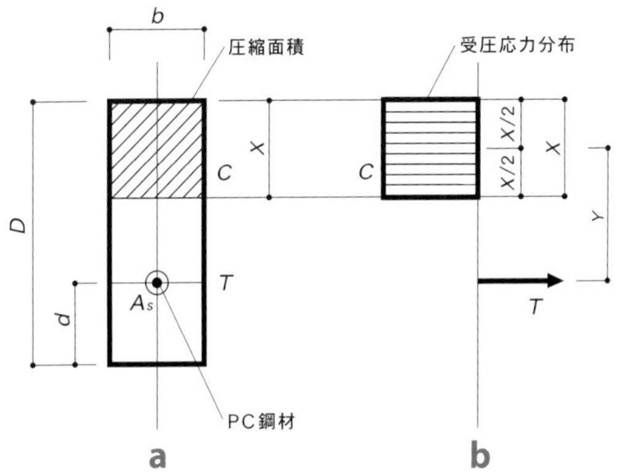

曲げ終局耐力の計算は，**図9**のように，引張力Tと圧縮力Cとの釣合いにより，$T=C$が成り立つ。これまで地震荷重を中小，大，巨大の3段階に分けて考えてきた。いわゆる終局耐力は，巨大地震を対象にしたときの設計法である。中小，大地震については，PC鋼材の降伏耐力より低い耐力で検討した方がよい。

PC鋼材の降伏点強度をT_yとすると，

$T = n \cdot T_y = A_s \cdot n\sigma_{sy}$

n　：中小地震のとき　0.7

　　大地震のとき　0.9

　　巨大地震のとき　1.0

A_s　：PC鋼材全断面積（cm^2）

σ_{sy}　：PC鋼材の降伏強度（kg/cm^2）

図9bのように圧縮側のコンクリート厚をxとすると，Tとの釣合いから，

$F_c \cdot b \cdot x = T$ ……(20)

$$x = \frac{T}{F_c \cdot b} \quad \cdots\cdots(21)$$

$m \cdot F_c \cdot b \cdot x = T$ ……(22)

よって，

$$x = \frac{T}{m \cdot F_c \cdot b} \quad \cdots\cdots(23)$$

m：中小地震のとき　2/3

　大地震のとき　9/10

巨大地震のとき　　1.0

b：断面の幅(cm)

$$M_B = n \cdot T_y \cdot y \quad \cdots\cdots (24)$$

y：引張PC鋼線材の中心から圧縮コンクリートの中心までの距離(cm)

$$y = D - d - \frac{x}{2} \quad \cdots\cdots (25)$$

D：断面のせい(cm)

d：引張PC鋼材までの距離(cm)

4 PC構造特有の検討項目

曲げひび割れの検討

曲げ部材は，特にコンクリートのひび割れを生じないように設計する。PC構造計算のフローで示した断面計算の方針は，引張側の縁応力度も圧縮側にするというフルプレストレッシングで設計しているので，ひび割れの発生はないが，思わぬ荷重の変動があってもひび割れが発生しないように，ある程度余裕をもって検討する。その余裕度とは，1/1.3程度[1)]である。

$$M \leqq \frac{M_{cr}}{1.3}$$

$$M_{cr} = \left(\sigma_t' + \frac{P}{A} + \frac{P \cdot e}{Z_2}\right) \cdot Z_2 \quad \cdots\cdots (26)$$

M　：存在曲げモーメント(kg・cm)

M_{cr}：曲げひび割れモーメント(kg・cm²)

$\sigma_t' = 5/3 \cdot \sigma t$ (コンクリートの曲げ引張強度)[1)]

$\sigma_t = 0.07F_c$[1)]

Z_2　：引張側の断面係数

PC構造のせん断耐力

プレストレス力が導入された母材のせん断耐力は，常に断面が圧縮場にあるので，通常のRCのせん断耐力に比べると3～4倍程度の耐力がある。しかし，目地部はPC構造特有のものであり，この目地部でのせん断耐力を確保することが重要で，ここでは有効プレストレス力Pのみによって決定される。

長期せん断耐力　$Q_1 = 0.3$[1)]P

終局せん断耐力　$Q_2 = 0.5$[1)]P

Q_1：長期応力時（kg）

Q_2：終局耐力時（kg）

通常，有効プレストレス力Pを目地部での断面積で割った圧縮応力度をσ_cとすると

$\sigma_c \geqq 20$（kg/cm^2）

にする必要がある。

緊張力と有効プレストレス力

有効プレストレス力Pは，導入緊張力P_aから**表2**に示す定着セット量，摩擦損失，鋼材のリラクゼーション，コンクリートクリープによって減少した値を採用する。

表2　有効プレストレス力の算出

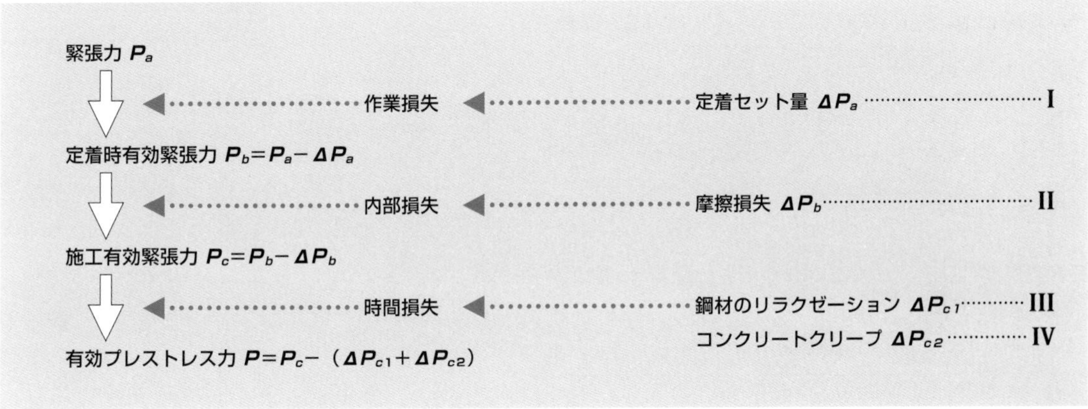

I　定着セット量による緊張力の損失

PC鋼線の定着として常用されているものは，一般的にアンカーヘッドのくさび仕様である。ジャッキ緊張終了時を緊張力P_aとすると，PC鋼線くさびを定着固定するときに，くさびと緊張したPC鋼線の隙間相対移動が発生する。その移動量を定着セット量という。定着セット量$\Delta\delta_a$による定着損失量ΔP_aの計算は以下になる。

$$\Delta P_a = \frac{\Delta\delta_a \cdot A_s \cdot E_s}{L_y} \quad \cdots\cdots (27)$$

ΔP_a：定着セット量による緊張力の損失量（kg）

$\Delta\delta_a$：定着セット量（戻り量）（cm）

A_s　：緊張鋼材の断面積（cm^2）

E_s　：緊張鋼材のヤング係数（kg/cm^2）

L_y　：緊張鋼材の長さ（cm）

図10　定着セット量（戻り量）

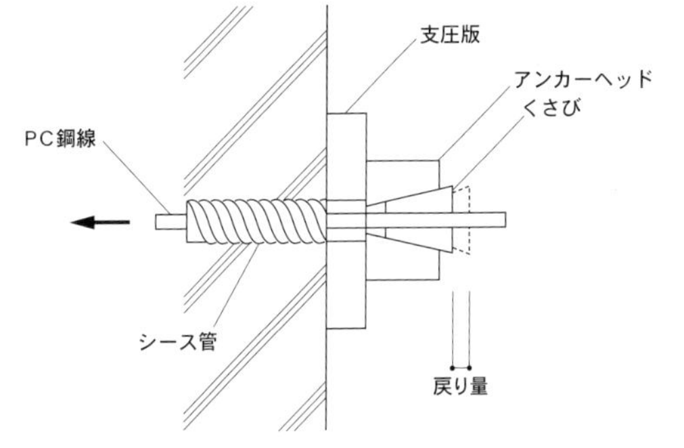

定着セット量を小さくするため，アンカーヘッドの外周にねじを切った仕様もある。

くさび定着後，アンカーヘッドとナットで定着を行う。

PC鋼棒の定着仕様は基本的にナット仕様なので，定着セット量は無視してよい。

II 摩擦による緊張力の損失

ポストテンション方式では，PC鋼材とシースの間で摩擦による緊張力の損失が発生する。その量をΔP_bとし，摩擦力のないとき（$\mu=0$）のPC緊張材の伸び量$\Delta\delta_1$とすると，

$$\Delta\delta_1=\frac{P_a\cdot L_x}{E_s\cdot A_s}\quad\cdots\cdots(28)$$

図11 PC鋼材の変化角度

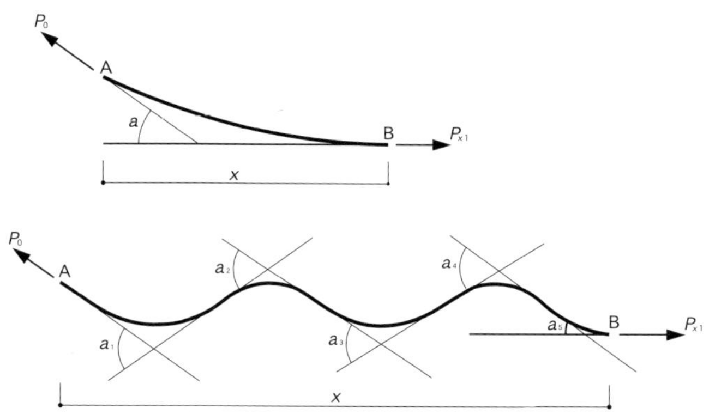

摩擦力があるときのPC緊張材の伸び量を$\Delta\delta_2$とすると，

$$\Delta\delta_2=\frac{P_a\cdot e^{-(\mu\cdot\alpha_x+\lambda\cdot L_x)}\cdot L_x}{E_s\cdot A_s}\quad\cdots\cdots(29)$$

その伸び量差$\Delta\delta_b$の計算式は以下になる。

$$\Delta\delta_b=\Delta\delta_1-\Delta\delta_2$$

$$=\frac{P_a\cdot L_x}{E_s\cdot A_s}-\frac{P_a\cdot e^{-(\mu\cdot\alpha_x+\lambda\cdot L_x)}\cdot L_x}{E_s\cdot A_s}$$

$$=\frac{P_a\cdot L_x-P_a\cdot e^{-(\mu\cdot\alpha_x+\lambda\cdot L_x)}\cdot L_x}{E_s\cdot A_s}$$

$$=\frac{P_a\cdot L_x\cdot\left(1-e^{-(\mu\cdot\alpha_x+\lambda\cdot L_x)}\right)}{E_s\cdot A_s}\quad\cdots\cdots(30)$$

その内部の摩擦損失ΔP_bは

$$\Delta P_b=\frac{\Delta\delta_b\cdot A_s\cdot E_s}{L_x}\quad\cdots\cdots(31)$$

P_a ：緊張端における引張力(kg)

L_x ：摩擦点までの距離(cm)

α_x ：PC鋼材の曲率(rad)

λ ：シースの波打ち摩擦係数　0.3[1)]（1/cm）

μ ：角度変化係数 0.1～0.5[1)]（1/rad）

e ：定数 2.718

III リラクゼーションによる緊張力の損失

コンクリートの乾燥収縮，クリープ，PC鋼材のリラクゼーション（伸び）の3種類の材料特性上の緊張力の損失を時間損失という。鋼材のリラクゼーションによる緊張力の損失P_{c1}は，原則的に試験によって求められる試験数値である。

表3[1)] リラクゼーション係数

種類	リラクゼーション係数γ
PC鋼線・PC鋼より線	5％
PC鋼棒	3％

鋼材の純リラクゼーションとPC部材の中では，数値が異なる。常温で使用される場合の設計実務での値は，**表3**を用いる。リラクゼーションによる緊張力の損失ΔP_{c1}は以下になる。

$$\Delta P_{c1}=P_a\cdot\gamma \quad (32)$$

P_a ：初期緊張力（kg）

γ ：リラクゼーション係数

IV クリープによる緊張力の損失

コンクリートのクリープおよび乾燥収縮は，すべて時間を経過して発生する軸方向のひずみ現象である。その時間損失をP_{c2}とする。総ひずみについては緊張初期の弾性ひずみを含め，以下の関係式が成立する。

$$\Sigma\varepsilon=\varepsilon_l+\varepsilon_h+S_n \quad (33)$$

Σ_ε：総ひずみ

ε_l ：瞬間弾性ひずみ

ε_h ：クリープひずみ

S_n ：乾燥収縮ひずみ

弾性ひずみとクリープひずみの和と，弾性ひずみの比をクリープ係数ψ_tという。

$$\psi_t=\frac{\varepsilon_l+\varepsilon_h}{\varepsilon_l} \quad (34)$$

（33）式を書き直すと

$$\Sigma\varepsilon=\psi_t\cdot\varepsilon_l+S_n \quad (35)$$

多くの資料によると，実験で得られたコンクリートのクリープ係数 ψ_t および乾燥収縮ひずみ数値 S_n は，以下の経験式[1)]がある。

$$\psi_t=\frac{a\cdot b_1\cdot t}{1.5+0.25t} \qquad (36)$$

$$S_n=5\times10^{-4}\cdot a\cdot b_2 \qquad (37)$$

a　：断面最小寸法係数

150cm以上の場合	0.8
75cm以上の場合	0.9
30cm以上の場合	1.0
その他	1.5

b_1，b_2　：環境の温度係数

非常に乾燥している状態	1.0
一般環境	0.75
非常に湿度が高い場合	0.5

t　：週単位

設計時には，最終のクリープ係数が重要なので，中間のクリープ変化を無視すると，

$$\psi_n=\lim_{t\to\infty}\frac{a\cdot b_1\cdot t}{1.5+0.25t}$$

$$\psi_n=\frac{a\cdot b_1}{0.25} \qquad (38)$$

よって最終的に（35）式を書き換えると，総ひずみ量 $\Sigma\varepsilon$ は

$$\Sigma\varepsilon=\frac{a\cdot b_1}{0.25}\frac{\sigma}{E_c}+5\times10^{-4}a\cdot b_2 \qquad (39)$$

よって，ひずみによる緊張力の損失 ΔP_{c2} は，

$$\Delta P_{c2}=\frac{\Sigma\varepsilon\cdot A_s\cdot E_s}{L} \qquad (40)$$

有効プレストレス力 P は以下の式で求められる。

$$P=P_a-\Delta P_a-\Delta P_b-(\Delta P_{c1}+\Delta P_{c2}) \qquad (41)$$

PC鋼材が直線配置のとき $\Delta P_b=0$，さらにナット定着の場合は $\Delta P_a=0$ で，

$$P=P_a-(\Delta P_{c1}+\Delta P_{c2}) \qquad (42)$$

となる。

有効緊張力算出の例

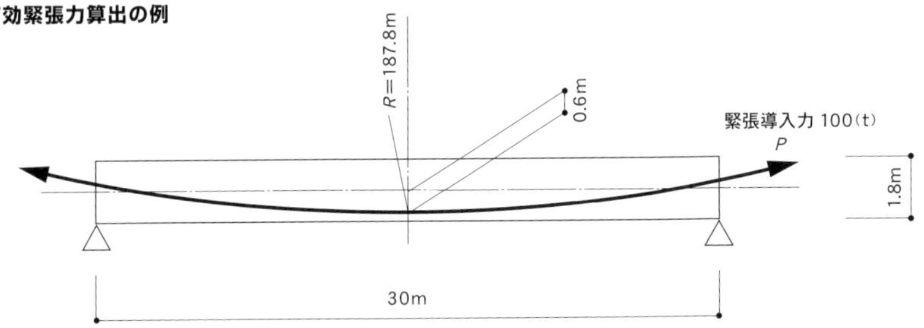

PC鋼線：12−7　12.7φPC鋼より線

A_s ：1,184.5（mm^2）

P_y ：187.2(t)

P ：100(t)

E_s ：2.1×10^6（kg/cm^2）

F_c ：600（kg/cm^2）

E_c ：3.5×10^5（kg/cm^2）

A_c ：4,500（cm^2）

定着セット量による緊張力の損失 ΔP_a

$$\Delta P_a=\frac{\Delta\delta_a\cdot A_s\cdot E_s}{L_y}$$

$\Delta\delta_a=5$（mm）

$L_y=30$（m）

$$\Delta P_a=\frac{0.5\times11.845\times2.1\times10^6}{3,000}\times10^{-3}$$

$=4.145$(t)

摩擦による緊張力の損失 ΔP_b

配線・曲線Rの計算

$$R=\frac{L^2+4e^2}{8e}$$

$=187.8$（m）

L：全長

e：中央の中立軸に対する偏心距離

摩擦角度$\alpha=9.16°$による曲線の実長は30.0167m，差がほとんどないので直線長さ30mを採用する。

中央部分の有効緊張力 P_x

$P_x=P_{oe}{}^{-(\mu\alpha+\lambda L_x)}$

$=100\times e^{-(0.25\times0.159+0.004\times30)}$

$=85.23$(t)

$\alpha=9.16°$

$=0.159\dfrac{1}{rad}$

μ：0.25

λ：0.004

$\therefore\Delta P_b=100-85.23$

$=14.77$(t)

リラクゼーションによる緊張力の損失 ΔP_{c1}

$\Delta P_{c1}=5\%\times(100-14.77-4.15)$

$=5\%\times81.08$(t)

$=4.054$(t)

クリープ収縮による損失 ΔP_{c2}

$$\Sigma\varepsilon=\frac{ab_1}{0.25}\cdot\frac{\sigma}{E_c}+5\times10^{-4}ab_2$$

a ：1.0

b_1 ：$0.75=b_2$

σ ：18.02 kg/cm^2

E_c ：$3.5\times10^5 kg/cm^2$

$\Sigma\varepsilon=3.368\times10^{-4}$

$$\Delta P_{c2}=\frac{3.368\times10^{-4}\times11.845\times2.1\times10^6}{3,000}$$

$=2.79$(t)

有効緊張力 $P_a=P-(\Delta P_a+\Delta P_b+\Delta P_{c1}+\Delta P_{c2})$

$=74.241$(t)

このときの有効緊張力に対する影響度

ΔP_a	4.145%
ΔP_b	14.770%
ΔP_{c1}	4.054%
ΔP_{c2}	2.790%

参考文献
1）日本建築学会 **「プレストレストコンクリート設計施工基準・同解説」** 1987

終　章

「PC建築」がもっと身近なものになれば，多くの人がその魅力に取り憑かれるだろう。ここには近代建築が育んできた合理的な構造技術と生産技術との合流点があるし，同時に，木造的な伝統技術に根ざした建築のロマンと郷愁が潜んでいるからだ。

近代建築の主流となった素材に鉄とコンクリート，ガラスがある。その中で鉄骨と一口にいっても，その鉄素材をどのように製造するのかによって品質も形状も変わってしまう。現在，一般に多く使われている鉄鋼は圧延鋼であるが，その他にも鋳型に流し込んで鋳造する鋳鋼，圧力を加えながら強度と材質を一定に保持する鍛造による鍛鋼などが多くの建築で適材適所の原則のもとに利用されている。さらに，その鉄鋼を細く引き延ばして高張力化した線材鋼まで多種多様である。産業革命に起点をもつ鉄鋼の進歩の初期段階では，鋳造する技術が主流を占めていたが，やがて大量生産と市場価格の安定をめざして工業力による規格化した圧延鋼の時代に発展してきた。鋼そのものも鉄鉱石から鋼を生産する高炉から，すでにスクラップ化した鋼を再生する電炉まで幅広い技術が定着している。そして興味深いのは，新しい鋼の技術がうまれたからといって古い技術を捨て去るのではなく，常にそれらが共存して利用されていることである。

ガラスについても同様なことがいえる。

これら鉄鋼やガラスの技術の進展と較べてコンクリートの分野では，一品生産的な鋳造技術（現場打ち鉄筋コンクリートRC）が全世界に普及し，その次の段階に，あるいは多様な利用法に展開するチャンスが今までなかったように見受けられる。RC技術の魅力は限りなくあるが，それとは違ったコンクリートの性能を追い求めて工業化の手法にのせることが，社会的に定着する兆しがないのだ。1960年代にDT版（ダブルT版）がJISでも規格化され，PC部材として供給されていた時代があった。これらは床版，壁版として工業化されたコンクリート製品として，ちょうど鉄鋼における圧延鋼のような部材寸法規格をもって普及をめざしていた。しかし，DT版は規格種類が少なく，価格的にもその後わが国に導入されたALC版に早い時期に取って替わられてしまった。その後のPC規格品の開発が遅れているのも事実である。PCにおける領域の拡大が遅れたといってもよいだろう。

この本は，今までの多くの資料からPC建築の領域の広さとその個々の魅力を引き出すことに努めた。プレストレスの技術はコンクリートを対象にしたものより，はるかに早い速度で一般の構造に応用されてきている。

例えば，テンション構造に代表されるものでは，張弦梁を含めプレストレスすることによって変形を制御し，応力分布を整えたものにする技術などである。問題はプレストレスの技術は十分に成熟しているのだが，PC技術を総合的に駆使できる技術者が少なすぎるのだ。

だから，この本はこれからPC建築に取り組む方々の道しるべになればと願い，出版をお願いしたものである。

この本が出版されるまでに実に長い年月がかかってしまった。十数年前，PCの研究に功績のある中野清司先生が主宰する「構法研究会」で実務的に有用かつ夢のあるPCの本の出版が企画された。中野先生はわが国の代表的なPCの7会社（オリエンタル建設，川田工業，黒沢建設，ドーピー建設工業，ピーエス三菱，富士ピー・エス，フドウ建研）を集めて編集委員会を編成し，その編集委員長に僕が任命されてこの企画はスタートした。その後，JSDの徐光さん，長谷川一美さんを編集委員会に加えて，出版を建築技術にお願いしたうえで資料の収集，執筆，編集作業が続いていた。
しかし，編集作業が進むにしたがって「実務的である」という目的には十分対応できるが，「夢のある」という条件を満たす内容にはなかなかならない。そこを明白にしない限り出版の意義がなくなってしまうので長期間苦慮していた。この間，建築技術編集長の橋戸幹彦さんには本のサンプルまでつくっていただきながら，実現することができなかった。
この本の出版の可能性が一気に開けてきたのは，3年前にOWLの小瀧弘幸さん，建築技術の後藤由希子さんが参画してからである。小瀧さんはあらゆる図版をビジュアルに紐解き，アイソメやCGに表現し直すことに挑戦してくれた。工学的なPCの内容の本の題名を「Perfect Collection」と命名したのも小瀧さんである。一方，後藤さんは，多くの執筆者の間を駆け回り，わかりやすい，そしてまとまりのある美しい本の出版に膨大な努力を傾注してくれた。
中野清司先生，橋戸幹彦編集長，それに後藤由希子さん，徐光さん，長谷川一美さん，小瀧弘幸さんのPC建築への並々ならない愛着とその発展への挑戦，それにPC建築の普及への責任感，それがこの本を出版できた原動力であったことを記したうえで，その継続的熱意に深く感謝する次第である。

渡辺邦夫

竣工	構造/PC使用部	建物名称	用途	所在地	建築家	構造家
1950	RC/PC屋根版	**トリノ博覧会 展示館**（Cホール）	展示場	イタリア・トリノ	ピエール L.ネルヴィ	ピエール L.ネルヴィ
1959	RC/PC屋根版	**ローマ・オリンピック 小体育館**	体育館	イタリア・ローマ	ピエール L.ネルヴィ& A.ヴィッテロッツィ	ピエール L.ネルヴィ
1962	RC/PC屋根版	**ボレッティ会社倉庫**	倉庫	イタリア・メストレ	アンジェロ・マンジェロッティ	アルド・ファヴィーニ
1963	SRC+PC	**三愛ドリームセンター**	事務所店舗	東京都中央区	日建設計	日建設計
1963	PC+RC	**出雲大社・庁の舎**（ちょうのや）	寺院	島根県大社町	菊竹清訓	松井源吾
1964	PC	**艶金羽島工場**	工場	岐阜県羽島市	丹下健三	織本匠
1964	PC	**ペンシルヴァニア大学・リチャーズ医学研究所**	大学／医療研究所	アメリカ・フィラデルフィア	ルイス I. カーン	オーガスト E. コマンダント
1964	PC	**世田谷区立郷土資料館**	資料館	東京都世田谷区	前川國男	横山不学&木村俊彦
1964	RC+SRC/PC斗拱構造	**津山文化センター**	文化センター	岡山県津山市	川島甲士	木村俊彦
1964	PC	**エル・マーグ工場**	工場	イタリア・ミラノ	アンジェロ・マンジェロッティ	アレッサンドロ・フィオレッティ
1965	SRC+S+PC	**蛇の目ビル**	事務所	東京都中央区	前川國男	横山不学
1966	PC	**大石寺総坊**	宿泊施設	静岡県富士宮市	横山公男	青木繁
1966	PC	**高速道路料金ゲート**	ゲート	日本各地	坂倉準三	服部正
1967	PC	**シドニーオペラハウス**	劇場	オーストラリア・シドニー	ヨーン・ウツソン	オブ・アラップ・アンド・パートナーズ
1967	PC	**アビタ '67**	集合住宅	カナダ・モントリオール	モシェ・サフディ	オーガスト E. コマンダント
1967	PC	**ミュンヘン郵便局操車場**	操車場	ドイツ・ミュンヘン	ヘルムート・ボムハルト	ディッカーホフ
1967	PC	**日本バイリーンKK 滋賀工場食堂棟**	食堂	滋賀県守山市	海老原一郎	坪井善勝&海老原設計
1967	PC	**千葉県文化会館**	集会施設	千葉県千葉市	大高正人	木村俊彦
1967	PC+RC	**ゆかり文化幼稚園**	幼稚園	東京都世田谷区	丹下健三	川口衞
1968	PC	**千葉県立中央図書館**	図書館	千葉県千葉市	大高正人	木村俊彦
1969	SRC+PC	**栃木県議会庁舎**	庁舎	栃木県宇都宮市	大高正人	木村俊彦
1970	RC+PC	**佐賀県立博物館**	博物館	佐賀県佐賀市	高橋靗一&内田祥哉	木村俊彦
1970	RC+PC	**スタンダードバンクセンター**	事務所	南アフリカ・ヨハネスブルグ	ヘントリッヒ ほか	オブ・アラップ・アンド・パートナーズ
1970	PC	**フランクフルト空港 ボーイング747型機用 格納庫**	格納庫	ドイツ・フランクフルト	ディッカーホフ	ディッカーホフ
1973	PC	**フォートウェインの劇場**	劇場	アメリカ・フィラデルフィア	ルイス I. カーン	オーガスト E. コマンダント
1973	S/PC床版	**栃原ビル**	事務所	東京都新宿区	千野秀剛	渡辺邦夫

竣工	構造/PC使用部	建物名称	用途	所在地	建築家	構造家
1974	RC/PC ヴォールト屋根	**北九州市立中央図書館**	図書館	福岡県北九州市	磯崎新	木村俊彦
1974	PC	**Nursinghome De Drie Hoven**	老人介護施設	オランダ・ アムステルダム	ハーマン・ ヘルツベルガー	d3bn
1975	RC+S+ SRC+PC	**沖縄国際海洋博覧会・ 水族館**	水族館	沖縄県本部町	槇文彦	木村俊彦
1975	S+SRC/ PC床版	**昭和大学歯科病院**	病院	東京都大田区	船越徹	渡辺邦夫
1976	PC	**伊勢音興発ビル**(DAVOS)	店舗併用住宅	東京都中央区	近澤可也	渡辺邦夫
1979	RC+PC	**O邸/アトリエ飛行船**	事務所兼住宅	東京都三鷹市	近澤可也	渡辺邦夫
1980	PC	**酒田大工町集合住宅**	集合住宅	山形県酒田市	井山武志	渡辺邦夫
1980	S/PC床版	**昭和大学歯科病院**(増築)	病院	東京都大田区	船越徹	渡辺邦夫
1982	RC+PC	**大森双葉幼稚園**	幼稚園	東京都大田区	近澤可也	渡辺邦夫
1982	PC+RC	**武蔵大学 中講堂棟・図書館棟**	学校	東京都練馬区	内田祥哉&ムサシ プロジェクトチーム (基本設計)	渡辺邦夫
1983	RC/ PCフレーム	**三宿さくら幼稚園**	幼稚園	東京都世田谷区	近澤可也	渡辺邦夫
1983	RC+PC	**有田焼参考館**	展示施設	佐賀県有田町	内田祥哉&三井所清典	渡辺邦夫
1985	PC	**チュープリン社**	事務所ビル	ドイツ・ シュツットガルト	ゴットフリート・ベーム	チュープリン社
1985	PC	**クアラルンプール 佐川自動車工場**	工場	マレーシア・ クアラルンプール	渡辺邦夫	渡辺邦夫
1985	PC+RC	**つくばエキスポセンター**	展示施設	茨城県桜村	日本設計	日本設計
1986	PC+S	**ロイズ・オブ・ロンドン**	事務所ビル	イギリス・ ロンドン	リチャード・ロジャース	オブ・アラップ・アンド・ パートナーズ
1986	RC+S+SRC/ PC屋根版 (体育館)	**杉並区立杉並第十小学校**	学校	東京都杉並区	船越徹	渡辺邦夫
1987	PC	**アルミニウム実験研究所**	実験研究所	イタリア・ ノヴァラ	レンゾ・ピアノ RPBW	マーク・ミムラム
1987	S+SRC+RC/ PC床版	**幕張メッセ**	展示場	千葉市美浜区	槇文彦	渡辺邦夫
1988	RC+PC	**瀬戸大橋架橋記念館**	展示施設	岡山県倉敷市	上田篤&東畑建築事務所	東畑建築事務所
1990	PC	**サンニコラスタジアム**	スタジアム	イタリア・バーリ	レンゾ・ピアノ RPBW	オブ・アラップ・アンド・ パートナーズ& ヴィットオネ構造設計事務所
1990	RC+PC+S	**オートポリス・ アート・ミュージアム**	美術館	大分県上津江村	内藤廣	渡辺邦夫
1991	RC/PC屋根版	**愛和ゴルフクラブ・ 宮崎コース・クラブハウス**	クラブハウス	宮崎県佐土原市	黒川紀章	造研設計
1992	PC	**海の博物館・収蔵庫**	博物館	三重県鳥羽市	内藤廣	渡辺邦夫

竣工	構造/PC使用部	建物名称	用途	所在地	建築家	構造家
1992	RC/PCパイルスクリーン	**路線脇のコンプレックス**	店舗併用住宅	東京都渋谷区	坂茂	松本年史
1992	RC/PC屋根版	**栃木県立とちぎ海浜自然の家**	宿泊厚生施設	茨城県旭村	森京介	木村俊彦＆渡辺邦夫
1992	RC/PC梁＋床版（体育館）	**杉並区立杉並第四小学校**	学校	東京都杉並区	船越徹	渡辺邦夫
1992	RC+PC	**エムズゴルフクラブ クラブハウス**	クラブハウス	北海道栗沢町	久米設計	久米設計
1993	SRC+PC+RC	**実験集合住宅NEXT21**	集合住宅	大阪市天王寺区	大阪ガスNEXT21建設委員会（統括：内田祥哉＆集工舎建築都市デザイン研究所）	木村俊彦
1993	S/DTスラブ	**羽村の工場 電業社**	工場	東京都羽村市	坂茂	星野修一
1993	PC	**多磨霊園みたま堂**	納骨堂	東京都府中市	内井昭蔵	松井源吾＆依田定和＆小野里憲一
1994	花崗岩（プレストレス導入）+S	**イナコスの橋**	橋梁	大分県別府市	川口衞＆永瀬克巳（協力）	川口衞
1994	RC+PC	**東京海上東日本研修センター**	研修施設	栃木県南河内町	KAJIMA DESIGN	KAJIMA DESIGN
1995	RC/PC屋根版	**武蔵学園守衛所**	学校	東京都練馬区	内田祥哉＆集工舎建築都市デザイン研究所	長谷川一美
1996	PC	**東京都立晴海総合高等学校・東京都立短期大学**	学校	東京都中央区	アルセッド建築研究所	渡辺邦夫
1996	S+RC/PC外壁	**東京国際フォーラム**	複合施設	東京都千代田区	ラファエル・ヴィニオリ	渡辺邦夫
1996	RC+PC	**都営住宅 北青山一丁目団地**（1期）	集合住宅	東京都港区	久米設計	久米設計
1996	PC	**武蔵高校・中学校新棟**	学校	東京都練馬区	内田祥哉＆集工舎建築都市デザイン研究所	長谷川一美
1997	RC+S/PC屋根版	**新津市美術館**	美術館	新潟県新津市	横山正＆アルセッド建築研究所	川口衞
1997	PC+W	**ORIZURU**	店舗併用住宅	埼玉県入間市	小瀧弘幸	徐光
1997	RC+PC	**うしぶか海彩館**	博物館	熊本県牛深市	内藤廣	渡辺邦夫
1997	PC+RC	**宇治市 源氏物語ミュージアム**	博物館	京都府宇治市	横川隆一＆大谷弘明	陶器浩一
1997	PRC	**GLASS/SHADOW**（レイクウッドゴルフクラブ富岡コースクラブハウス）	クラブハウス	群馬県富岡市	隈研吾	青木繁
1997	SRC/PCドーム	**夢みなとタワー低層棟**	交流センター	鳥取県境港市	杉本洋文	斎藤公男＆長谷川一美
1997	RC+SRC+PC	**大阪プール**	プール	大阪市港区	大阪市都市整備局＆東畑建築事務所	東畑建築事務所
1997	PC	**JR田沢湖駅/田沢湖観光情報センター**	駅舎／情報センター	秋田県田沢湖町	東日本旅客鉄道東北工事事務所ジェイアール東日本建築設計事務所＆坂茂建築設計	ジェイアール東日本建築設計事務所＆松井源吾＆O.R.S.事務所
1997	RC+PC	**茨城県天心記念五浦美術館**	美術館	茨城県北茨城市	内藤廣	渡辺邦夫

竣工	構造/PC使用部	建物名称	用途	所在地	建築家	構造家
1997	RC+PC+S	**熊谷文化創造館**	劇場	埼玉県熊谷市	池原義郎	渡辺邦夫
1998	PC+RC	**VRテクノセンター**	研究施設	岐阜県各務原市	リチャード・ロジャース	梅沢良三
1998	PC	**秩父看護専門学校**	学校	埼玉県秩父市	倉田裕之	徐光
1998	RC+PC	**北九州市立松本清張記念館**	博物館	北九州市 小倉北区	北九州市建築都市局 建築部＆宮本忠長	宮本忠長
1998	RC+S/ PCアーチ	**秩父ミューズパーク野外劇場**	野外劇場	埼玉県秩父市	山下設計	山下設計
1998	SRC+PC	**宗教法人 ウェスレアン・ ホーリネス淀橋教会**	教会	東京都新宿区	稲富昭	増田一眞
1998	PC+RC+S	**愛媛県美術館**	美術館	愛媛県松山市	愛媛県土木道路都市局 建築住宅課＆日建設計	日建設計
1998	PC+S+ SRC+RC/ コンクリート 補強鋼板シェル	**なら100年会館**	複合施設	奈良県奈良市	磯崎新	川口衞
1999	RC+PC+S	**県立ぐんま天文台**	天文台	群馬県高山村	磯崎新	川口衞
1999	RC+PC	**十日町情報館**	図書館	新潟県十日町市	内藤廣	渡辺邦夫
1999	PC+RC+S	**埼玉県立大学**	学校	埼玉県越谷市	山本理顕	織本匠＆ 構造計画プラスワン
1999	PC	**SORA**	住宅	神奈川県川崎市	小瀧弘幸	徐光
1999	PC	**顕本寺本堂**	寺社本堂	大阪府堺市	内田祥哉＆こうだ設計	長谷川一美
2000	PC+RC	**日能研関東予備校本社ビル**	事務所	横浜市都筑区	伊坂重春	長谷川一美
2000	PC+RC+S	**公立はこだて未来大学**	大学	北海道函館市	山本理顕	木村俊彦
2001	PC+S	**下関唐戸市場**	市場	山口県下関市	池原義郎	斎藤公男＆長谷川一美
2001	PC+RC+S	**蔚山文殊**（ウルサンムンス） **サッカースタジアム**	競技場	韓国・ウルサン	POS-AC	渡辺邦夫
2001	PC	**池上8丁目計画**	集合住宅	東京都大田区	保坂哲緒	徐光
2001	PC+RC	**那覇空港 国内線旅客ターミナルビル**	空港	沖縄県那覇市	安井建築設計事務所	安井建築設計事務所
2001	RC+W/PC梁	**倫理研究所 富士高原研修所**	研修所	静岡県御殿場市	内藤廣	岡村仁
2001	PC+S	**北幸ぐうはうす-A**	集合住宅	横浜市西区	小林和教＆山田博之	徐光
2002	PC+RC	**武蔵大学8号館**	大学	東京都練馬区	内田祥哉＆ 集工舎 建築都市デザイン研究所	長谷川一美
2003	PC	**Ance For Dise**	集合住宅	埼玉県和光市	小瀧弘幸	徐光
2004	PC	**BUND HOUSE**	集合住宅	東京都中央区	共同組合 横浜デザインフォーラム	徐光
2004	PC	**JYU-BAKO**	住宅	東京都世田谷区	山下保博	徐光
2004	PC	**EBISU bld.**	事務所併用住宅	東京都渋谷区	富田潤＆照井誠二郎	長谷川一美

撮影

彰国社写真部 ……………p.18左, J-01, 02, 05, 10, 16
村井修 ……………p.19下, C-06, 10, 12, 14, G-01, 23, 24
新建築写真部 ……………p.20, D-02, 05, 06, E-01, 02, H-01, M-02, 04, Q-01, 02, S-01, 07, U-01, 07, V-04
大野繁 ……………B-01, I-01, 04, 07, S-02, 03, T-01, 02, 04, V-14, 15, 16, 17, p.202, p.203, p.221
二川幸夫 ……………C-01, 02, 03, 05, 08
石元泰博 ……………C-04, O-14
平山忠治 ……………C-09
大橋富夫 ……………D-01
渡辺義雄 ……………D-03
Max Dupain ……………G-16
Geoffrey Wood……………G-18, 19, 20
GA photographers ………L-01, 02
和木通（彰国社写真部）……L-05, M-03, 05
Denance Michel …………N-01, 05
Berengo Gardin Gianni N-02, 03, 08, 09, 10, 15, 16, 17
石田俊二 ……………N-04, 07
堀内広治 ……………P-01, 02, 10
SS名古屋 ……………Q-04
SS大阪 ……………R-04, 06
藤塚光政 ……………T-06, 13
西日本写房 ……………U-02
斎部功 ……………V-01, 02, 03

転載

「プレストレストコンクリート造の設計と詳細」彰国社, 1972 …B-07, 08
「建築文化1975年10月号」 彰国社……………L-06, 08, 09

提供

Angelo Mangiarotti architetto ……………p.17, F-01, 02, 03, 04, 05, 06, 07, 08, 09, 10, 11, 12, 13, 14
オブ・アラップ・アンド・パートナーズ……………p.19上, G-08, 14, K-01, 02
前川國男建築設計事務所 ……………D-10, 11, 12, 13, 14
香山壽夫 ……………E-03
三上祐三 ……………G-02, 03, 11, 12, 21, 22
MIDI綜合設計研究所……………G-04, 05, 06, 07, 09, 10, 13, 15, 17
構造設計集団<SDG> ……………J-06, 08, 11, 15, 17, 18, M-12, O-01, S-08, 09
ジェーエスディー ……………J-20, 21, V-05, 07, 08, 09, 10, 11, 12, 13, p.204, p.205
奥村組 ……………L-03
アルセッド建築研究所 ……………M-08, 09, 10, 11, 13
RPBW……………N-01, 02, 03, 04, 05, 07, 08, 09, 10, 15, 16, 17
内藤廣建築設計事務所 ……………O-04, 05, 06, 07, 08, 09, 10, 11, 12, 13
内井昭蔵建築設計事務所 ……………P-06, 07, 08, 09
梅沢建築構造研究所 ……………Q-03, 05, 06, 07, 08

陶器浩一 ……………………………………………………………R-01, 02, 05, 07, 08, 09, 10, 11

日建設計 ……………………………………………………………R-03

佐藤淳構造設計事務所 ……………………………………………T-03, 07, 08, 09, 14, 17, 18

黒沢建設 ……………………………………………………………T-05

山本理顕設計工場 …………………………………………………T-15, 16

池原義郎・建築設計事務所 ………………………………………U-03, 04, 09, 10, 11, 18, p.189-25（右下を除く）

長谷川一美 …………………………………………………………U-05, 08, 12, 13, 14, 15, 16, 17, 19, 20, 21, 22, 23, 24, p.181-09, p.184-13, p.185-15上, p.189右下, p.190-26, 27, p.192～193-29, p.195, p.196, p.198, p.206-①, p.207-③, p.208-⑦⑨, p.209-⑪⑫⑭

日本大学理工学部建築学科斎藤公男研究室 ……………U-06

小林和教建築設計事務所 …………………………………………V-06

在日ドイツ商工会議所 メッセ・ベルリン日本代表部…p.185-15中

飯田都之麿 …………………………………………………………p.185-15下

フドウ建研 …………………………………………………………p.186-16, 19

鹿島建設 ……………………………………………………………p.186-17

久米設計 ……………………………………………………………p.187-18

大成建設 ……………………………………………………………p.188-22

東京理科大学工学部第一部建築学科 松崎育弘研究室…p.188-23

OWL ………………………………………………………………p.202-4-01, p.202-4-02

昭和コンクリート工業 ……………………………………………p.208-⑧

出 典

「プレストレストコンクリート造の設計と詳細」彰国社, 1972…………p.18右, B-03, 05, 06, C-07, 11, 13, D-04, 07, 08, 09, H-07, 08, 10, 12, 13, 14, I-02, 03, 05, 06, 08, J-03, 04, 07, 09, 12, 13, 14, 19

Pier Luigi Nervi 「Aesthetics and Technology in Building」Harvard University Press, 1965…………A-01, 02, 05, 16, 17, 18, 19

「PIER LUIGI NERVI」『PROCESS：Architecture No.23』プロセス アーキテクチュア, 1981…………A-03, 04, 06, 07, 08, 09, 10, 11

Heinz Ronner&Sharad Jhoveri 「LOUIS I. KAHN COMPLETE WORK 1935-1974」SECOND REVISED AND ENLARGED EDITION, BIRKHAUSER BASEL BOSTON, 1987…………E-04, 05, 06, 07, 08

「a+u 臨時増刊／ルイス・カーン－発想と意味」a＋u, 1983…………E-09, 10

August E. Komendant「18 Years with Architect LOUIS I. KAHN」Aloray, 1975…………E-11, 12, 13, 14, 16

Joseph Rykwert「LOIS Kahn」ABRAMS, 2001…………E-15

Moshe Safdie「Beyond Habitat」The M.I.T.Press, 1970…………H-02, 03, 04, 05, 06, 09, 11, 15, 16, 17, 18, 19

「Arup Journal May 1967」Ove Arup & Partners…………K-03, 04, 05

H. Hentrich「STANDARD BANK CENTRE JOHANNESBURG」Standard Bank Investment Corporation Limited, 1970…………K-06, 07, 08, 09, 10, 11, 12, p.90-1966,12～93-1970,03

「建築文化1975年10月号」彰国社…………L-04, 07

「建築文化1984年7月号」彰国社…………M-01, 06, 07, 14, 15

Peter Buchanan「Renzo Piano building workshop Complete works Vol.1」Phaidon, 1993…………N-06, 11, 12, 13, 14

「建築文化1990年7月号」彰国社…………O-02, 03

「建築技術1998年12月号」建築技術…………P-03, 04, 05

「建築技術1999年12月号」建築技術…………S-04, 05, 06

「建築技術2000年10月号」建築技術…………T-10, 11, 12

Perfect Collection
知られざるPC建築

発行
2004年7月6日

監修
渡辺邦夫

発行者
橋戸幹彦

発行所
株式会社 建築技術
〒101-0061
東京都千代田区三崎町3-10-4 千代田ビル
TEL 03-3222-5951
FAX 03-3222-5957
http://www.k-gijutsu.co.jp
振替口座00100-7-72417

デザイン
赤崎正一

DTP組版
AKAZAKI

図版制作
OWL

印刷・製本
三報社印刷 株式会社

落丁・乱丁本はお取り替えいたします。
ISBN4-7677-0100-7 C3052